燕 京 八 景

高 巍　孙建华　著

学苑出版社

图书在版编目（CIP）数据

燕京八景 / 高巍等著. - 2 版. - 北京：学苑出版社，2008.6（2017.5 重印）
ISBN 978-7-5077-1820-1

Ⅰ.燕… Ⅱ.高… Ⅲ.名胜古迹 - 简介 - 北京市 Ⅳ.K928.701

中国版本图书馆 CIP 数据核字(2008)第 091283 号

责任编辑：刘　丰
出版发行：学苑出版社
社　　址：北京市丰台区南方庄 2 号院 1 号楼
邮政编码：100079
网　　址：www.book001.com
电子信箱：xueyuanpress@163.com
销售电话：010-67601101（营销部）、67603091（总编室）
印 刷 厂：北京建宏印刷有限公司
开本尺寸：720×980　1/16
印　　张：15.625
字　　数：250 千字
版　　次：2008 年 8 月第 1 版
印　　次：2017 年 5 月第 2 次印刷
定　　价：48.00 元

序

● 常人春

高巍先生是民俗文化界的后起之秀，青出于蓝而胜于蓝。《燕京八景》是高先生编写完成的一部力作。他出手不凡，不落窠臼，很有新意。

燕京八景是自金代以来皇朝钦定的景点，是当年京师景物园林的精华，且在七八百年的历史长河中积淀了丰厚的文化内涵，朝野上下不断赋予它新的意义；不断为它增添新的传说；不断对它发出遐想。它确实已成为一个既有人文景观又有自然景观的丰富的文化载体。但由于历史的发展和城市建设的变迁，有的景观已被淹没了，仅仅是一种象征性的古迹而已。而"爱祖邦、爱家山"、"生于斯、养于斯"的人们仍在津津乐道，却又难求甚解。一些同类文章、著作都只谈些表面现象，作些简略的介绍，还有的是有意无意地回避这一题目。它居然成了写作选题中的冷门儿。高先生选中了燕京八景作为北京人文景观、自然景观的文化窗口还是很有卓见的。《燕京八景》看起来是个冷门儿选题，其实正是选了个"非他莫属"的为人们所喜闻乐见的热门儿选题。

高先生数载如一日的含辛茹苦，竭力搜集濒临失传的有关资料，尤其注意收集与某一特色景观有关的资料，可以说是获得了丰收。所以才有条件从多角度、全方位地介绍景观，且刻意挖掘、确立主题，恰如其分地选择使用资料，使得主题突出。本书的最大特点乃是避免就景论景，而是始终坚持写景不忘人文、历史，不忘大的时代背景，因而能更全面系统深刻地体现燕京八景在历史长河中所形成的文化内涵。

本书善于突出景观的主题思想，写出新意来，"化腐朽为神奇"，言他人所不悟；说他人所未感。且能抓住事物的本质，而不被事物的表面现象所迷惑。在突出每一景点的基础上，赋予它更新、更高的意义，使之形成独特价值。这也是本书写作的成功之处。

限于篇幅，仅举一例：如对"琼岛春阴"一景，并不是光介绍倚晴楼下、见春亭前的一些古建筑和自然风景，而是突出了金、元始建初期统治者与道家思想的合拍，把琼华岛建成"篷瀛幻境"乃是"道家思想园林化"的体现。的确，从万岁山顶的广寒殿到后山吕仙石洞，从酣古堂到延南熏扇面亭，洞洞通幽。以及一壶天地、承露神，无不充满方外"海上仙山"的传说和思想。而琼岛春阴正点在一个"春"字上，道家所追求的"万古长春"，以及全真龙门派祖师邱长春……这是编写同题作品者所未感悟到的。当然，对于作为琼华岛和白塔山的象征和代表的琼岛春阴来讲，似乎这种"感悟"还应从历史的发展来看。清代自顺治以来，尤其是乾隆在位期间，在琼华岛增建了许多佛教景点，如依山而建的永安寺、藏式白塔等。它既没有拆除和否定道家园林的格局，又融入了佛教园林的意境。清代以来，琼岛春阴即为佛、道两教之春，乃是佛、道两家在皇家园林中的体现，也是自宋以来"佛道圆融"思潮在近代的反映。

本书的特点还在于延伸了燕京八景，将京郊十二个区县各自的八景也一一列入，使得各主题八景中的有些内容与燕京八景相呼应，或相互补充，两者共同构成了一个有机整体，并进一步丰富了它的文化内涵。长期以来，京郊区县的各自八景无人收录，其资料难得一见，更难得一全。此次，《燕京八景》的问世，当可弥补此憾。

《燕京八景》一书体现了高先生所追求的学术著作通俗化的观点。诚然，《燕京八景》是一本进行爱国主义教育，弘扬民族传统文化，增进多学科(人文、历史、古建、民俗等)知识的通俗读物，它同时还带有很强的学术性、趣味性，读后让人对燕京八景以至首都的园林之美有某种新的感悟和遐想。相信它的出版，将会受到学术界、文化界，特别是热爱北京史地民俗的朋友们的欢迎。

2001年8月溽暑中于北京东郊团结湖畔

编写说明

"燕京八景"早在七八百年前的金代就已产生,且由金章宗和后来的清高宗(乾隆)御定,在北京乃至全国都很著名。历代名人画家为其赋诗作画,在民间也有广泛的传说。以"八景"的形式对一地自然和人文景观命名,已为广大群众所喜闻乐见。可见"燕京八景"已成为一个丰富的文化体系,至今仍有着广泛和深入的影响。

和许多北京人一样,我们对"燕京八景"历来怀有极大的兴趣。本书系我们多年收集、整理有关材料,并加入了一些体会和研究成果而产生的。我们力图比较全面、系统、生动、通俗地介绍人们眼中的"燕京八景",同时,它也是我们长期学习、研究过程的总结。

"燕京八景"本身的介绍是本书的主体。这部分位于全书的中间。内容除了乾隆御定的"燕京八景"之外,特别加上了"银锭观山"这一景。原因是,的确很多人在观念中,把它当成了"燕京八景"中的一景,如果不介绍,会让很多人觉得缺憾。

在"燕京八景"之后,紧随的一部分,包括京郊十二个区县各自的"八景",其中有的是从"燕京八景"顺延下来的,比如昌平的"燕平八景",但更多的还是以本地的区(县)名命名的八景。如"平谷八景"、"顺义八景"等。此外还附有"燕京古迹八景"、"民间燕京八景"、"西涯八景",等等。它们虽然与"燕京八景"本身不能完全等同,但介绍它们的好处也是显而易见的。

这么多关于北京的"八景"聚在一起,能不能概括全北京的名胜古迹呢?答案肯定是远远不能。像现存的西郊颐和园和至今不存的圆明园等名胜古迹,就未曾在本书中提到。因此,它只能证明一种历史事实,作为一种曾经有过,或者至今尚存的事实来介绍,借此引起广大读者的求知欲,并且就相关的问题展开联想,这才是更有意义的事情。

本书的第一部分是关于"燕京八景"整体情况的介绍。其中包括:"燕京八景"的基本含义;"燕京八景"的出现、发展的历史过程;"燕京八景"的主要内容;关于创立"燕京八景"的人物与时间的不同见解;确立"燕京八景"的基本原则;"燕京八景"诞生的意义;"燕京八景"的欣赏;为什么要选"八景"而不是"十景"、"九景"或"四景";如何看待京郊八景;"燕京八景"产生的历史条件;"燕京八景"在当时的影响和作用,等等。这部分内容不仅丰富,而且还都是与"燕京八景"有关的重要问题。

意大利历史学家克罗齐说过,没有客观的历史,只有主观的历史。因为后人根本无法回到事件当初发生的环境中去体会、考察,而只能做事后的间接了解,再依自己的了解做出表述。而这个过程本身就已是一种"合理想象"了。我们所能做的只能是使这种想象尽可能的符合客观。

在这方面,本书主要做了下述努力:

第一,注意搜集与某一特色景观有关的所有材料。力求从多角度、全方位地介绍景观,避免就景观谈景观,因为这样做的结果,只能说清"它什么样",却无法说清"它为什么这样"、"怎样这样"、"如何这样"、"何时这样"等一系列问题。而这些问题,显然更有价值。这也正是本书努力追求的目标。

这种努力肯定是有益的,然而也是费劲的。这首先源于收集材料的困难。"燕京八景"内容涉及历史、园林、建筑、方志、诗词、军事等诸多领域,对于非历史、文学等相关专业的人来说,其困难程度是无法想象的。其次是实地收集资料的困难。在"燕京八景"当中,许多景观有地点之争,如"蓟门烟树"究竟在宣南还是在北城?"太液秋波"是在中南海还是在金中都的太液池?至于金台所指为何台,则更是众说纷纭,在北京至今有三四处金台之地。不仅如此,本书的第三部分还附有北京近远郊区十二区县的"八景",这实际是"燕京八景"的衍生,同时也是更好地了解"燕京八景"的重要参考。但这部分内容的参考资料更少,纵然亲往调查,也因为年代久远而无法核实。为此,只能根据现有资料做尽可能详细的介绍,不足部分只好待以后资料充分后再做调整。

好在这方面的努力取得了一定的成果。拿"燕京八景"之一的"卢沟晓月"来说,以往这方面的介绍,只是简单说一下卢沟桥,然后说"七七事变",基本是这样一个模式。而本书中的这篇,首先从"卢沟晓月"之"月"说起,由"月"联系到

"晓月",由"晓月"引出"未晚先投宿,鸡鸣早看天"的俗语。进而说明这一俗语在卢沟桥畔的具体出现,以及因此产生的别离,别离时折柳、设宴饯行等情形。接着说"卢沟",点出在卢沟桥畔领略"晓月"时的特殊感受和经历。

这里既然讲到"卢沟",则必然介绍"卢沟"之由来,卢沟桥的建桥简史,它的历史作用,各朝代的维修,桥畔景观,"卢沟"与"芦沟"之异,卢沟桥上为什么雕刻狮子,所寓何意?为什么叫"卢沟桥",等等。

在认识了"卢沟桥是进京的重要门户"这一重要性质之后,引出这一作用是如何发挥的,历史上有何典型事例,作为门户的"桥",与作为门户的"城"是何关系,有何分工,怎样发挥作用……

即使是在介绍"七七事变"这一与卢沟桥密不可分的重要事件时,也引用当时重要经历人王冷斋的回忆材料,力求历史的真实,避免以讹传讹。同时,在同一问题有不同说法时,尽量反映多方面的观点。例如,"卢沟晓月"的命名问题,史书上有记载,民间有传说,二者虽存分歧,但互有补充,虚实结合,书面与口头结合,会更添阅读情趣。总结起来说,"卢沟晓月"这一篇,定稿时约一万三千字,实际参考图书36种,文章19篇,其工作量可见一斑。

第二,在收集资料的过程中注意取舍。在研读资料的基础上挖掘主题,然后围绕主题使用资料,以利于突出主题。

收集资料难,由大量资料中形成主题更难。因为这需要统领全局,善于抓住事物本质,而不被事物表面的纷纭现象所迷惑,从而赋予景观以生命和形成其独特价值。

比如"琼岛春阴"景观,谈论的文章不少,介绍也甚详。在此情况下能否写出新意?这是本篇是否具有生命力的关键所在。经过阅读发现,虽然介绍这一景观的文章很多,但其不足也是共同的。比如,都只限于叙述,概括提炼的话少;表面说得热闹,从古至今,始末缘由清晰,但是,当初为何要设该景观,出发点是什么?据说作为景观标志的石碑曾设于西部,后挪至东部,这一传说确切与否?如确切,则原因何在?有无根据?等等,均未提及。通过分析研究,我们决定将介绍这一景观的题目定为:《道家思想的园林化体现——琼岛春阴》,其目的就是把道家思想作为琼岛春阴乃至整个三海建设的主题。这一命名的依据主要有两个:一是,金元初期,作为三海建设的第一个高潮期,也正是以丘处机为代表的道教全真派逐渐发展壮大的时期。而且金元统治者都同丘处机有过多次往来,并深受道教思想的影响。加上道家主张的，通过修炼达到长生不老，以求仙境的理论，也正是这些统治者梦寐以求的目标。他们对丘处机是如此信任，以致在蒙古军元帅石抹明安刚刚占领了太宁宫(即如今的北海)，尚未占领金中都之际，成吉思汗就将太宁宫琼华岛(包括近地数十顷)以及燕京行省，统统赏给了丘处机。一时间，太宁宫几乎可与道家另一发源地——武当山相媲美了。试想，对丘处机如此信任的金元统治者，能不受他的影响，将道家思想落实在琼华岛的规划当中吗？事实上"三岛(琼华岛、团城和犀山台)一池(太液池)"的构思，与道教的蓬莱仙境传说、"三清"学说紧密相连。二是，作为这种联系的具体体现，琼华岛上的吕仙石洞，就是根据西王母与周穆王瑶池相会衍生出来的，白塔北边的山顶平台和仙人承露盘等，无不体现出浓烈的仙山神境的传说和思想。

这种努力，是对琼岛春阴景观的提炼，也是升华。甚至把"琼岛春阴"之"春"与道家长生不老的"春"乃至丘长春(丘处机号)之"春"联系起来分析的方法，正是基于中国传统对水的深刻理解，把它的德归纳为对生命的滋养。正是在这个意义上，可以说有水就有生命的春天，书中为说明此点所引证的内容，读起来也不无情趣。进而从一个侧面，加深人们对"琼岛春阴"与道家思想相互关系的理解。

第三，注重叙述文体的多样化，使每篇的介绍，都能有一种别开生面的感觉。"燕京八景"当中，每一景在技法上都有侧重。相信读者在阅读中不难体会。

最后，谈谈如今了解"燕京八景"的意义。

前面说过，"燕京八景"从产生到现在已有七八百年，算得上历史悠久了。特别是从乾隆十六年以后，"燕京八景"经过整理、加工和创造性地发展，达到了更新的、更高的水平。它们大多位于山清水秀之地，无不使人感到赏心悦目，它们是以园林、风光的形式来体现中国传统文化的。置身其中，有助于人们形象、生动、直观地了解中华民族的智慧和文化。

幽美的景观必须以丰厚的文化为基础。试想，寒山寺倘若无钟，张继肯定写不出《枫桥夜泊》；而没有《枫桥夜泊》诗，寒山寺可能也难以传之久远。其中的相互促进作用是显而易见的。二者的有机结合，正是"燕京八景"流传的重要原因，也是如今仍值得弘扬的意义之一。

"燕京八景"也是爱国主义教育基地。爱国者，必须先知道国之何以可爱。除了明确知道自己生于斯、养于斯的基本道理之外，还要了解我们国家的历史、悠久而丰富的民族文化。这是我们民族得以发展、自立的基础，同时还以此方式，影响着

每一个中国人。明确这一点，既可以更好地认识自己，又可以更好地认识我们的民族和国家，增加自豪感。然而，这种学习，不可能都是在课堂上进行，很多都是在日常生活中的收获。人们置身于"燕京八景"之中，通过有关的介绍，潜移默化地、日积月累地，这方面的感触会逐渐加深，铭刻在心中。

"燕京八景"在建设现代化的北京的过程中，会是一笔重要的精神财富和物质财富。相信读者通过阅读本书，可以在游览北京的众多名胜古迹之后，进一步知晓它们的来龙去脉，以及古代北京地区的人文、地理、历史……从而更加热爱北京——全国的文化荟萃之地，进而丰富旅游的收获。同时，对"燕京八景"及其悠久历史、丰富内涵的了解，还有利于对这一文化资源的整体开发，既弘扬了传统文化，也扩大了旅游开发、提高经济效益。

目 录

引 子

第一篇 走近"燕京八景"
一、大家说"八景"/4
二、"八景"与"八"/5
三、"燕京八景"溯源/7
四、"燕京八景"回声/11
　（一）燕京八景的"源"与"流"/11
　（二）"燕京八景"是人工建筑与自然景观的有机结合/12
　（三）"燕京八景"带出了一批地方八景/13
五、"燕京八景"远眺/14

第二篇 "燕京八景"的述说
一、"燕京八景"之滥觞：西山八大水院/17

(一)清水院/18　　(二)香水院/20

(三)圣水院/22　　(四)金水院/23

(五)潭水院/23　　(六)泉水院/25

(七)双水院/26　　(八)灵水院/28

二、道家思想的园林化体现——琼岛春阴/30

(一)"琼岛春阴"碑/30

(二)"琼岛春阴"景何在?/31

(三)"琼岛春阴"之美/35

(四)琼华岛上的佛教建筑/46

三、"北海船如天上坐"——太液秋波/48

(一)北海之美/49

(二)"太液秋波"景何在?/52

(三)太液池水是专用于皇宫消防之需吗?/54

(四)金秋时节,太液池畔胜景/56

(五)盂兰盆会,点河灯,烧法船,办法会/58

(六)秋夜漫游太液池/64

四、"苍茫烟翠满郊园"——蓟门烟树/69

(一)"蓟门烟树"碑/69

(二)"蓟门烟树"景址之争/70

(三)如何看待"蓟门烟树"景址之争/75

五、"谁知碧草遗基在,曾见黄金国士来"

　　——金台夕照/76

(一)燕昭王的创举/77

(二)令人神往的黄金台/79

(三)"道陵夕照"与"金台夕照"/83

(四)由"金台夕照"想到的/85

(五)"金台夕照"与金台书院/89

附:黄金台赋[清]洪榜/91

六、"秋影涵空翻雪练,更待西湖春浪阔"

——玉泉趵突/92

（一）与北京人生活关系最密切的一景/92

（二）玉泉山的建筑特色/97

（三）玉泉山的传说/102

（四）"玉泉啤酒汽水公司"与"玉泉山旅游中心"/103

（五）1976年见证历史/105

七、"河中孤月荡寒辉"——卢沟晓月/107

（一）卢沟桥:进出京师的重要路径/108

（二）"卢沟晓月"和"卢沟晓月"碑/110

（三）"芦沟"，还是"卢沟"？/114

（四）卢沟桥上为什么要雕刻狮子/115

（五）卢沟桥西头的一对石象和东头的过街塔/118

（六）卢沟桥曾是征税关卡/119

（七）宛平城:守护卢沟桥的桥头堡/120

（八）卢沟桥与它守卫京师的兄弟/125

（九）卢沟桥的"同龄人"/127

（十）卢沟桥下断流40年后再现清波/128

八、守护宗庙京师的北门锁匙

——居庸叠翠/130

（一）苍紫千重中,层层叠翠的居庸关/130

（二）居庸关关城/132

（三）匾题"天下第一雄关"的误导/134

（四）居庸关城内的建筑/135

（五）"居庸叠翠"与关沟七十二景/138

（六）八达岭不过是居庸关防御体系中的一个关口/143

（七）居庸关与关沟的传说/144

九、"万壑晴光凌碧霄"——西山晴雪/147
　　（一）香山秋色与晴雪,究竟谁应数第一?/147
　　（二）关于"西山晴雪"的历史记载/150
　　（三）"西山晴雪"碑/151
　　（四）"西山晴雪"之美/152
　　（五）毛泽东格外喜爱西山/153

十、"城中第一佳山水"——银锭观山/156
　　（一）"银锭观山"属于"燕京八景"吗?/156
　　（二）银锭桥与什刹海/158
　　（三）"银锭观山水倒流"与冰吼/161
　　（四）银锭桥和它的姊妹桥/162
　　（五）银锭桥下响惊雷/163
　　（六）生花妙笔写"观山"/164
　　附录:《燕京八景赋》〔元〕陈栎/166

第三篇　"燕京八景"的延伸

一、大兴八景/169
　　（一）星台晓望/169　（二）云塔夕登/170
　　（三）满井春游/171　（四）漕艘千渡/172
　　（五）鱼塘濯锦/174　（六）燕社鸣秋/175
　　（七）名刹古棠/175　（八）亦园新柳/175

二、宛平八景/176
　　（一）北海冰航/177　（二）西湖莲径/178
　　（三）梵宫塔影/178　（四）佛殿松荫/179
　　（五）山轩御笔/180　（六）竹墅龙湫/181
　　（七）退谷水源/181　（八）栖隐岩洞/183

三、燕京古迹八景/183
　　（一）太医铜人/183　（二）妙严拜砖/184
　　（三）报国观音/184　（四）法源砖塔/185

　　（五）觉生大钟/185　（六）崇国少师/185
　　（七）慈寿九莲/186　（八）忠悫植榆/186

四、民间"燕京八景"/187
　　（一）东郊时雨/187　（二）南囿秋风/187
　　（三）燕社鸣秋/188　（四）银锭观山/188
　　（五）西便观羊/188　（六）长安双塔/188
　　（七）回光返照/189　（八）石幢燕墩/189

五、西涯八景/189
　　（一）银锭观山/190　（二）谯楼更鼓/190
　　（三）西涯晚晴/190　（四）景山松雪/190
　　（五）白塔晴云/191　（六）响闸烟云/191
　　（七）柳堤春晓/191　（八）湖心赏月/192

六、石景山八景/192
　　（一）法海寺/192　（二）承恩寺/193
　　（三）双泉寺/193　（四）慈善寺/194
　　（五）广禧寺/194　（六）净德寺/195
　　（七）隆恩寺/195　（八）善佛寺/195

七、西山八大处"外八景"/196
　　（一）绝顶远眺/196　（二）春山杏林/197
　　（三）翠峰云断/197　（四）卢师夕照/198
　　（五）烟雨鹃声/198　（六）水谷流泉/199
　　（七）高林晓日/199　（八）五桥夜月/200

八、门头沟八景/200
　　（一）潭柘古刹/200　（二）戒台古松/201
　　（三）高原草甸/201　（四）涧水峡谷/202
　　（五）金顶玫瑰/203　（六）京西内险/205
　　（七）百花烂漫/205　（八）琉璃生辉/206

九、房山八景/206
　　（一）大房耸翠/207　（二）上方山寺/207

5

（三）云水奇观/207　（四）西天胜概/207
　　（五）红螺三险/207　（六）孔水仙舟/207
　　（七）金山香水/208　（八）白水异浆/208
十、顺义八景/209
　　（一）柳屏叠翠/209　（二）龙泉烟寺/210
　　（三）松雨书声/210　（四）圣水三潮/210
　　（五）玉幢金马/211　（六）宝塔凌风/211
　　（七）曲水晴波/211　（八）金牛古洞/212
十一、燕平八景/214
　　（一）铁壁银山/214　（二）居庸霁雪/214
　　（三）石洞仙踪/214　（四）松益长青/215
　　（五）虎峪辉金/215　（六）天峰拔翠/215
　　（七）龙潭喷玉/215　（八）安济春流/215
十二、怀柔八景/215
　　（一）红螺呈秀/215　（二）寒泉喷珠/216
　　（三）钓台秋月/216　（四）龙潭春水/217
　　（五）宝慧双塔/217　（六）崟谷和阳/218
　　（七）松棚挽翠/217　（八）金鸡鸣祥/217
十三、平谷八景/217
　　（一）盘阴积雪/217　（二）沟水晚渡/217
　　（三）石室清风/218　（四）峨眉耸翠/218
　　（五）独乐晴波/218　（六）鼓岭朝云/218
　　（七）峰台夕照/218　（八）灵泉漱玉/218
十四、延庆八景/219
　　（一）海坨飞雨/219　（二）神峰列翠/219
　　（三）荷池夕照/219　（四）妫川积雪/219
　　（五）古城烟树/219　（六）独山夜月/220
　　（七）缙阳远眺/220　（八）珠泉喷玉/220
十五、密云八景/221

（一）冶塔仙灯/221　（二）圣水鸣琴/222
（三）白檀晴光/222　（四）清洞晓色/222
（五）霞峰散彩/222　（六）水沼呈祥/223
（七）五峰凌云/224　（八）回阳返照/224

十六、通州八景/225
（一）古塔凌云/225　（二）长桥映月/226
（三）柳荫龙舟/226　（四）波分凤沼/226
（五）高台丛树/226　（六）平野孤峰/227
（七）二水合流/227　（八）万舟骈集/227

十七、新"北京十六景"/227

后　记/229
参考书目/230

引 子

"燕京八景"是什么？

"燕京八景"是北京的八处风景名胜。其中包括：琼岛春阴、太液秋波、蓟门烟树、金台夕照、玉泉趵突、卢沟晓月、居庸叠翠和西山晴雪。事实上，关于"燕京八景"的具体内容，至今尚无定论。例如，有人说银锭观山就是之一。在此，以有乾隆所题景观石碑者作为确定的标准。

风景名胜绝不仅仅意味着有山有水、柳绿花红的美丽风光，它往往突出其在某一方面的特殊作用。比如"金台夕照"，它是设在八旗练兵场上的一座具有象征意义的建筑，更大的意义在于教化而不是赏景；而"居庸叠翠"是借用层峦叠嶂间的片片葱绿，象征着京城北大门有如铜墙铁壁般的牢不可破。其妙处在于将观赏大山的巍峨与体验关城的牢固有机地结合起来，既有大自然的美丽，又有人工建筑的雄伟。像这样，既有景点本身的审美价值，同时又富有深刻甚至是多方面的内涵——这几乎是"燕京八景"每一处景观的共同特点。由此看来，"燕京八景"不仅可观，而且还可读、可感、可悟，可以引起人们多方面的思考。

在以往的关于"燕京八景"的文字当中，往往仅限于介绍景点本身的基本情况，内容过于简略。在1990年出版的《北京百科全书》中"燕京八景"条目，其总字数不过一千多字，具体到每个景点不过一二百字。虽然有关部门（如市园林局）也曾组织过这方面的研讨，但范围也仅限于学术（专业）本身，难以为一般读者所了解。

至于对"燕京八景"的深入研究，如"八景"的由来，八景的确定，金、清两朝各自八景的具体地点之争，乃至各景本身的具体内容，以及八景的开发利用与弘扬等问题，更是基本没有涉及，使"燕京八景"这一宝贵的人文、历史资源长期被忽视。

有鉴于此，本书作者花费了几年时间，对这个问题及其相关内容进行了系统的整理、探索，其主要成果，就是这本《燕京八景》。在本书的编写中，我们坚持两条宗旨：第一，将"燕京八景"放到传统文化大背景中加以考察，借此揭示其丰富的内涵；第二，以"燕京八景"为窗口，去形象、具体地了解民族的传统文化。"学术著作通俗化"是本书在写作形式上所追求的目标。而且，力图通过对"燕京八景"的系统介绍，帮助读者进一步认识"燕京八景"，尤其是它的多方面价值，使其在今天，乃至未来，仍能发挥重要作用。

正是基于上述认识，本书尽力避免将"燕京八景"写成简单的几句介绍，而是在深入思考和广泛收集资料的基础上，不仅帮助读者全面理解"八景"本身，同时，了解其产生的社会历史环境、沿革发展过程，以及由此产生的文化影响等丰富内容。

"燕京八景"的产生年代虽然还有争议，但仅从离现在最近的乾隆钦定"燕京八景"算起，也有了两三百年的历史。这中间，由于统治者的喜好，文人雅士的咏颂，特别是广大群众的切身感受，"燕京八景"早已深入人心，成为人们了解北京风景名胜的一种喜闻乐见的形式。正是在这个意义上，才可以说很少有人不知道"燕京八景"。

"燕京八景"又是一个很陌生的领域。这是因为：第一，"燕京八景"有八景，而不是简单的两景、三景。数量多，自然不好记。第二，历代关于"燕京八景"的称谓、"燕京八景"的内容多有出入，这也必然引起人们认识上的混乱。比如"西山晴雪"景观，相传金朝时初名"西山积雪"，元时改称"西山晴雪"，明时又改叫"西山积雪"，乾隆年间又恢复了元时的名称。这中间虽仅一字之差，但如此的变戏法，简直让人无法适从。再拿"银锭观山"景观来说，早在上小学时，放学的路队从桥上经过，老师告诉我们说：这里是燕京八景之一的"银锭观山"。我们为自己能经常从这名胜之地经过而骄傲了许多年。可后来才知道"银锭观山"根本不算"燕京八景"！又有人说它属于"燕京小八景"。这个"小八景"与原来的"八景"是什么关系？它的具体景观是哪些？又不得而知了。于是，人们被弄得稀里糊涂，只记住了"燕京八景"这个词，其他的也懒得去掰扯了。第三，也是比较重要的一点，就是当初乾隆钦定"燕京八景"到现在，情况发生了很大变化。近年开发的旅游景点不说，就拿乾隆为其母祝寿，而改名为"万寿山"的瓮山，经过慈禧的多年建造后所形成的颐和园，就足够后人流连忘返，异常喜爱的了。何况"燕京八景"的一些景观已随时间推移而自然湮没，地点不详的也不少。第四，"燕京八景"说起来响亮，可像"金台夕照"、"西山晴雪"等景观，或者本身就只剩下了一座石碑，或者需要在熟悉历史的情况下，赖于游客遐想、思考从而达到观赏的目的，而眼下的人们有多少人还有这份心气和兴致？于是"燕京八景"就像一件老古董，摆在那里都说有价值，可对于已经改变的欣赏趣

味,具有现代新特点的广大游客来说,宁愿对它敬而远之。

"燕京八景"同紫禁城、《四库全书》、十三陵一样,属于我们民族的宝贵遗产,我们有责任继承好这份遗产,对其进行一番梳理之后,从中借鉴出一些有价值的东西。更何况"燕京八景"本身就是一座传统文化的宝库,它的开采价值很高,只是由于以往被人忽略而已。

让我们走近"燕京八景"。

第一篇　走近"燕京八景"

一、大家说"八景"

"燕京八景",又称"燕山八景"、"燕台八景"、"燕南八景"、"京师八景"、"神京八景"、"北京八景"等。其称谓之多,说明了人们对它的兴趣之大,研究的人之多和影响之广。说"燕京八景"就是指北京的八处名胜古迹——这话一点儿不错,却又几乎什么都没说。因为,读者感兴趣的,是这八景究竟指哪几处?而恰恰在这个问题上,如同"燕京八景"有七八个叫法一样,其景观何指,竟也有七八种版本。

宋元以来,在各地出版的地方志等专著中,多列有当地的八景或十景,甚至戏曲家还将描写这些景观的诗歌辞赋编成套曲,付与歌人,广泛传唱。

八景的产生,与文人画的发展有着直接且密切的联系,沈括《梦溪笔谈·书画》中记载了北宋时的画家宋迪,将湖南境内长沙、湘阴、岳阳、衡山、衡阳、桃源、零陵七地八景点的优美风光绘成潇湘八景图的往事。"度支员外郎宋迪,工画,尤善为平山远水,其诗意之作有平沙落雁、远浦归帆、山市晴岚、江天暮雪、洞庭秋月、潇湘夜雨、烟寺晚钟、渔村夕照,谓之八景"。绘制这八景,固然与画家对湖南山水的喜爱有关,但也与特定的绘画形式紧密相连。古人有在屏风上绘画的习惯,而屏风一般为四扇。用于宽大厅堂时,一座屏风不够用,就要两座接起来,这就合计为八扇。八扇上都绘上图画,或人物,或山水,或花鸟;风格上或高雅古朴,或热烈欢快,各具风情。屏风在我国历史久远,"夏禹始作屏",据文字记载,屏风在周代已经盛行,当时

称为"扆"或依,在三礼中有关牖的记载有数处,如《礼记·曲礼》中有"天子当牖而立","天子设斧依于户牖之间"。到了汉代,即有屏风之名。此后历代随着使用功能的增加,屏风的形式不断丰富起来。有用各种材料制作的,有用书画及精致的工艺品装饰的,有大有小,有可折叠的,等等,成为中国建筑室内装饰、陈设的重要物件。屏门是屏风的变体,用于室外,在挡风和屏遮视线方面与屏风作用一样。以后,人们又把四扇屏的形式发展为墙上挂画,一般四幅,多则八幅,内容相互关联、风格统一、主题突出,像"八骏图"、"八仙图"、"八美图",等等。在古代室内装饰方面,大至宫廷御室,小至平常百姓家,都挂有四扇屏,只是绘画水平、装裱工艺互有差异而已。

据说宋迪所绘"潇湘八景"图刚一完成,就受到许多人的称赞,大书法家米芾甚至为之鼓掌,并为之作诗写序。由于诗画均出自高手,技法精湛,意境高古,与当时文人所追求的宁静、闲适的生活情景和田园牧歌式的审美心态相连,于是乎名声大振,广为流传。

"潇湘八景"的成名也引起了社会各界的关注。一时间,附庸风雅之人蜂拥效仿。搞建筑的人也不示弱,他们干脆依据米芾为"潇湘八景图"所题诗的意境,在长沙建起了八景台,将潇湘八景图陈列其上。南宋宁宗皇帝赵扩也御笔丹书了八景图组诗。各地纷纷找出本地的八景,用四言诗句为其命名,并由名士唱和挥毫,写出众多的八景诗来。一时间,八景林立,不胜枚举。陕西有关中八景、中州有洛阳八景、广州有羊城八景、上海有沪上八景、杭州有西湖八景(后增至十景)。而各地所见的八景诗也多至数以百万计,"十室之邑,三里之城,五亩之园,以及琳宫梵宇,靡不有八景诗"(《寄园寄所寄录》)。甚至日本和东南亚也有八景诗画。

二、"八景"与"八"

无论是八扇屏还是名胜八景,之所以成为喜闻乐见、纷纷效法的对象,都不是偶然的,主要是同"八"这个寓意深刻的数字有关。有人说,数字是"国人的第二语言",因为中国古人对于数量、数量关系和数值符号的认识、创造和运用,已经远远超出了理论数学和应用数学的范围,进而渗透到民族思想、文化艺术等许多方面。就拿"八"来说,在形式上它像两段短弧,以其突出部分彼此相对而接近,其两端则互相拉开距离而远去。由此产生了分别、分开、分离之义。当然,这种"分开"也有"划分"之意,引申为分解、区分等。这表明,八字表示了分合关系的两个特点:一、它以划分为其基本含义；二、由此引申为区别，区分构成整体的八种事物。

八个或八类事物以八数合称的现象很多。《尚书·洪范》列出了治理国家必要的"八政"；天子的八种印玺称为"八宝"；中医诊病有"八脉"之说；尧舜时掌握四方诸侯的官名为"八伯"；文学有散文方面的"唐宋八大家"；道教有"八仙"，等等。

"八"不仅有划分、规范的作用，同时还含有无限的意思。佛教偏爱"八"，以表示佛法无边，寰被八方的教义。八万劫、八十万劫等都是佛典中常见的、以"八"为基本构成的极限数字。

"八"还与神秘的"八卦"有关。这是因为，"八卦"正是阴阳二爻连卜三次所得的排列组合之数。在《周易》当中，"八卦"还与空间方位密切相关，被说成是平面上八个方位之象，进而引申为自然宇宙的种种属性，象征着家庭伦理，代表了人体的各个部位等丰富的内容。

综上所述，从八卦、八方开始，八就代表丰富多彩、全面无遗。唐宋之后，"八"更成为民族社会心理的崇尚之数。总之一句话，"八"的基本含义，是一个表示大量、多数的数字。"燕京八景"之"八"除了代表多之外，还有代表八方、典型代表等含义。

也正是由于上述原因，宋朝以后的千百年来，"八景"之说才从心理上迎合了人民求圆满吉祥，从代表性上表示多、全，从而出现了八景遍全国的局面。

在北京，与"八"有关的话题也很多。传说刘伯温建北京城，就是按八臂哪吒之形修筑，崇文、东便、朝阳、东直、宣武、西便、阜成、西直八门便是哪吒的八条胳膊。北京城中带"八字"的地名如八道湾、八里庄、八王坟、八大胡同等。八旗是满族首领努尔哈赤统一各部落后，建立的军事、行政、生产合一的体制，后来成为以旗色为区分标志的兵籍编制。建立清朝后，又编了蒙古八旗和汉八旗。名胜如八大处、八达岭。饮食上的八宝菜、八宝粥；糕点称为"京八件"，更细分为酥皮大八件、酒皮细八件、奶皮小八件三种，形状也有八种：扁圆、桃、如意、杏、荷叶、枣花、卵圆、方形等。馅也是八种：玫瑰、香蕉、青梅、白糖、枣泥、豆沙、豆蓉、椒盐。此外，因用油不同，还分为汉族（多用大油）京八件、满族（除用大油外，还要加些奶油）京八件和清真（一律用素油或香油）京八件。京城八大庙为：隆福寺、护国寺、白塔寺、东岳庙、蟠桃宫、雍和宫、大钟寺、白云观。饭庄有著名的八大楼：东兴楼、鸿宾楼、鸿兴楼、鸿庆楼、乐宾楼、华北楼、泰丰楼、新丰楼。前门大栅栏附近的布店有八大祥：瑞蚨祥、瑞和祥、谦祥益、聚祥益、东升祥、和升祥、同和祥、义和祥。

明朝嘉靖、乾隆年间，京城有八绝：其一是李良节弹琵琶之绝。据说他能弹出将军下教场和鼓乐、跑及叫喊的声音，还可用弹弦回对人言，模仿筝、笛之声。其二是苏宜投壶之绝。他可以左右手、不同方位出手投石，且百发百中。同时，他还创出新法，双飞倒卷，三石并发，分入三孔，背后投石也能命中。其三是王玺的吹箫之绝，发声清润，贯通满屋，音色飘飘若如凌风。其四是蒋凤的三弦之绝，他所弹的三弦，也能模仿自然界流水、风雨等声音，技法娴熟，如源天籁。其五是郭承仪的踢球之绝，他身为道士，不能经常泛足于市，所以常于观中踢球取乐，遂此一绝，能使球沿着他身体前后上下飞动，终日不落。其六是阎子明的围棋之绝和其七张京的象棋之绝，两人都能走出十几着之后判定输赢。其八是刘雄的八角鼓之绝，他能够在别人演奏丝、竹、管、弦之时，随其变化而变化，非常和谐地伴奏。

三、"燕京八景"溯源

在北京的北面，属于燕山山脉的军都山横亘东西，俗称北山。三千多年前，周武王灭商之后分封诸侯，召公奭被封在了燕，这是因为有燕山而得名。以后，燕国逐渐强大，攻占了邻国蓟，迁都蓟城，蓟城遂成为燕国的首都。秦始皇统一全国以后直到唐朝，这里一直都是军事重镇和集贸中心。辽代，北京成为首都，称"南京"或"燕京"，这是"燕京"称谓之始。以后，历元、明、清各代，都是皇帝定都之地，但已不再正式称"燕京"。出于习惯，人们在言谈及诗赋中，仍以此代指北京。

如前所述，自11世纪北宋后期，艺文界出现了"潇湘八景"之名以后，各方志中才有了"八景"、"十景"的记载。那么，"燕京八景"始于何时呢？关于这个问题至今仍有争论。除认为"北京在辽代尚无八景之名"已达成共识外，其具体产生年代主要有两种说法。

其一，金代产生说。这是多数人的看法。

金《明昌遗事》一书中开始列有燕山八景之目。清人赵吉士所著《寄园寄所寄录》一书中说："……北平旧志载，金《明昌遗事》有'燕山八景'，即居庸叠翠、玉泉垂虹、太液秋风、琼岛春阴、蓟门飞雨、西山积雪、卢沟晓月、金台夕照是也。"由此可见，"燕京八景"应起源于金章宗完颜璟统治时期。金章宗于明昌年间（1190—1196年），邀集文人学士游历中都，经过广泛比较胪选而出。

金章宗完颜璟是金朝的第五位皇帝。他自幼喜好汉族文化，尤对琴棋书画、诗词歌赋十分精通。他继位之时，金朝经过二十多年的休养生息，政治安定、国家富足，达到鼎盛时期。当时规定，皇帝每年春秋两季都要出游狩猎，称作"春水秋山"。加上金章宗十分喜好出游巡察，所以他的足迹踏遍了北京西山及周围各县的名山秀水，留下了众多遗迹和传说。

西山被称为"神京右臂"，自南趋北，兜转而东，把整个北京西北部环抱起来，成为这个平原的天然屏障。西山风景优美，唐、宋以后成为寺院荟萃之地。人们形容西山是："连岗叠岫，上于云霄"，"抱抱回环，争春献秀"。金章宗先后在这里修建了八处园林行宫，史称"西山八大水院"。这几处园林行宫为明清两代修建大规模的皇家园林奠定了基础。如今的颐和园、圆明园、静明园（玉泉山）和静宜园（香山）等西山园林，就是在这个基础上建成的。可以说，西山的许多名胜古迹都与金代的章宗皇帝有着不解之缘。所以后人说：西山古迹多为金章宗所造。"燕京八景"中，有一半景观就在西山。

除亲赴西山之外，金章宗还远游各郊县。他曾到过昌平西面二十五公里的驻跸山，修筑了驻跸台，并亲自题写了"栖云啸台"四字。颐和园北部的画眉山，因章宗到此时命后妃用这山所产的黛石画眉，结果乌亮如墨漆而得名。潭柘寺后面的雀儿庵，是金章宗弹雀的地方，百花山曾留下金章宗用过的石床、石釜。房山区西茶楼顶，山上有金章宗的歇凉台……金章宗的足迹几乎踏遍了北京的西郊山水，所到之处，是后人寻访古迹、观赏美景的好地方，这里留下了很多动人的故事和传说。

也有人对"燕京八景"是否系金章宗始立持否定态度，认为"燕京八景"的产生年代乃为元代。

他们的主要观点之一是，认为金《明昌遗事》应为"金明昌遗事"，即认为这本不是一部书，而是一段遗事。而且，今人王灿炽所著《北京史地风物书录》亦未见收此书。

那么，金明昌遗事如何为后人所知呢？途径主要有三：其一为明代诗人胡广的《北京八景图诗序》手稿。上面说："地志载明昌遗事有燕山八景，前代士大夫间尝赋咏，往往见于简册。"其二为《春明梦余录》引文："地志载明昌遗事有燕京八景，前代士大夫间尝赋咏，往往见于简策。"其三为《日下旧闻考》引《胡文穆集》："明昌遗事有燕京八景，前代士大夫赋咏往往见于简策。"

这表明，胡广做八景图诗序时只是从地方志和赋咏进行追述。而这些地方志和赋咏都只始于元初。胡广说："燕京八景"始于金明昌遗事的证据在明代著作中也未被引用，只是到了清代才被重新提起，当作定论。据说这主要是因为金是清的先世。"燕京八景"起于金明昌遗事说，在明代就引起争议。

他们的主要观点之二是，因为在《大元大一统志》和《洪武北平图经》中所记载的燕山八景，均有"道陵夕照"景观，而道陵正是埋葬金章宗之处。

章宗死于泰和八年（1208年）十一月，次年二月葬道陵。如果"燕京八景"始于金明昌年间，难道会有这一景观？

那么，又如何能证明"燕京八景"始于元代呢？持此说者以"最早的题咏八景的诗词曲都是元人所作"立论。其中首创为元代刘秉中所做《秦楼月》词："琼华岛，卢沟残月西山晓；西山晓，龙蟠虎踞，水围山绕。昭王一去音尘杳，遥怜弓剑行人老；黄金台上，几番秋草。"最早的诗是元代陈孚的《咏神京八景》，其目为：太液秋风、琼岛春阴、居庸叠翠、卢沟晓月、西山晴雪、蓟门飞雨、玉泉垂虹和金台夕照。最早的曲是冯子振《鹦鹉曲·燕南八景》，唱道："卢沟清绝霜晨佳，步落月问倚阑久，蓟门东直下金台，仰看楼台飞雨。道陵前夕照苍茫，叠翠望居庸去；玉泉边一派西山，太液畔秋风紧处。"

持"'燕京八景'始于元代"者言之凿凿，似有压倒前论之势，对此，我们说些浅见。

首先，我们学识浅薄，无力否定上述大量引文、引诗曲的正确性。但仅仅持古人来为自己作证，纵有为我所用之嫌，倒不如面对事实做些实事求是的分析为妙。

其次，持"元代说"者也不能否认，"燕京八景"中的绝大部分景观始于金代明昌年间。元代诗赋，也大多以这些景观为描写的对象。这至少证明，金代已有了建立"燕京八景"的客观基础。

至于说，因为明代诗人所引的金明昌遗事系传闻而不见记载，就否认"金代说"也是站不住脚的。因为"元代说"也承认，金明昌遗事是遗事不是专著的一本书。那么，你知道这个遗事是哪个版本，哪些内容吗？不知道。但从对"燕京八景"中的"蓟门烟树"、"太液秋波"、"金台夕照"等的地点之争来看，谁也不能否认，它们是在金代就已经客观存在的景观。所不同意的，只是乾隆十六年再次建立这些景观的地点。这表明，金代有"燕京八景"的说法完全有可能。

而且，"元代说"者所引元代最早的陈孚诗《咏神京八景》和冯子振曲《鹦鹉曲·燕南八景》中，也并未注明这八景究竟是元人还是金人提出。众所周知，金章宗完颜璟同乾隆一样，是中国历史上少有的，精通汉文化和艺术的少数民族统治者，由他提出"燕京八景"是完全有能力的，而且据说"卢沟晓月"碑本来就是金章宗所题。

在元代八景中出现"道陵夕照"也不能成为"元代说"的佐证。因为，这"燕京八景"的称谓都有八种之多，八景的具体内容的变化亦为常有之事。这当中，不排除元人抽出金人所定"燕京八景"中的一景，换上"道陵夕照"的可能。

当然，我们的上述分析也不足以成为"金代说"的佐证，但至少证明"元代说"的漏洞很多，并不能让人完全信服。

关于"燕京八景"的另两个争论是：一、"燕京八景"具体是哪八景？二、"燕京八景"究竟位于何处？

第一，"燕京八景"都是哪八景？按金明昌遗事的说法，八景为：居庸叠翠、玉泉垂虹、太液秋风、琼岛春阴、蓟门飞雨、西山积雪、卢沟晓月和金台夕照。

至元代，"燕京八景"内容有所变化，增加了一个"道陵夕照"，去了一个"玉泉垂虹"。但这种"金代说"很快又被推翻了。陈孚于元至元二十九年（1292年）的《咏神京八景》诗中，定"燕京八景"为：太液秋风、琼岛春阴、居庸叠翠、卢沟晓月、西山晴雪、蓟门飞雨、玉泉垂虹、金台夕照。显然，又恢复到金代的八景。可鲜于必仁的《折桂令·燕山八景》中，将金台夕照换成了道陵夕照，西山晴雪代替了西山积雪。《元一统志》则将太液秋风改为太液秋波，道陵夕照改金台夕照，西山积雪改西山霁雪。

明代所说八景与金明昌遗事相同，且将其顺序定为：金台夕照、太液秋波、琼岛春阴、玉泉垂虹、居庸叠翠、蓟门烟树、卢沟晓月、西山晴雪。

清代康熙年间，改"玉泉垂虹"为"玉泉流虹"（见康熙年《宛平县志》）。清乾隆十六年（1751年），高宗皇帝对这八景重新审定，并且题咏、做书、镌石、立碑。经二百多年变迁，这些景观也发生了很大变化，像金台夕照，干脆看不到了。

但乾隆皇帝的这次厘定又带来了新的问题，就是"燕京八景"的具体位置之争。

第二，"燕京八景"具体位置究竟何在？在八景当中，其位置争议最大的有：琼岛春阴、太液秋波、蓟门烟树、金台夕照——竟占八景总数的一半。

"琼岛春阴"位置的争议，在于其碑究竟位于琼岛的西部，乾隆行宫悦心殿前，还是处于现在的位置——琼华岛东部倚晴楼之傍？否认这一变化的人，认为此碑自始就在现位；相反意见认为石碑是从西边移过来的。我们支持后一种意见，具体理由可见本书《道家思想的园林化体现——琼岛春阴》一文。

"太液秋波"景观据说在金代已有，位于金中都大内的太液池边。乾隆后把这一景观移至中海，于是引起争议。"蓟门烟树"、"金台夕照"二景也在当初的金中都存在过，后也被乾隆移至新景，与"太液秋波"的情况差不多。那么，对乾隆的这一做法究竟应该怎么看？是肯定还是否定？

关于这些问题，我们在本书有关部分中也说了一些看法，集中到一点，就是强调景观要为人服务。倘若景观当年的环境已发生变化，为什么不可以再在新处建一个呢？当今北京、上海和河北新建的大观园不都是出于这一动机而建

的吗？所以，在这个问题上，不必过于拘泥历史，"燕京八景"的实质，就是根据民族传统习惯和审美观，将文人雅士的喜好与自然山水相结合，而建立的八处供观赏的景观，既然"燕京八景"的称谓、具体景观的称谓，乃至景观本身，随时都在变，那么其位置移换一下又有何不可呢？我们所要做的，只是把这一变化的脉络缕清，并且琢磨这种变化的实际意义，真正掌握其精髓即可。

四、"燕京八景"回声

（一）燕京八景的"源"与"流"

撇开关于"燕京八景"有关的争议不论，仅就其产生的条件及历史作用来讲，足以证明它与中国传统文化的内在渊源，可以说，后者是源，前者是流。

这首先表现在，无论是金章宗还是清高宗，乃至历代与此有关的统治者，无不具有高深的传统文化根底，从而使所命之名、景观内涵等多方面，无不透露出"文采风流"文人（金章宗、清高宗都曾以此自诩）的高雅情趣和文学艺术功底。

其次，在八景的选择方面，也说明他们不是荒淫无耻，沉醉酒肉歌舞的隋炀帝之流，相反，体现了多方的要求，既注重自然美景，又将其与治国安邦，巩固边防紧密结合起来。像"居庸叠翠"的自然景观，与护卫京师、宗庙的重任形象地结合，使其不仅成为大自然的绿色屏障，同时也成为军事护卫京师的绿色屏障。这种自然景观与人们所赋予它的神圣使命间水乳交融的关系，真可谓是神来之笔。

再有"金台夕照"，从观赏角度来讲，可能实在没有太大的意义。也许正是因为这一原因，使它成为假冒最多，至今唯一不存的八景之一。然而，"金台"所体现出的，统治者对治国安邦的人才的渴望，却是十足地表现了出来。因为他们深深地懂得，管理国家需要一大批诸葛亮、张良、韩信等这样的文才武将，这是他们实现统治的根本保证。因此，纵然此景无山川之秀、池水之美，也依然被列入了八景当中。而选择"金台夕照"和"道陵夕照"绝不是一个景点之争，而是体现统治者是否具有雄才大略的重要体现。

（二）"燕京八景"是人工建筑与自然景观的有机结合

"燕京八景"的诞生，是人工建筑与自然河山的有机结合，而不是以破坏自然环境为代价的。而且金章宗还将行宫周围和围猎之处的土地交给农民开垦，即便是禁地，也听任农民出入。不仅如此，像"卢沟晓月"的主体——卢沟桥和西山八大处西麓，天台山慈善寺旁的万善桥，更是直接服务社会的重要工程。前者成为重要门户，后者是方便百姓进香的便桥。这种"兼顾"的精神更是值得今人借鉴的善举。

"燕京八景"的产生，直接推动了北京地区的园林建设，"燕京八景"的出现，对于原本的风景景点的建设、产生了巨大的影响。从此之后，无论"十室之邑，三里之域，五亩之园，以及琳宫梵宇，靡不有八景诗矣"。现代园林、庭院绿化亦借鉴燕京八景建造景点，推动了园林建设的发展。尤其是清代，在北京西郊大兴土木地修建离宫别馆、寺庙观宇，与金朝所立的"燕京八景"有着直接的嬗变经过。在这一点上，乾隆及其后人，可真是在步其祖先的后尘，且后来者居上了。

最后一点，也就是最重要的一点，就是"燕京八景"将园林艺术，建筑艺术等结合在一块儿，并将其推向了一个前所未有的高水平，这不仅有利于这些艺术本身的发展，而且催发了诗词曲赋，以至绘画等类艺术的繁荣。著名的有元代诗人陈孚的《神京八景诗》、刘秉中的词《秦楼月》、冯子振的曲《鹦鹉曲·燕南八景》。元人杂剧也有《黄金台》等剧目上演。明天顺五年（1461年）端午节，英宗皇帝曾将咏八景诗题于扇上，赠与身边大臣。乾隆皇帝为每一景都题了诗。这些诗不仅刻于这八景的石碑之阴，而且作为装饰，刻在了北海琼华岛西岸，水精域石亭的柱子上，至今清晰秀丽，置身此亭之中，欣赏柱上诗，眺望湖中景，定会另有一番感受。乾隆还作了《御制燕山八景诗》、《御制燕山八景诗叠韵》。清仁宗皇帝也有《燕山八景诗》传世。

明永乐十二年（1414年）翰林侍讲邹缉首倡北京八景诗，同赋者有胡广、杨荣、王绂等几人，几乎囊括了当时京城的顶尖文人。王绂还为诗配画，绘制了《北京八景图》，诸诗置各图之后，装裱成卷，前有胡广作序，后有杨荣之跋，成为不可多得的诗画艺术真品。

古人咏"燕京八景"的诗词曲赋，或描述景观之美，或借景抒怀，或追忆古贤，精妙地写尽了"燕京八景"多侧面的风光和情怀，这些优美的诗句让人魂牵梦萦，吟诵不已。

多少年来，从高居皇位的帝王，到布衣文人，竞相题咏"燕京八景"，景因诗而生辉，诗因景而久传，诗景交映，成为历史的佳音。咏景诗使景观传名更久远，同时也为景观注入了丰富的文化内涵。也正因为如此，才更显得耐人寻味，韵味无穷。

（三）"燕京八景"带出了一批地方八景

由于历代帝王的喜好，加上文人雅士的吹捧，金元以降，北京地区的各种八景纷纷产生。这当中不仅有"燕京八景"的细分，如"大兴八景"和"宛平八景"，而且还有与此相关的"民间燕京八景"和"燕京古迹八景"；在京城内的某一风景区，如什刹海，还出现了描写其风光的"西涯八景"。在目前所列的京郊十二个区县当中，也都有各自的八景。

这些八景的产生年代不同，标准也不一样，显现出良莠不齐、庞杂繁芜的现象。就拿昌平来说，像龙山与白浮泉这样有名且重要的景点没有选入，却把居庸关附近的一处水潭列为一景。龙山是昌平县城附近的一座土石山，高约150米，山上林木茂密、松柏交翠、红叶遍山、风景秀丽。明洪武年间建于山顶的龙王庙为京北最大的龙王庙，每遇大旱，都成为周围数十里的百姓祈雨之处。而白浮泉更为著名，它是除玉泉山之外，供应京城用水的另一处重要水源。元朝郭守敬兴修水利，引白浮泉水至京从西北门入都。现在的京密引水渠就是当年的古河道。当年的白浮泉极受重视，修有水池，围起泉水，水从九条龙的口中流出，故有"九龙戏水（喷玉）"之称。试问，这不比那居庸关的"龙潭喷玉"更壮观吗？

此外，昌平的巩华城与行宫也很著名，是北京通往塞外的重要城镇之一，驻兵最多时达三千多人，明朝皇帝御驾亲征，都曾驻跸于此。

像这类舍重就轻的选景方式，几乎京郊十二区县八景中皆有体现。这不仅说明标准混乱，同时也是代表了少数人的好恶，未必真实反映客观现实。

还有一种情况也很严重，就是不够八景的地方硬凑八景。在以往的各种八景当中，凑数的现象到处可见，这是很悠久的传统习惯。数不足而狗尾续貂、勉强拼凑；数有余而削足适履、生硬压缩，以凑足所期望之数。这主要是因为从八卦、八方开始，八就代表了丰富多彩、全面无遗，唐宋以后，八更是成为民族心理的崇尚之处。景点选八处，正是为了迎合这一潮流。"燕京八景"当然应算名副其实，各有特长。但这十二区县的八景中，内容大多不外烟、霞、雨、雪、风、月、松之类，机械模仿，勉强凑数，其硬拼的痕迹十分明显，甚至徒有虚名的也不少。为此应该本着实事求是的原则，根据本地区实际，与其硬凑八景，还不如只立一景为好。比如怀柔的红螺寺，房山的云居寺，门头沟的百花山，通州的通州塔等，都是脍炙人口的风景名胜，纵然不列入八景也照样为人所知，传名四方。否则纵然挤进八景，也会因不称格而被众人抛弃。这样，反而损坏了八景的声誉。

五、"燕京八景"远眺

"燕京八景"的产生到现在已经好几百年了。作为一组历史悠久、家喻户晓的风景名胜，如何在21世纪，乃至未来，继续发挥作用，甚至弘扬光大呢？

如前所述，"燕京八景"各景都不是自然而然存在的一山一水，相反，它是自然景观和人类智慧、人文理想有机结合的产物，每一个景观下面，都有着深厚的历史积淀、文人轶事、民间传说、诗词曲赋。这些方面的组合，构成了民族传统文化的特殊组成部分，凝聚着数代民族精英和劳动人民的智慧和心血，它是民族遗产中最有价值的部分之一。虽然几百年来，自然、历史都发生了很多变化。在主观方面，人们的观念和欣赏趣味发生了巨大变化，出现了多元化的趋势；在自然方面，许多景观已被战火或风雨所毁灭，与此同时，又有新的景观不断产生……但这所有的一切都不是我们否定"燕京八景"历史作用的理由。"燕京八景"从它的命名、产生经过、组成部分、历史背景、文化内涵、轶事传说等诸多方面，依然有值得我们学习借鉴的东西。对此，我们不能采取历史虚无主义的态度，而是要学会站在先人的臂膀上提升自己，否则只能重复历史，重复前人。

在这当中，我们以为至少有下列三方面可以学习和借鉴。

采取一种群众喜闻乐见的形式，来介绍风景名胜，吸引更多的有兴趣的人前来游览观光，使之弘扬光大。"八景"的形式既符合民族心理，又具相当的代表性。20世纪80年代，北京曾搞过新"北京十六景"的群众评选活动。应该承认，组织者的本意是好的，考虑到1949年以后，北京城的巨大变化，将原来的八景扩大为十六景，借此容纳更多的新景点。但这当中的问题也是显而易见的。比如，十六虽然是"八"的扩大，但其文化内涵和所代表的民族心理都发生了根本变化。试问，这"十六"与"八卦"、"八方"是什么关系？显然其内涵并不是简单的乘以2所能代表的。因此，在群众中的影响也不一样。其次，十六景毕竟太多，记忆起来十分不便，更遑论朗朗上口了。最后，这十六景的评选标准过于单一，不足以代表许多游客的观赏情趣。十多年后的今天,"新北京十六景"除了在书上还能偶尔见到以外,实际了解,至少是说得全其景观的人却不多了。

借助"燕景八景"弘扬传统文化,寓教于乐,于潜移默化当中提高人民的文明程度。通过对"燕京八景"的了解,可以学习许多关于传统文化的知识。而这种传承,都是在不经意中进行的,丝毫不带强迫性,所以容易为广大群众,尤其是青少年群众所接受。与之相反,冲浪、蹦极和坐过山车都是不可望其项背的。当然,这样说,并无否认这些单纯的娱乐项目的作用,只是希望二者都能有适当的比例,既不要都是观赏八景,也不要只是单纯娱乐。而不是要求将二者简单相加,或硬性拼凑,在"居庸叠翠"玩蹦极,在"八大水院"冲浪。任何事物都不要走向极端,否则都会引起相反的结果,这方面的教训太多了,保持二者的适当比例是十分重要的。

"燕京八景"内容应随时代而变化,增添新景,代替旧的,始终保持其代表的权威性,这是"八景"得以确立和保存的必要前提。如果死抱住业已消失的景观不放,使今人失去游览观赏的意义,也就很少有人再提起这些景观,最终使"燕京八景"及诸多"八景"成为书上才有的冷僻词句。比如说,有人问:"燕京八景"为什么没有颐和园?在他们心目中,颐和园是有名的园林,"燕京八景"这么重要,著名的权威性景点没有颐和园是不可思议的。为此,我们不能老是向他们解释说,"燕京八景"产生时还没有颐和园呢。相反,我们应考虑,有没有必要把这一系列进去,而把别的景换出来,使其始终保持一种活力,一种可观赏性。相反,"金台夕照"在今天似有调整的必要。因为在封建社会,人才被承认和发挥作用的机遇很少,多少怀才不遇的人老死终身。诸葛亮要不是刘备三请出山,也就不会有日后的"草船借箭"等的动人传说和三国鼎立的局面,孔明自己也只能到老都"躬耕垄上"了。而造成这种局面的是科举制度,是封建统治者对人才的限制。如今不一样了,人才产生的途径很多,黄金台求士的这种方式,已经越来越被竞争的局面所代替,一代又一代人才脱颖而出。在此情况下,"金台"的作用显得微不足道了。所以,大有对其调整的必要。

对于"燕京八景"还要加大宣传,尤其是揭示其丰富的文化内涵,引起人们对它们的重视。这不仅是借景点吸引游客的需要,更是借此弘扬传统文化,扩大对外文化交流的需要。同时要注意宣传的形式要多样化,观念也要更新,注意研究游客心理,有针对性地进行宣传。在这方面,诸多媒体、旅游等部门的工作人员首先要了解其有关价值,然后再进行宣传。广大的史地民俗爱好者、研究者在这方面更有义不容辞的责任,要发挥知识优势,为搞好这一宣传出谋划策,提供"炮弹"。

为此,我们要树立自信心,增强自豪感,克服历史虚无主义。这样,别人才会真正信服你的介绍，并因你先感动了自己，而因此被感动。

　　走近"燕京八景"的过程，不仅是了解其内容本身的过程，同时也是了解民族文化、学习历史知识的过程。本书试图通过对其相关内容的介绍，提供一些比较系统的、全面的知识，以期引起读者的重视。

第二篇　"燕京八景"的述说

一、"燕京八景"之滥觞：西山八大水院

正像任何事物的产生，都有一个成长过程一样，"燕京八景"也不是一蹴而就的。金政权建都北京之后，看上了西郊的好山好水。起初，喜好游山玩水、诗词歌赋的金章宗，出于自己出游的方便，也为了更利于欣赏美景，在城里大兴土木，建造了芳园、南园、北园、熙春园、琼林苑、同乐园、广乐园和东园八苑。后又在中都西山，选择山势高耸、林木苍翠、流泉飞瀑、地僻幽深的山林间，修建了八大水院，也就是八处园林行宫，为游玩驻跸之所。他从全国各地征召造园大师和工匠，把南方高超的造园艺术与北方山水的自然之美相融合，使魏晋南北朝以来的寺庙兼有造园的艺术造诣。由此开始了历代统治者在西郊造园之先河。这也可以算是西郊最初的"八景"。

金章宗年间修建的八大水院是：（一）旸台山腰的大觉寺，又名清水院；（二）西山妙高峰的法云寺，又名香水院；（三）地处西山车儿营西北五里的黄普寺，又名圣水院；（四）西山金山金仙庵，又名金水院；（五）西山香山寺双井，为潭水院；（六）玉泉山芙蓉殿，为泉水院；（七）石景山香盘寺，为双水院；（八）门头沟仰山栖隐寺，为灵水院。

纵观上述八大景观，它们至少具备两个特点：第一，任何一座水院，几乎都是一座佛教的庙宇；第二，这八座庙宇中，几乎都有泉水。这两个特点说明什么问题呢？首先，说明这几处皇帝行宫都是在原寺庙的基础上增扩建而成。"天下名山寺占尽"，行宫出现，肯定晚于寺庙。金章宗把避暑休闲与修身养性，甚至

参禅拜佛紧紧地联系起来。这种对佛的膜拜，虽然与修建北海三海时的独尊道教的倾向不同，但实际上都表明了金朝统治者借助宗教势力巩固自己统治的初衷。同时也表明，面对强大的中原文化，他们在心理上的惧怕与畏险。其次，这些寺院与水的紧密结合，同样是他们对宗教崇拜的另一表现。俗语说，有泉水的地方就有寺庙；山不在高，有仙则名，水不在深，有龙则灵。水、山与庙结合，构成了宗教神秘体系的有机结合，同时也成为金朝统治者尊崇佛道的具体表现。

（一）清水院

在这八大水院中，其规模较大，且目前保存最完整的，可能要算是西山山脉旸台山腰的大觉寺了。该寺建于辽代咸雍四年（1068年），寺内有龙潭，潭水晶莹澄澈。其建筑坐西朝东，是北京地区辽代寺庙面东而建传统的典型代表。这是因为，辽、金的统治者都是来自北方的少数民族，素有太阳崇拜的习俗。所以，他们修的建筑，大多是坐西朝东，向着太阳升起的地方，而不是像中原文化一样，以坐北朝南为正位。

西郊大觉寺内的大雄宝殿，近年经过修缮整旧如旧，更显古朴、雄伟。

乾隆十二年（1747年）御制《重修大觉寺碑》也提到"大觉寺者，金清水院故址"。唯以现址保存的一幢题为《旸台山清水院创造藏经记》的辽碑中所称："旸台山者，蓟壤之名峰；清水院者，幽都之胜概。"可见清水院本是辽时之旧称，金章宗不过是承继下来而已。

清水院周围风景优美，树木参天，寺内尤以古木著称。最著名的"银杏王"树，系辽代所植，位于无量寿佛殿前北侧，高达30米，树干周长近8米，距今已有九百年的历史。在寺内其他地方，还有几棵巨大的银杏树，据说都是从大银杏王的根部滋生出来的，人们叫它"一龙九子树"。

位于寺内南路，四宜堂（又名玉兰院）内的古玉兰树也很有名。它高达10米，树干周长1.25米，系乾隆时所植，树龄也两百多年了，可称为北京的"玉兰之最"。相传，这棵玉兰是由该寺的主持迦陵和尚从四川移来的。寺内还有两棵清朝道光年间种植的玉兰，树龄也一百多年了。"古寺兰香"系大觉寺的另一特色景观。

此外，寺内还有许多古松。后院藏经院中，有一棵辽代的古松，高达25米，树干周长近3米，其巨冠把树边的舍利塔紧紧抱住，这就是北京的名松之一"抱塔松"。属于古柏奇观的还有四宜堂内，辽代的双干桧柏，双干在地上一米处分开，在分权处

大觉寺内的千年银杏，至今仍然生机勃勃，或得佛门真谛为之？

竟长出一棵已百年以上的鼠李树，人称"古柏鼠李"。另一棵辽代的古柏，在大权中生长着一棵3米多高的杨树。据说原来这里长的是蛇葡萄，后来死了，于是又长出了杨树。

寺内还有古槐、娑罗树、橡栗等六十多种树木和奇花异草。该寺"七绝"中，树木就占了"五绝"。寺依旸台，前有莽莽平原，寺东南名城子山，寺西北孤矗一峰，峰峦似鸟头名鹫峰。

大觉寺内的泉水源头。位于龙头及前面的三座山峰组成的昆仑石，摆放的原理来自风水术。此说认为，龙之发脉都在群山交会处，只有高大的山脉形成绵长的支龙，这样的龙才有气势，穴才有生气，为此，特意在作为全寺泉水之源的龙池内安排此二物，借以象征龙脉的绵长悠远。

清水院的"清水"由寺后部园林中的一龙口内流出，然后分成左、右两条浅沟通过全寺，注入山门入口处的龙池内。因该院依山而建，呈前低后高之势，故泉水前流过程中，遇有悬殊之地时，自然形成小型瀑布，水声哗哗，传之甚远。上有浓荫如盖，下有流水潺潺，可观、可听、可享，倘若盛夏时节来此，其凉爽宜人之境，该多么令人向往！自建寺以来的上千年间，纵然建筑兴衰，但泉水不断，这也是寺内多古树的重要原因之一。四宜堂院中有一口水井，井中长年流水之声不绝，加上院内玉兰树、古柏鼠李等古木，尤显郁郁苍苍，幽静古朴，是修身养性的好地方。

（二）香水院

从北安河村往北，经草场村，折而西上八里，就来到了妙高峰下。妙高峰由小石峰聚拢而成。法云寺（又称香水院）就坐落在这里。只见山形环抱，南北伸出两条不长的山脉，在山麓下至今仍有山泉，分为两股，四周叠置假山，山前砌方池一座，清清泉水，从石罅流出，铮钫交响，流入方池。古诗咏曰："双流鸣玉雪。"此双泉，西者源于三层殿后，经草堂西侧廊庑，流绕而出，东者则出自后山，经菜园入"香积厨"。遍山林木苍翠，银杏十围，远离村舍，地僻幽静。据《珂雪斋集》云："法云寺在西山后，远视为一山，近则山山相倚，如笋抱箨，其根为长年雨溜，浇出石骨，每山穷处，即有小峰如笔格，寺枕最高处，近寺有双泉鸣于左右，过石梁拾级而上，至寺门，内有方池，石桥之间，水沧然沉碧，双泉交汇也。"香水院山上，有清醇亲王陵墓。墓坐西朝东，依山而建，由低到高，分为七层，最下边是七十八级石阶，石阶上是个圆弧形平台，上有古松一棵。沿阶而上，迎面是座琉璃瓦覆顶的碑楼，内为光绪所立龙碑，碑楼后为神桥，下为月河。过神桥是南北朝房和宫门，进去为享殿遗址。享殿后是个独立小院，内有醇亲王和嫡福晋合葬墓及另外三位福晋墓。

清代醇亲王奕譞的墓地。此墓建于他二十余岁时，以表达他政治上思退隐身的愿望。此处为原在他处当差的太监所捐建的庙宇，因其风水好而被他选中。

在园寝的北侧，是七王坟的阳宅：退潜别墅，内有八字照壁一座，以及依山而建的五进院落。阳宅的北部曲径通幽，假山清池，精致静谧。关于七王坟，还有一个传说。当年七王坟上有棵白果树，长得非常大。不知是谁，在太后面前说，醇王府出了皇帝，是由于醇王坟地上有棵白果树，"白"和"王"连起来，不就是个"皇"字吗？于是，慈禧命人到妙高峰，把白果树砍掉了。要知道，醇亲王是慈禧的妹夫呢。

关于香水院名称的来历，是因为院中的东边一股泉水，出自后山，经菜园入"香积厨"（即寺院厨房，传说香积佛所盛香饭遍重三千大千世界），再流到前院小石桥下方形莲池当中，故名"香水院"。

（三）圣水院

在西山古村落聂各庄乡车儿营西北五里，有明代的"明照洞瑞云庵"。该庵位于车儿营村西边山上的一条东西走向的深涧当中，全名为"大明弘治年明照洞瑞云庵"。它的前身就是建于金代的黄普寺。庵前有一独立的巨大岩石，约三丈高，石顶端建有一座七层密檐式砖塔，塔体小巧玲珑，庄严绮丽，名千载寿塔，简称"石上塔"，为京城一绝。

位于海淀聂各庄凤凰岭南的瑞云庵及金刚塔

如今，瑞云庵已不存，只留下一处很大的寺宇遗址，以及一座花岗岩石垒砌的山门。瑞云庵建于明代，左有泉水，现仍存石凿井眼一口，直径约30厘米，水从山崖石罅中流出，注入井中，井则处于遗址正室的中间，多年不竭。现遗址还有金代的银杏树。

明朝英宗年间，宫中尚膳太监某公因公至昌平，听说白塔山（位于瑞云庵北侧，因山似宝塔而得名）下有一座黄普寺，便前往查询，见有一石一洞，石曰金刚石，洞曰明照洞，泉曰圣水泉。这里，山、林、泉之秀美，使得此公流连忘返。当年秋天，他就在黄普院遗址以南建寺，历时五年完成，明英宗赐额"妙觉禅寺"。据妙觉禅寺一通残碑记载，黄普院建于金章宗时期，此碑为明代成化年间道深和尚撰写，这位出家的太监，就是妙觉禅寺第一代主持尹奉和尚。尹奉圆寂后，第二代主持天端和尚，于寺之金刚石（即前文所述之独立巨岩）上建寿塔一座，以兹纪念。

（四）金水院

金山，山林青秀，山间有一泉眼，人称金山泉，金代的金山寺就建在这里。此处位于大觉寺的北边，从北安河村西上行，经环谷园，登山八里许即到。据史书记载："金山翠碧幽谷，金水泉洌，至今不衰。"古刹建于何时，现已不可考。从寺中尚遗的两棵银杏树来看，其规模略小于大觉寺中的"银杏王"，树龄恐怕也有七八百年了。估计系金章宗于1190～1208年于西山大兴土木时所建。明正德年间曾重修此庙。相传慈禧太后的表妹金仙姑娘，因婚后家中不睦，脱离家庭，削发为尼，隐居于此，并重修此寺，寺亦易名为金仙庵。现寺内除尚有遗址和两棵银杏树之外，还有重修金仙庵残碑一块，由清代"赐进士第中顺大夫，都察院右佥都御史，东御史政干徐宪篆"。

"金山泉"石碑

（五）潭水院

香山为小西山之中峰，亦名香炉峰。此地于清朝乾隆十年（1745年）建成规模宏丽的皇家苑囿，赐名"静宜园"。香山寺位于园内南部，创始于金大定二十六年（1186年）。又名

位于海淀区北安河阳台山风景区内的金仙庵遗址

永安寺，亦名甘露寺，元、明两代均曾重修，经乾隆年再重修，以山为寺名，称香山寺。庙宇依山而建，由前到后，层层递增，正中一条石台阶串着五座大殿，大殿两旁还有其他许多建筑。

金章宗生前常游香山寺，文献中有记载的就达七次之多，留下了许多故事。相传有一天，金章宗晚宿香山行宫，梦中见泉水涌流而出，天明，立即降旨掘地，果在不远处掘得泉水两股，取名梦感泉。金章宗曾题镌"双井"二字刻石。到清代，乾隆手书"双清"二字，镌刻摩崖，为静宜园二十八景松坞云庄景区。

还有一段护驾松的故事。一天，金章宗游性大发，边走边说，不留神失足下跌，险些滚落山谷，多亏中间有一棵大松树把他拦住，才避免了一场灾祸。金章宗感其救驾之恩，赐名"护驾松"。

香山寺前，原有一座高台，金章宗常于台上拜祭星辰，取名祭星台。与金章宗有关的，还有他曾与人下棋之处，曰棋盘石，等等。

与金章宗性格极其相似的乾隆皇帝，对香山寺也格外喜爱。他除了重修、扩建了香山寺，并常居于此之外，还曾在此举办过两次三班九老宴，传为佳话。第一次是在乾隆二十六年，为庆祝皇太后七十生日，三班共请了在朝王公大臣、武将人员和致仕诸臣各九人。第二次在乾隆三十六年，为庆祝皇太后八十生日，规模同上。这不仅对朝臣们是一种格外的恩宠，同时也使他们有幸巡

乾隆皇帝在香山寺举行三班九老宴时的盛况

游静宜园,领略皇家园林的壮丽气派。事后许多人作诗、作画纪念。

香山寺台阶下原有一座莲香池,内种五色香莲逾万株。每到盛夏,芬芳数里,翠盖亭亭,风送清香,景色迷人。

此寺于鸦片战争中被帝国主义侵略军焚毁。院中仅存殿前大石屏一座,中刊金刚经,左为心经,右为观音经,屏背镌刻乾隆御笔、燃灯石佛、观音、普贤诸像和赞语。两边石柱上刻有乾隆题联。另有一座方形石碑,用满、蒙、汉、梵四体书写《娑罗树歌》,系乾隆手迹。原有的娑罗树和听法松都已不存。

(六)泉水院

玉泉山在昆明湖之滨,为金山西南支脉,山势不高,矗立在西山小平原上,与万寿山遥遥相对,是昆明湖的一座天然屏障,因其地出清泉而得名玉泉山。辽代以前,这里只不过是高粱河畔的一座小山包。金海陵王迁都燕京后,在这里盖起了金山行宫。金章宗又把玉泉各水引至金山脚下，取名金水池。《宸垣识略》载："玉泉山土纹隐起，作苍龙鳞。沙痕石隙，随地皆泉。山阳有巨穴，泉喷而上，淙淙有声，或名之'喷雪泉'，有御书'玉泉趵突'四字，为燕京八景之一。"附近还有乾隆手题"天下第一泉"大字碑及由大臣汪由敦所书乾隆御制《玉泉山天下第一泉记》全文碑。金章宗所建芙蓉殿就在"天下第一泉"的附近。此殿建在玉泉趵突南岸的山坡上，下有观音洞，纵深两丈，内供观音像。金章宗常到洞内避暑乘凉。据说，当年的玉泉曾经围绕芙蓉殿缓缓流动。这是因为在玉泉山南面，有一处园中最大的湖面——玉泉湖。它东西宽150米，南北长约200米。湖中布列三岛。清朝曾在当中的大岛上建有乐成阁。相传，这里正是金章宗芙蓉殿的故址，故景题为"芙蓉晴照"。金朝明昌、承安、泰和年间，金章宗曾多次游幸此地。以后的历代帝王都要于夏季在此避暑，一座座行宫殿宇绕山而起，御道玉桥也不断建造。到了清代，这里已是颇具规模的风景游览胜地了。特别是康熙年间，在元、明旧有园地上加以修葺，赐名为"静明园"。

由于过去了八九百年，史书上又少有记载，关于芙蓉殿的具体情形已不可考，只能从古诗中探之大概了。"凉阴石洞榻，清响玉泉云。胜迹惟幽事，闲僧述昔闻。"（明代，曾朝节《华严洞》诗）"浮花浅玉落崔嵬，径出千岩去不回。白日半空疑雨至，青林一道指烟开。月分秋影云边见，风送寒声松杪来。流入宫墙天汉静，何如瀛海绕蓬莱。"（明代，林环《玉泉山》）据《金史·章宗纪》载："明昌元年八月幸玉泉山，六年四月幸玉泉山，七年五月幸玉泉山。"本来，金章家是以玉泉山作为夏季的避暑之地。可在以后几年他到此处来的时间却越来越提前了，可见此处对他的吸引力之大。

（七）双水院

石景山区黑石头乡双泉寺村是因村内双泉寺而得名。而双泉寺，则又是因为寺右有双泉的缘故。据《日下旧闻考》记载，金章宗明昌五年（1194年）皇上御旨建造此寺，以便于他的夏季避暑。

此处东西北三面环山，西有小路通天台山，如众星拱月，寺宇不大，但为西山名刹。一来因其历史悠久，已有八百年以上，二来为金章宗避暑之地，可谓圣迹。泉从寺后山麓涌出，砌石池汇聚寺中，然后再从寺中流入河谷，自然形成两股小溪，全盛时期，水景甚美。这里苍松翠柏，泉流飞瀑，润石嵌空，山峦清秀，东北二里许即为黑龙潭。

双泉寺是金代始建时的名字。明代成化年间改称香盘寺。到了嘉靖年间，经过修葺焕然一新，清朝光绪年间又加修缮。该寺原有建筑规模宏大壮观，有大殿三间，配殿、厢房若干；并有泥佛、铁佛、铁钟、黑龙壁画等物。寺北还建有一座祈福塔。

双泉寺山门

如今寺内建筑大部被毁，铁佛、铁钟多数无存。仅剩有清碑两方，一方风化剥落，只字不存；另一方《重修翠微山双泉寺记》，谢祖源撰，梁耀枢书，清光绪年间立。寺内还有一方明碑，无撰人姓名，嘉靖元年（1522年）立。此外，还有石佛像两尊。

这里还有值得一提的，就是与建寺时间同样久远的那座双泉桥。这几乎就是为金章宗来双泉寺避暑而专门修建的。明朝弘治七年（1494年）曾为此桥立一碑，由翰林院修撰、云间钱福撰记。清朝光绪年间，修葺双泉寺时，也曾加以扩建，桥改名万善桥。它的形状有点像颐和园的玉带桥，如虹卧波，既便利交通，又可以观赏。据说光绪年间负责扩建的贾二、贾五两位石匠，在施工中专心赤诚，并将包工剩下的一千两白银归还其主。捐钱修桥的太监刘印诚感其二人的笃实憨厚，便让他俩看管双泉寺，并在此养老送终。

虽然双泉寺已经没有了，但这座桥还在，大桥飞架荒野，下面是奇石怪岩中的淙淙流水，由此构成了一幅人间美景，仍极具观赏价值。

万善桥,位于石景山区黑石头乡双泉寺村附近,始建于金代,原为一小石桥。明清两朝不断扩建至如今规模。

燕京八景

(八) 灵水院

栖隐寺,又名灵水院,在门头沟区妙峰山南,樱桃树村北的仰山上。此寺的特点就是大。据说面积达1万平方米,而环寺之地若千里(见刘定之《重建仰山栖隐寺碑记》)。

仰山栖隐寺创建于辽代,盛于金。金世宗大定二年(1162年)赐名仰山栖隐寺,时有僧人万余名。明昌五年(1194年)八月,金章宗亲临仰山栖隐寺,赐钱几十万两白银兴建殿宇及佛像。金元之际,耶律楚材之师万松老人在这里弘扬佛法,名声远扬。明朝永乐、正统年间重修。

栖隐寺建在仰山之巅,山秀泉秀,与京西名山百花山遥遥相对,登山四眺,只见群峰间云气四伏,好似云海,茫茫无际。寺内泉水干冽清澈,为京西名泉之一，故名灵泉。

金代寺内有五峰八亭之盛。其中，五峰争奇，金之诸主，屡赏临幸。五峰中，北曰级级峰，言高峻也。有佛舍利塔，在其绝顶。西曰锦绣峰，言绝丽也。锦绣峰之外，有水自西折而南，又折而东，水外自南为笔架峰。自寺望之，屹然之尖，与寺门相平，层层叠碧。寺东曰独秀峰，西曰莲花峰，是谓五峰。

据说当年金章宗临幸栖隐寺时，群臣从之，于寺东口有楼亭，又至于寺东有回季亭，又至于寺门双亭对峙。东为洗面亭，西为具服亭，盖将由此入佛寺。寺之正北有列宿亭，列宿亭之东有龙王亭，亭下水一泓，清而甘，流入于方井，龙王亭之东北有梨圆亭，寺之西北有招凉亭，招凉、梨圆皆最上，是谓八亭。当时还来不及建围墙，就在四面立了石碑，作为寺界。百姓不准入内，僧人也轻易不外出，直到老死入佛塔。

以上所列各处，究竟是否就是当初的金章宗八大水院，至今尚无定论。除此八处之外，有的还举出潭柘山之岫云寺、看花台水源头和昌平西南二十余里的驻跸山等，以为也应算八大水院之列。其中，大觉寺清水院、金山寺金水院和清云寺香水院，是属于比较有定论的，黄普院的圣水院、香水寺的潭水院和玉泉山的泉水院，其争议也不太大，而其余的两家则一时没法说准。像温泉东的黑龙潭、凤凰岭的龙泉寺、上方寺，以及石景山区的隆恩寺等，均建于金代，因此也有金章宗巡幸的记载。然而，是否就属于西山八大水院呢？这就需要好好考证了。

纵然如此，西山八大水院的历史作用仍然不容否定。正是它，成为日后北京西郊园林大规模兴建的初始。不仅如此，它还为后者提供了丰富的借鉴和一定的条件。正是受金章宗西山八大水院的启发，明代，尤其是清代的乾隆皇帝，才由此更加看重西郊，甚至后人还称这里有帝王之气，借此抬高西郊的权威地位。由此也为后人提供了众多的休憩、游乐的场所，为皇家园林乃至中国传统园林在北京地区的发展、繁荣，起到了不可忽视的推动作用。为此，在介绍"燕京八景"的具体景观之前，不能不先对西山八大水院做些基本的描述。至于二者的更进一步关系，相信读者在看完此书后，会自然而然地产生自己的独特认识。

二、道家思想的园林化体现——琼岛春阴

[八角鼓词]：翠郁千般，叠嶂层峦，虹梁鸳瓦，飞阁流丹，白云深处隐天关。笑抚仙人掌，低垂玉女鬟。碧倾千叠浪，纷纷红倚几层栏。供睇眯，任回环，隐隐东来紫气濛，不知海上有仙山。琪花香十里，鸟道郁千盘，既长乐，且永安。大地阳和气，点点清迷洞口烟，既入天台淡，教人疑是海峤还。雨露深恩，恩波浩荡，红云夹岸连，春阴琼岛疑仙境，好一座，镂金雕玉锦江山。

（一）"琼岛春阴"碑

"琼岛春阴"碑立于北海公园琼华岛的东侧，长廊入口处。在其山脚处，有一座由汉白玉栏杆围起的石碑，碑上镌刻着乾隆手书的"琼岛春阴"四个大字。碑的顶端雕刻着盘虬的石龙和水云图案，碑的背面有乾隆的七律诗一首，赞颂的就是琼岛春阴的景色："艮岳移来石发峨，千秋遗迹感怀多。倚岩松翠龙鳞蔚，入牖篁新凤尾娑。乐志讵因逢胜赏，悦心端为得嘉禾。当春最是耕犁急，每较阴晴发浩歌。"碑前下方有两个直径约5尺的圆形大石盘，石盘中各有石刻的昂首望云的虬龙，犹如盘卧水中，姿态生动，水注其中，如化云雨之状。碑石的山坡上建有一座琉璃瓦顶的圆顶小亭，名为"见春亭"。意思是来到这"琼岛春阴"碑前，所见琼华

琼岛春阴碑

岛的秀丽春景，松柏虬蟠，苍翠欲滴；怪石奇峰，透剔嵯峨；碧波环岛，莲叶亭亭，仿佛是神话境界。这就是"琼岛春阴"的景观。

（二）"琼岛春阴"景何在？

北海的琼华岛，以它特有的景色闻名中外。早在金章宗明昌年间初定燕京八景时，"琼岛春阴"即为八景之一。尤其是乾隆十六年，清高宗钦定燕京八景，并书碑题诗，"琼岛春阴"的景观更成为观赏琼华岛风光的典型代表。

图中右下角即为"琼岛春阴"石碑。由此往上，直到白塔，正是琼华岛东面的一组以道教为主题的建筑。包括瑶池仙境、吕祖洞、仙人承露盘等。可见，"琼岛春阴"碑立此，不仅有"向阳花木早成春"之意，而且与道家追求"生命长春"的主题极为吻合。

然而，多年来，围绕着"琼岛春阴"碑及景观的观赏问题，一直存在着多种多样的说法。其中的一个核心问题，就是这一碑究竟立于何处？其冲突的产生原因，在于关于建筑"琼岛春阴"石碑的两份内务府档案。据《内务府奏销档》记载："乾隆十六年十一月初九日遵旨：永安寺悦心殿月台上建造琼岛春阴青白石幢一座、地基下拓木丁，筑打灰土五步，并做成青石底垫，铺墁散水。"这份档案还记载说，同时建造的还有燕京八景中位于中海的"水云榭太液秋风青白石插屏一座和朝阳门外的金台夕照石碑一统"。但在乾隆十八年正月二十五日内务府奏案黄册中，关于施工结果的记述却说："永安寺东边修建琼岛春阴石幢一座，并添做须弥座，栏板，柱子等。"同时修建完工"太液秋风"石插屏、"金台夕照"石碑及添建碑亭工程。

图为从空中俯瞰北海琼华岛，摄于20世纪40年代。当时的琼华岛已很破，从永安寺大殿通白塔的坡道两边光秃一片。在大殿的东侧甚至还有一座碉堡。图中下部的两层建筑就是乾隆时期的行宫庆霄楼。楼后的花园已残破不堪，几乎没有一棵树。

虽然上述两份档案中，都记载说"琼岛春阴"碑工程始于乾隆十六年，完成于十八年，但碑究竟建在何处，却有两种截然不同的说法：前文说碑在北海白塔山正面，偏西处的悦心殿前；后文却又说是建在白塔山的东面，而结果也确实建在了东面。那么，又怎么会出来"永安寺悦心殿月台上建造琼岛春阴青白石幢一座"的说法呢？分歧由此产生了。关于这一分析，主要有三方面的见解。

其一，"计划改变"说。持这种意见的北海公园的王洪新认为，开始施工之际，碑的确建在悦心殿前，不但建了石幢，而且还打了地基，做了底垫和散水，但未立碑。这是考虑到悦心殿及其后身的庆霄楼、花园等一组建筑，是乾隆皇帝的小行宫，他要经常在这里召见大臣，处理国事，甚至接待外宾；同时，乾隆皇帝还要在这里休憩，观赏云海美景。在这组建筑前的平台上竖一座石碑，不仅有些碍眼，而且根据习惯的看法，碑石一般立在墓地享堂的南面，而绝不会把碑建在厅堂之前。否则，皇帝的小行宫岂不成了墓地？有鉴于此，这座碑才搬到了白塔山的东麓。移碑的目的是为了避讳。乾隆在《御制白塔山总记》石碑上也说："……然考燕京而咏八景者，无不曰琼岛之春阴，故予于辛未年（乾隆十六年，公元1751年）题碣山左，亦仍其旧，所为数典不忘之意耳。"同时，王洪新还举证说：在工程款的使用方面，也可以证明石碑不是从悦心殿前移开的。据称，建此碑的预算支出为一千三百三十六两九钱五分九厘，工程完竣时的实际支出为二千十七两九钱，这当中没有移建工程支出，而只有增添项目的支出。于是，得出结论说，关于"琼岛春阴"碑是乾隆五十一年从悦心殿移建的说法是不符合事实的。实际情况是该工程在实际开工前就改变了计划，将原拟建在悦心殿前的建筑，在施工中的地点改为白塔山东麓了。

其二，"春季喜阴"说。持此观点的人不算少，他们认为，此碑原来的确是建在西麓的悦心殿前，于乾隆五十一年移迁至白塔山东麓。搬迁的理由是，按照《周易》及阴阳五行的说法，依三百八十四爻，东方代表春季，春季庄稼最盼雨水，因此喜阴。《尚书·纬》说："东方为春，青帝又为春神。春为岁之首，春回大地，雨露滋润，禾稼萌生，万物复苏。"乾隆皇帝自诩为万民之主，自然要格外关心粮食生产。所以，皇上出于"爱民"之心，"悦心端为得嘉禾"，"当春最是耕犁急"，于是，把"琼岛春阴"碑移至了东坡。

其三，"春季美景"说。此说系"春季喜阴"说的发展。其着眼点是，在承认移碑的事实同时，将其理由与琼华岛、太液池春天的美景结合起来，以赏美景为主。既然"春季喜阴"，又"东方为春"，从木，主水，水为阴，所以称"琼岛春阴"。另外，古人认为水之德在养人，所以，重视水对动植物生长的重要作用，也是"琼岛春阴"的丰富内涵之一。那么，春天的琼华岛景色自然要以东麓为先，"春阴"象征着万物的滋生萌芽，"向阳花木早成春"，自然也孕育着园林中的生意盎然。如果从北海公园东门进园，过陟山桥，迎面就是智珠殿前的五彩牌楼。在其周围，则是苍松翠柏遍植，桃花、丁香、迎春、合欢等花树穿行其间。每年3月，以怒放的桃花为先导，首先给春阴的琼华岛披上粉红的丽装。丁香紧跟其后，释放着浓郁的馨香，迎春花鲜艳的色彩为山景增添了亮色，沿湖垂柳在春风里摇摆出婀娜的舞姿。从山上往下看，首先映入眼帘的是一池碧绿的青水，在春风中波光粼粼。湖东岸是一片茂密的树林，方绽蓓蕾的玉兰、窜天杨，以及槐树、柳树上发出的嫩芽，榆叶梅那重瓣的繁花挂满了树枝，赏春的人们更是穿红戴绿，成为春光里游动的靓点，由此看出，将"琼岛春阴"碑立于岛东，是颇有道理的。

综合上述三种见解，我们看到，承认石碑的位置改变是共同的。所不同之处在于，是施工前就改变了计划，还是先建好了再搬迁？解释这个问题的焦点，在于如何认识"计划改变"说的看法上。关于这个问题，明眼人打一开始就注意到，持这种观点的人所引用的《内务府奏销档》中所载"永安寺悦心殿月台上建造琼岛春阴青白石幢一座"一句，这里明明白白地说"地基下拓木丁，筑打灰土五步，并成做青石底垫，铺墁散水"，怎么能说仅仅改变了计划，这不是说已经施工了吗？

接下来的问题是，既然早在金章宗明昌年间，初定燕京八景时就有这一景，那这一景"琼岛春阴"在何处呢？对这个问题，目前尚难找到明确的记载。依我们之见，白塔脚下的悦心殿处有可能是其原址。如今，如果从金鳌玉蝀大桥（俗称北海大桥，位于北海公园西侧的团城脚下，横卧于中海与北海相分的湖面上）北望白塔山，悦心殿和庆霄楼是比较明显的建筑。尤其是悦心殿前，耸立于土山上的平台和庆霄楼那高高的建筑，都是观景的好地方。而且从清代乾隆皇帝开始，嘉庆、道光、咸丰、同治、光绪历代帝王，包括慈禧，每逢严冬，在楼上燃起火炉，皇帝、皇后坐在明净的玻璃窗内，观看北海冰面上的卫兵滑冰操演。可见，这里能够比较全面地观赏到园内的景色。

而且，金朝的琼华岛，主要只有一座广寒殿，位于现在的白塔基址。而位于广寒殿附近的悦心殿，理应成为一处休憩、观景的处所。四下望去，处处皆景，尤以春天景观更为动人。广寒仙境处已起白塔，瑞气氤氲，云蒸霞蔚，苍松翠柏，花木含苞，山石俏丽。大地春回，万物复苏。而且前引《内务府奏销档》也说"永安寺悦心殿月台上建造琼岛春阴……"可见，乾隆十六年，立"琼岛春阴"碑时，此地已有悦心殿。这悦心殿当然与赏景是分不开的。基于这个考虑，以及金代"琼岛春阴"景观在此的认识，所以才理所当然地立"琼岛春阴"碑于此。以后，乾隆经常来这座小行宫处理公务、休息读书，才感到在此立碑有墓地之嫌为不妥。至于乾隆题碑诗说"悦心端为得嘉禾,当春最是耕犁急",作为在悦心殿内处理政务时也完全有可能想到此事,将此想法与"东方代表春季,春季庄稼盼雨水,喜阴"和"阴阳五行的说法"联系起来,可能只是出于文人的附会。因为,如果对此事认识得如此清楚,也就不存在改变计划或移碑的事了。

北海白塔西侧的庆霄楼,乾隆年间曾作为皇帝的行宫,慈禧时期曾于每年春节在此观兵丁滑冰。进入 20 世纪 50 年代,曾把这里作为选举人民代表的场所。90 年代后,同永安寺一起被重修,并且恢复成当初的宫廷式样。

(三)"琼岛春阴"之美

论起琼岛春阴的具体之美来,相关读物中有着丰富的介绍,但这些介绍仅着眼于景观本身,事实上,此景所处的北海等三海的构制有着十分丰富的文化内涵,包括了中国传统文化的诸多方面,成为一座生动的、学习传统文化的百科大全。因此,观赏这里的美丽景色,应将其与丰富的文化内涵联系起来。

凡去过北海公园,又去过颐和园的人都会有一种感觉,就是这两处园林在某些方面有相像之处。翻开北海公园和颐和园游览图就可以看到,无论是北海还是颐和园，其构成基本都包括了"一池三山"。颐和园的"一池"是昆明湖，"三山"是万寿山、南湖岛和西堤外的藻鉴堂岛。北海的"一池"是太液池，"三山"是琼华岛、团城和位于中海的万善殿（早年叫蕉园，又称犀山台），团城和犀山台在早年间都曾是岛，以后才因填湖筑路而与陆地相连。

其实，这种典型的"一池三山"构园法并非北海与后来的颐和园所首创，它有一个发展衍变的历史过程。

早在奴隶社会，奴隶主为了打猎等娱乐活动，兴建了囿，在圈定的范围内滋生繁育动植物，挖池筑台，这就是园林建设的初始形成。进入春秋战国，囿内还构亭营坊，种植花木，囿向营建自然山水的园林过渡。秦汉更在新囿范围内增加动植物的品种，并在其中建设了许多的离宫别馆，周围复道相属，称为宫苑。

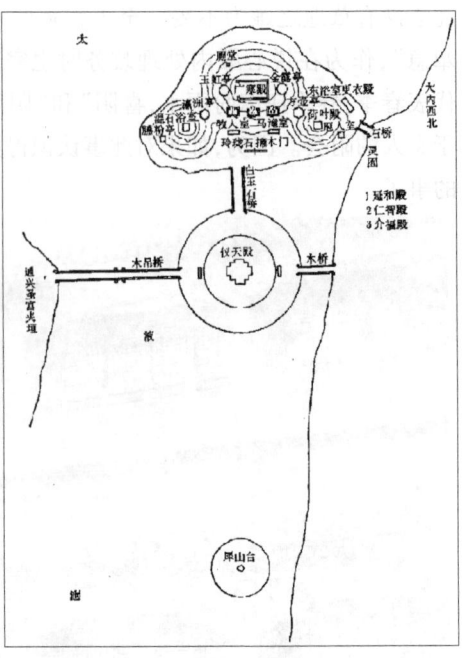

元代万寿山图。其中万寿山（琼华岛）、仪天殿和犀山台构成了蓬莱三岛的人间仙境布局，直到后来仪天殿和犀山台东侧与陆地相连后才发生变化。

只有到了魏晋、南北朝时期，园林建设才突出"三山一池"的主题，穿池构山形成自然山水，而不再以宫室楼阁和禽兽充满囿中的形式为主。隋朝，隋炀帝在西苑内就造山挖海，周围有十余里的面积，山高数丈，水上筑有三山。唐宋时，造园受我国山水画影响，园林成为文人构思的写意山水园，生活诗意化，体现自然美，如长安大明宫后的太液池、三仙山。宋徽宗用了六年时间在汴梁造艮岳，周围楼台亭阁，环绕着太液池水，北面建有蓬莱等宫，将从江南太湖等地搜刮来的太湖石点缀于艮岳园中，成为以后山水宫苑的典范。元明清将其具体化，意境更高超，笔法更简练。

关于"一池三山"园林造构法的产生，有着历史、社会和自然等多方面的原因。

据民间传说，很久以前，渤海东面有蓬莱、瀛洲、方丈三座仙山，山上有许多琼阁，住着神仙，藏有长生不老药。公元前2世纪，秦始皇统一中国后，曾委派方士徐福、卢生，两次带领童男童女数千人渡海寻找"三仙山"和长生不老药，直到秦始皇死去，也没找到。到了汉代，汉武帝也派人去东海寻找，始终没找到。于是，他降旨在建章宫后院挖一大水池，取名"太液池"。用挖出的泥土在池中堆了三座山，象征蓬莱、瀛洲、方丈三座仙山。从此，历代皇帝都在宫殿附近建"一池三山"，北海园林也继承了这个传统。北海和中海，是原来的太液池，琼岛如"蓬莱"，团城为"瀛洲"，中海的犀山台（即从今北海大桥上所见的水云榭后面的那个地方）为"方丈"。今天不仅能够在琼华岛上看到犹如仙境的高台楼阁，而且还能看到仙人庵、吕公祠及铜仙承露等幻想中的仙岛景物。

具体到三岛的传说，其来源不一。有的说是昆仑、方丈、蓬丘（即蓬莱山），有的说是昆仑、扶桑、蓬丘。说法最多的是海上三神山，即蓬莱、方丈、瀛洲。三岛说与神仙信仰的起源关系密切，神仙信仰起源于远古神话传说。

晋代开始，以长生成仙为教旨的上层神仙道教占了主导地位，社会上普遍建立起神仙信仰。服五石散，以达到养生长寿之目的，成为高雅之举。同时，士族阶层人物大批涌入道教，使得上层道教神仙与下层民间道教分离，上层道教的社会政治属性越来越强，最后在南北朝时改变为直接维护封建统治的工具，这也正是丘处机得到统治者赏识利用的主要原因。"三山一池"造园思想的确立，正是神仙道教文化作为封建地主阶级文化得到弘扬的具体体现。它离不开帝王、官僚士大夫的提倡和支持。"三山一池"造园主题在魏晋时期得以突出的另一个原因，在于自汉代以来就受到儒家思想教育，热心政体国事的知识分子因腐败的任用官吏制度和权臣的专横更于仕途受阻，愤而脱离社会，隐逸山林。这些山林隐逸在社会上受到普遍尊重，甚至在人们心中把隐逸与贤士等同。古代传说的神仙大多为神话了的隐士，而隐士也就是未神化的神仙。隐士也可以获得高名，这在以名教治国的传统下，是很高的礼遇。由于这些脱离仕途的知识分子，到山林后往往集中精力研习方术，以致后人把这种生活当成修道成仙的必经之途。葛洪曾说："山林为养性之家……是以遐栖幽遁，韬鳞掩藻，遏欲视之目，遣损明之色，杜思音之耳，远乱听之声，涤除玄览，守雌

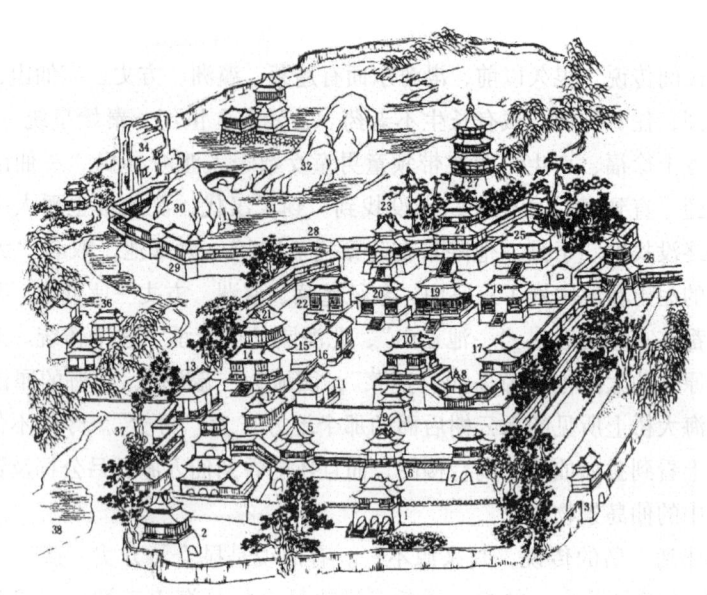

汉武帝年间建造的皇家宫苑——建章宫立体图。其特点是已有明确的中轴线，其左下角"37"处即为仙人承露盘，其池亦称太液池，筑有三神山，此"一池三山"布局影响后世。

抱一，专气致柔，镇以恬素……养灵根于冥钧，除诱慕于接物……以全天理尔。"（《至理》）葛洪把山林隐逸当成了神仙道教的预备阶段，这就促使梦想得道成仙、长生不老的历代统治者，营造隐逸者适得其中的池水、山林，效仿他们在这样的环境中韬光养晦、研习方术。因此，代表神仙境界的"一池三山"自然成为他们始终遵循的至上原则。

蓬莱作为神山之名，始于战国末期方士之口，作为实实在在的地名始自汉武帝时，目前仅存的蓬莱阁位于山东省蓬莱市，水城北端的丹崖山上。此阁建于宋嘉祐六年，为当时的登州太守朱处约所为。近千年来，这里上薄霄汉，下通沧溟，天风海涛，海市蜃楼，久为国人所爱。

近人马叙伦著《列子·伪书考》认为："蓬莱、方丈、瀛洲"的说法，"事出秦代，前无所征"。葛家修《蓬莱阁志》草稿也据民间传说，认为"蓬莱"一词始自秦始皇，谓"始皇初至此地，登高远望，但见大海汪洋，一望无际，并无神仙的踪迹。惟水光荡漾中发现赤色，因问随从方士，遂以仙岛对。始皇又问其名，方士无以答，忽见水中乱草丛生，随波漂浮，即以蓬莱为对"。这表明,"蓬莱"本是草名,借为仙岛之名。但秦始皇是否来过这里,史籍并无记载。《史记》、《汉书》倒说过汉武帝"至东莱,临渤海",到过这里。现实中的蓬莱阁,还是渔民求神保佑的处所。

为什么说蓬莱仙山在渤海中呢?这是因为在战国时代,神仙观念和方术盛行的燕国和齐国(如今的河北、山东一带)就位于渤海之滨。他们望着海中那不可及的海市蜃楼,认为那就是仙山。清代的《履园丛话》中说"始皇使徐福入海求神仙,经天有验。后游山东莱州,见海市,始恍然曰:'秦皇、汉武俱为所惑者,乃此耳。'"

《海内十洲记》分别叙及三神山,说蓬莱周围环绕着黑色的圆海,"无风而洪波万丈";道家创始人老子就住在蓬莱山上的九元真王宫里。方丈"专是群龙所聚,有金玉琉璃之宫";瀛洲"上生神芝仙草,出泉如酒,饮之令人长生"。缥缈的仙境,寄托着人们追求长生的普遍愿望。

据分析,"一池三山"的传说,还与"海市"的出现有关。晋人《三齐略记》载:"海上蜃气,时结楼台,名海市。"其后,唐宋人笔记中也有提及。最早记载"三神山"的当推《史记·封禅书》。其中说:"自(齐)威、宣、燕昭使人入海求蓬莱、方丈、瀛洲。此三神山者,其传在渤海中,去人不远……临之,风辄引去,终莫能至。"

作为北海"三山"之一的团城上,有一座坐落在四周呈凸字形高台上的承光殿,在这一建筑风格独特、华丽辉煌的大殿内,供奉着一尊由整块美玉雕成的大玉佛。玉佛前的巨大井口柱上有一副楹联,上联是"九陌红尘飞不到",下联是"十洲清气晓来多"。据说是由垂帘听政时的慈禧太后手书的。它把北海那人间仙境的美丽景色生动地描述了出来。这里的"十洲"即是道家所称道的神仙世界的又一称谓。

道教所称的十洲三岛等都是神仙栖息的胜境阆苑。古人认为,人们聚居的陆地周围都是海洋,十洲三岛就在这大海当中。旧说东方朔曾向汉武帝介绍过十洲的方位、物产、风光及其所居仙家的情况。其中的祖洲就是秦始皇遣徐福前往寻找不死草的地方。"三岛"之一的"瀛洲"也在其中,位于东海,上有神芝、仙草、琼酿。由于北洲其方位与会稽郡东西相对。所以风俗与吴地相同。

上述关于"一池三山"背景知识的介绍,使我们比较容易地认识到一个事实,就是它与道家思想的紧密联系。这不仅体现在"一池三山"构造原理的最原始的神仙传说，也正是道家神仙体系的重要内容。

"三仙山"即道教"三清"说。所谓"三清"就是指道教中的最高之神。道教信奉的最高之神称为"天尊"或"道君"，他们是元始天尊、太上道君和太上老君。三位统称为"三清"，同为道教至尊之神。同时，道教又借鉴佛教的"佛以一佛显三身"的说法，提出"道以一气化三清"的主张，认为三位一体，本源在于道德天尊的老子，它是先天地而生，无世不存在的宇宙至尊。

"三清"当中，道德天尊（太上老君）最早受到崇拜。《老子内传》称："太上老君，姓李名耳，字伯阳。其母见日精下落如流星，飞入口水，因有娠。怀之七十二年，于陈国涡水李树下，剖左腋而生。指李树曰：'此为我姓，生而白首，故号老子。耳有三漏，又号老聃。'"到了晋代，元始天尊成为道经中的至尊。他比还有一些人间经历的老子不同，其诞生更具神话色彩。《隋书·经籍志》："道经者云：元始天尊生于太元之先，禀自然之气，冲虚凝远，莫知其极……每至天地初开……授以秘道，开劫度人。"

太上道君成为崇高天尊起于南北朝时期。相传老子入山时带有一本《灵宝五符》，晋代有人依此书构造出太上道君。《太上道君纪》说他得元始天尊所缘之勋，并赐他太上之号，以广度天人，慈心万劫，普济众生。

强调"一池三山"中的三山系道教"三清"之化身，无非在于突出此理论的权威性，并借诸元君之力，以谋求仙得道之利。那么，怎么会想到把"三山"与"三清"连到一块呢？这恐怕与金元两代帝王，在营建北海园林过程中与道教全真派代表人物丘处机的亲密交往有关。

丘处机号长春子，登州栖霞人，曾师于全真教创始人王喆。王喆死后他曾应诏前往燕京。金大安二年，即元太祖五年（1210年）之后，成吉思汗攻金，丘处机周旋于宋、金、元统治者之间，成为受到三方都欢迎的人物。这是因为，他天生是宋朝的臣民，又与金统治者关系密切。他应邀来燕京期间就曾到过北海，而且写下了《琼华岛七言诗》数首。同时，在元朝崛起后，他又去成吉思汗的大本营（在今阿富汗境内）拜谒。金宣宗于1216年春，宋宁宗于1219年8月，成吉思汗于同年冬，先后派使者邀请。在这形势日益明朗的情况下，丘处机谢绝了金、宋，慨然应诺了成吉思汗诏。次年，丘处机不顾七十二岁的高龄，不辞风沙险阻，率领十八弟子启程北行，历时两年，行程万里，于元太祖十七年（1222年）抵达大雪山，成吉思汗隆重地接待了他，称其为神仙，又派千人送回。两年后他回到燕京，居太极宫，受命掌管天下道教之事。这一礼遇为全真道发展开了绿灯。

早在金世宗诏请丘处机来燕京期间，蒙古军元帅石抹明安率军攻取金中都前，已经先期占领了太宁宫（如今的北海公园），因为当时的金中都远在太宁宫的西南部，而太宁宫只能算金中都的郊区。成吉思汗将这刚刚取得的太宁宫琼华岛（包括近地数十顷），以及燕京行省统统献给了丘处机。此时的琼华岛及其周围的广大地区干脆改成了道院。琼华岛成为道士们弘扬教义的地方，各地百姓纷纷慕名而游，倒真有点道家仙境的意思。丘处机在这里住了没几年，就因病去世了。琼华岛逐渐冷落萧条。岛上居住的道士们，不爱惜这里的花木，还把广寒殿也破坏得残败不堪。

由此，让人产生这样的联想，金元统治者对丘处机的重视，说明他们对道教思想尤其长生不老目标的追求。而"琼岛春阴"的"春"字正是这种追求的生动体现。因为邱处机又叫邱长春，信奉邱处机几乎就是追求长生不老。所以这个字的内涵很丰富。

元代建都北京后，将都城由原来的金中都所在地，移到了"三海"附近地区。此时，琼华岛才正式成为皇宫内的御花园。为此，元代统治者曾大修琼华岛，并改名万安宫，琼华岛为万寿山。由于元代万寿山内苑是在金代太宁宫的基础上改建，同时也因为他们深受道教全真派丘处机等的影响，所以，改建仍以"一池三山"的传统格局为主，只是在花园内恢复和保留了一些金代建筑，如广寒殿和太湖石等。毕竟金代的太宁宫作为皇家园林，就是仿造古代神话的浪漫境界而建造的，体现了封建皇帝追求得道成仙的思想倾向，其园林主题既表现了有神论，同时又具有浪漫主义的自然山水园林风格，从而升华到相当高的境界。另外又添建了大量的楼台亭阁，开拓了太液池东岸。苑内的造景已经达到了"洞府出入，宛转相迷，至一殿一亭，各擅一景之妙"的神话意境。万寿山

位于北海琼华岛北侧山上的环碧楼游廊

内苑建成后，不仅元世祖在此居住了多年，世祖之后的各朝元帝也常至此驻跸享乐。

此时的万寿山内苑，其建筑大多仿照神话中的仙境琼阁而建，琼华岛上的广寒殿，既是岛上的主体建筑，同时也是这种神话建筑的主体。由于此殿位于万寿山顶，在云霞蒸蔚之中有如嫦娥所居之地广寒宫，故名。元代的广寒殿，檐楹叠飞，其殿"皆线金珠，琐窗缀以金铺，内外有一十二楹，皆绕刻龙云。涂以黄金，左右后三面，则用香木凿金为祥云，数千万片拥结，于顶仍盘金龙"；"殿内清虚，寒气逼人，虽盛夏亭午，暑气不到，殊觉旷荡，萧爽与人境异"。广寒殿的左右仍为方壶、瀛洲、玉虹、金露四座亭子。其下，中为仁智殿，左为介福殿，右为延和殿。山石间植有各种佳木异草。明成祖时期益加修治，并有《御制广寒殿记》云："……吾始来就国，汰其侈，存其概，而时游焉。"显然，明代并未扩建。相比之下，万寿山上的水景工程要显得侈丽得多。这一工程包括位于北山坡上的喷水、瀑布、溪流等人工风景，这样提水机械及喷水石兽，是将西方造园艺术引进来的。人工水景由提水装置和喷水造景设施两部分组成。先由架在山上的戽斗式水车将坡下河中之水层层提升到山顶，形成高水位，然后再从广寒殿后的两座小石笋内的石龙口中喷出，流入石笋前的一座方池内，池内有暗沟通向山南坡的仁智殿后，再从两座石雕昂首蟠龙的口中向上喷出，分流进入太液池。

关于山上修建的吕公洞、仙人庵，大体位置在万寿山的北、南两面。虽然名称有所改变，但建筑仍存。乾隆十七年、十八年曾从北京房山运来黄太湖石，修造山洞、石室。而金元时运自汴梁的南方太湖石，则被拆走，用于紫禁城御花园、宁寿宫和瀛台的建设。所以，现有的石洞，尤其是山北坡的，大多是乾隆年新建。虽然金元时的吕公洞现已见不到了，但在万寿山北面，有一酣古堂，东为绝壁，北为山洞，进洞顺阶而下，有屋三楹，前宇后楼，额题"写妙石室"。石室之东，有木梯可下，入长山洞，直通山下。洞深而长，但每数步必有一孔，开于头顶之上，有如天窗，凿光照路。洞的尽头，分为两岔，往东出洞可见危岩绝壁下有屋三间，为"盘岚精舍"。由此进洞西行，则是一八角亭，名"小崑邱"。如从长山洞径直往西，逐步登阶而上，则从扇面亭的地洞钻出，这洞连洞，洞通洞，简直就像吕洞宾当年修炼的山洞。

提起吕洞宾，那还得算是修这山洞的丘处机的祖宗呢。吕洞宾出自河东吕氏家族，吕谓之后，五代时的一个以剑术著名的江湖术士，因兼有道术而于宋初传为神仙。吕洞宾的传说和信仰形成于北宋，是人们寻求宗教精神慰藉的结果。传说中的吕洞宾成为道士，或为贫人，或为乞丐，或为匠人，或卖药老翁，他救助穷人，惩戒恶人。他自己修为神仙，但不愿上升仙界，要度尽天下众生，使所有人都成仙，由此得到希望摆脱苦境的人民的拥护。北宋仁宗时开始有人给他绘像供奉，随之立祠，金代的全真教利用汉钟离、吕洞宾的普遍影响，争取统治者的承认，后来因丘处机会见成吉思汗，全真教得到元统治者的支持，达到历史上的全盛时期，对被尊为全真教教主的吕洞宾的信仰则更加深远。有了这层关系，难怪这里会修建吕公洞呢。

"琼岛春阴"后侧山上的见春亭

白塔身后的平台，是早在有广寒殿时就存在的。它的修建，与周穆王与西王母相会于昆仑瑶池的传说有关，《穆天子传》上说：当年周穆王巡游天下，来到西王母所居的瑶池，为了拜这位地主，周穆王献上了白圭黑璧，以及许多锦绣丝带。不仅如此，周穆王还接二连三地大摆宴席款待西王母。宴席之上，周穆王和西王母还相互贺诗。为了纪念这次相会，周穆王登上崦嵫山顶，立下"西王母之山"石碑。了解这些情节，哪里还能感到神仙不食人间烟火的庄严，简直就是现代爱情小说中男欢女爱的典型描写了。

实际上，西王母的产生，在于造神的人们为解除缺少女性的神仙世界的寂寞。蓬莱仙岛上的东王公是鬼神世界的总管，但为了女子得道升天方便，特请西方昆仑世界的那个与东王公权力相当的神——西王母。这样西王母与东王公，一个在西，一个在东；一个为男，一个为女，共同掌管凡人得道升天之事。久而久之，好事者又将这一对工作性质相同的男女传为夫妻。

随着西王母神通的越来越大，其形象也越来越美，而对这样一位多才多情的女神，其艳遇传闻自然难断。除上述所传西王母嫁给东王公的说法之外，还有说她嫁给了同住昆仑山、曾与炎帝、蚩尤大动干戈的黄帝。等到民间信奉的玉皇大帝做了天界第一把交椅之后，人们又把西王母献给了他。称之为"王母娘娘"。到后来，干脆她还同人间的周穆王，甚至汉武帝有过风流佳话。随着道教日臻完善，他们为这位天界女神不断"正名"。首先是说她出身不俗，是元始天王与太元玉女的女儿；说她身手不凡，刚生下来就会飞翔，可以结气成形，道教徒从出生、职能、治地等诸方面为王母勾画出一个新的总体形象。

作为女神，西王母还成为人们对母亲的崇拜象征。西王母挺身扑火救百姓，她不仅惩恶扬善，更有一种庇护自己儿女的母性精神，成为与人间交往最密切、最富有人情味的女神。

如今看来，这琼华岛北麓的小平台与所纪念的周穆王向西王母套近乎的往事，倒不如说为当今的青年男女提供了一处僻静的谈情说爱之所。也许这就是千百年前那场"爱情"的延续？

琼华岛上除了有这些与道教关系紧密的建筑之外，其余的建筑也各具风格，小巧玲珑。别致幽雅的曲廊画阁，与山石巧妙结合，山石之上有建筑，建筑之下有岩洞，左右衬托，穿行而过，若明若暗，忽隐忽现，如遇仙境令人忘返。

白塔山北麓山腰，有一座方形高台，周围雕石设栏，中间竖立一根高达数丈的白玉石柱，柱身满雕蟠龙花纹，柱顶立一铜人，双手高托一个大铜盘。这个仙人承露盘的来历已不可考，有人说此盘元初发现于陕西，是汉武帝接露水的遗物。忽必烈命人运到大都，立在琼华岛的东面。元世祖时期，仙人承露盘自陕西运大都之初，曾立在琼华岛的东侧山坡上。按照四季方位，东方属春，主生。服用生方之露，可以祛病延年。到了明代，嘉靖皇帝也是一个妄求长生的皇帝，十分迷信方术。他听道士说乾方为天门，必服用天门之露才有效。于是，又下令将仙人承露盘铜人从东山坡移到了西北土坡上现在的位置。还有一种说法，说它是清代乾隆年扩建北海时放置在琼华岛上的。

细心的读者可能发现，本书在介绍"一池三山"造园理论时，说它是蓬莱系统仙境的体现，可在介绍琼岛北坡的小平台时，又把它说成是昆仑瑶池，那么，这二者之间是什么关系呢？

事实上，古代神话有昆仑和蓬莱两个系统，一般来说，出昆仑的多为神，如黄帝、西王母等；蓬莱系统则以方仙居多。昆仑、蓬莱虽各成系统，但本质相通，具有明显的传承关系。具体说，蓬莱仙话勃兴于神话之后，"神"出于"天生"，凡人经过修炼而成"仙"，取得与"神"并列的地位——这自然迎合了人们乐于长生之心，从而千年不绝。

那么，又为什么说"仙"只能住在山上呢？仙与山有着自然紧密联系。《说

"文革"时期,铜人下的汉白玉石柱被人砍断,铜人倒于荒草中多年。20世纪70年代中期重修北海时修复为原状。它下面的建筑为道宁斋,如今成为仿膳饭庄的一部分。在过去,这里的二楼是冬天欣赏冰嬉的好地方。

文》:"仚(即'仙'字),人在山上貌,从人山。"《释名》:"仙,迁也,迁入山也。故制字人傍山也。"得道成仙,必须隐进深山,长期修炼。如果说昆仑山是神仙歇脚和聚集之地,那么,与之所在的西方相对的东方,则有一个仙人居住集散之所,这就是渤海之中的"三神山"。由此建立起了道教所说的昆仑、蓬莱两大神仙系统。东方仙人居住之所所以说是"蓬莱"而不说"三神山",是因为蓬莱起源更为古老。《山海经·海内北经》说:"蓬莱山在海中。"后世流传的仙话亦往往多称蓬莱。蓬莱可视为"仙山"的总称。因此,所谓蓬莱仙话,指的是以蓬莱为中心、为标志的关于仙人的系列传说故事。

琼华岛和太液池,是统治者们将神话变成了现实,他们为自己营造了一个只有天上才有的人间仙境,他们在这里纵情地享受着人世间所少有的美景。

在金代,这里是供皇帝临幸避暑的离宫,营建太宁宫之前,金世宗每年前往塞外金莲川避暑,太宁宫(现在的琼华岛)建成后,这里位于金中都的东北部,较金莲川近得多,来往也十分方便,是消夏避暑的理想场所,所以金世宗改幸太宁宫避暑,每年住期长达四个月。金世宗非常喜欢这里,甚至立下遗诏,死后要"移梓寿安宫"。但因礼部侍郎反对而未果。

金章宗比世宗更喜欢游幸太宁宫,继位后的第一年,便两次游幸。明昌二年(1191年)正月,皇太后去世,四月下葬后的第六天,章宗便要求到太宁宫避暑,虽遭反对,仍然坚持前往。金章宗和他最宠爱的妃子李师儿常住在这里。李师儿于大定末年,以监户女子入宫。是时,宫教张建教于宫中,师儿与诸宫女从之学。宫教以青纱隔障,内外不得而见。有问自障内者,映纱指字以请教。宫教自障外口说教之。诸女子中唯师儿易为领解。张建不知其谁,但识其音声清亮。章宗问建，女子谁可教者，建对曰，就中声音清亮者为最。章宗以建言求之，宦者遵道誉师儿才美，劝章宗纳之。章宗好文辞，妃性慧黠，能作字，知文义，尤善伺候颜色，迎合意旨，遂大受幸。明昌四年，封昭容，次年进封元妃。一天夜晚，二人坐在琼华岛的山坡上，面对如镜的明月，以谜字作联诗咏情。金章宗先说上联："二人土上坐"，李师儿对下联："一月日边明。"这一句套自《妆台诗》中的诗句，形象地表达了她对金章宗的感情，从而使金章宗更加宠爱她了。

《明宣宗实录》记载，宣德三年，宣宗曾在万岁山为太后祝寿。不久，宣宗复登万岁山，御广春殿，召翰林院儒臣侍命周览京都的风光。他还让人取《四书》、《五经》、《说苑》等书，每书各录数本，分藏其中，以备览阅。此外，明帝还将万岁山作为读书休息以及祭祀活动的场所。明世宗好斋醮祭祀之事，每逢干旱时节，必到此苑内之雷霆洪应殿祈雨。

（四）琼华岛上的佛教建筑

进入清代，由于清统治者对汉人出于本能的戒备，以至道教，包括陆传佛教等宗教都受到不同程度的排挤和限制。相反，清统治者对于同样来自少数民族（藏族）的藏传佛教，似乎更觉亲近。于是佛教，特别是藏传佛教性建筑在北海苑内开始形成。其中，最大规模的就是永安寺。它位于琼华岛的南面，从永安寺到山顶，一层层高坊殿宇，依山就势而建，上下相连，参差错落，格局宏阔，它与白塔形成了一条中轴线。永安寺建于清顺治八年（1651年），原为喇嘛念经和皇帝烧香拜佛的地方，寺内建殿三层，寺门内东为钟楼，西为鼓楼，中间为法轮殿。再向上有正觉殿、普安殿等亭坊殿宇，成为一组完整的喇嘛寺庙。永安寺与山形结合，寺内建筑自山下至山顶，层层升高，上下相连，以高低错落的庞大建筑群，体现出气势宏伟的特点。尤其是自山下往上仰视，这一特点尤为突出。

清代曾在这里举行过声势浩大的佛教活动。相传清时每岁十二月十五日，自山下燃灯至塔顶，诸喇嘛执经梵呗，吹大法螺，击圆鼓，以为祈福。有诗云："万岁山巅窣堵波，佛灯璀璨似星罗。蕃僧往事从头说，梵颂齐吹大法螺。"清代的这一活动实际是继承了元代的传统。《元史》记载："至元二十七年（1290年）十二月，世祖命帝师八思巴，作佛事于万岁山。"每年还要在这里举行"游皇城"供奉诸佛像。元帝在仪天殿上观赏游皇城仪仗，这种大规模的佛事活动成为元代万寿山内苑中的一大盛事。

在修建永安寺的同时，清世祖福临还于顺治八年（1651年）于万岁山顶广寒殿旧基处修建了藏式白塔，此山改为白塔山。《顺治八年建塔碑文》说："有西域喇嘛者，欲以佛教阴赞皇猷，请立塔建寺。奉旨：'果有益于国家发展，朕何靳此数万金钱为？'故赐喇嘛号为'恼本汗'，建塔。"康熙十八年（1679年）七月二十八日及雍正八年（1730年）八月十九日，京师发生两次地震，白塔皆被震坏，后复修。清世祖建白塔，是出于宗教信仰及政治需要，为了治下的安定团结，清对西藏实行优抚政策，尊重喇嘛教，并邀请五世达赖喇嘛来京。这年六月，琼华岛上的这座白塔及寺院建成，以示重佛之意。

客观地说，白塔的建立，过多地出于政治的考虑，而忽略了造园的艺术效果，导致北海蓬莱仙岛神化境界的破坏，是造园艺术上的败笔。但由于几百年来，人们对此已习以为常，并将其当成了北海园林的典型代表。

在琼华岛西岸，经小荷花池走过横卧湖岸的罗锅桥，往北便是一组名为"琳光三殿"的佛教建筑。下为"琳光殿"，中为"甘露殿"，上为"水精域"。这组建筑建在陡峭的山坡上，层层升高，形势险要。相传，"琳光殿"内曾供琳光古佛，年久失修，佛像颓坏已无存。甘露殿原有古铜甘露大佛一尊，高丈有余，腹内所藏珠宝，被八国联军侵略者盗走。"水精域"内的古井，在乾隆时期被利用来建了山上的"水景"：屈注飞波，另有佳色。

北海内还有几处寺院建筑，中轴布局，简捷而富于变化。如琼华岛东侧的智珠殿，坐西朝东，坐落在半月城上，城东西下方正对智珠殿有一座四柱三楼牌楼，城上智珠殿后南侧各有一座小牌坊，西面有三座小牌坊（在20世纪30年代已毁，90年代恢复）。此种寺庙建筑布局变化较大。

尽管清代白塔寺及太液池有了很大改变，但"一池三山"的格局基本未变。这也从一个方面，代表了不同民族的不同心理偏好。如今再游北海，人们只会沉浸于湖光山色的美景之中，既不会再去追求虚无缥缈的神仙世界，也不会纠缠于佛与道的纷争，所欣赏的只有那"仙岛依微近紫清，春光淡荡暖云生。乍经树杪和烟湿，轻覆花枝过雨晴。"（明·杨荣《琼岛春阴》）以及"海上三山拥翠鬟，天宫遥在碧云端。落日芙蓉烟袅袅。谁见吹箫驾彩鸾？"（明·文徵明《琼华岛》）的"琼岛春阴"的特有景色。

藏式白塔

燕京八景

关于"琼岛春阴"的观赏角度和独特感受,"北京通"金受申先生认为,通过比较北海的四时景色,他觉得春季的阴天里看北海时,感觉最佳。而最好的观赏位置,既不在悦心殿,也不在东麓,而是在金鳌玉𬭚桥上。他认为此时天暗朦胧,在模糊的水雾中,山光塔影,蕴蓄实深,唯以远观,放大视角,才见春阴琼岛之无穷魅力。有没有道理,读者自会鉴别。此备一考。

三、"北海船如天上坐"——太液秋波

[八角鼓词]天风朗朗,海水苍苍,太液秋波,渺渺祥光,好一片,大地山河锦绣乡。楼高巢翡翠,院静锁鸳鸯。嘉禾生,甘露降。画檐排雾起,飞栋垂虹驾玉堂,香象金猊冷,音流铁马扬,慢拾翠,静披香,九华秋色凝,百福永呈祥,黛色馀青登远屿,蓝光一碧接天长。鱼摇影,鹭领香,萍添绿,晚风凉。珠帘卷,晴光映画梁。倒影楼台涵旭日,蓬莱宫阙水中央。香飘七宝舆,花护九仙仗,秋波映里辇路旁垂杨。乾坤净,日月长。文章花在水,熙熙风景日当窗。玉宇琼楼,楼台倒影,浸透碧池塘。那云画聚祥光唾,壁日宵悬宝镜装。但只见,紫禁仙府现,升平永庆乐安康。

（一）北海之美

　　我第一次看到北海，那是在我作为一个山里的孩子，初到北京的时候，而且是远看，是旁观，并没有到北海里面，只是跟随着家中大人站在北京图书馆东面，石头栏边上看，眺望……看见那水、那山、那楼台、那树木，迷离、瑰丽，我吃惊地望着，不知说什么好，刹那间，给我脑海中留下终身的强烈印象。那天是旧历四月初，有些北京特有的风。那动荡的波光中的划小船者衣服色彩，我还清楚地记着。我从来没有见过海市蜃楼，但我当时真感到这就是蓬莱仙山，至于什么琼岛春阴，太液秋波等等，则是我后来作了北海常客，若干年之后所得的知识了。而当时我只是感到惊异、迷离，恨不得一下子也跳到那船上划起来，那是在天上、仙境中划船呢……

——邓云乡

　　民俗学家邓云乡先生少年时由山西来到北京，就是从这个角度头回领略了北海的美景。此情此景与他少年时的家乡形成了鲜明的对比，他感到这才是真正的人间仙境。

在我所阅读的不算少的关于北海的描述文字当中，没有比上述形容更让人难忘的了。作为一个与邓先生同样热爱北海的人，他和我对北海的感受经历迥然不同。邓先生是长到一定年纪之后来观察北海，而我是自小在太液池畔长大；邓先生是以一个乡下孩子的眼光来对比家乡的印象来观察北海，而我却自小对北海的景物熟视已极。相比之下，邓先生的眼光显得更新鲜，兴趣更大，欲望也更强烈。与之相反，像我这样长期在北京生活的人却显得缺少了这种独特的视角和感觉。也正是在邓先生的这段文字中，让老北京人重新认识到了北海的美丽。

北海之美，首先在水。古人云，山是骨架，水是血脉。血脉活，肌体才会有生机。这里的水被称为：南海、中海、北海，合称三海。这里原为古代永定河故道。河流迁移之后，残余的一段河床积水成湖。又有发源于今紫竹院湖泊的一条小河（即高梁河）分流灌注其中，然后再向南流，形成了高梁河南段水道，即积水潭、什刹海、北海、中南海水系。辽代、金代开始在这里建造离宫，开挖"西华潭"，始有北海。元代初年建大都城，扩充西华潭，建金鳌玉蝀桥（今北海大桥），隔成中海，并把两者命名为太液池。

明成祖永乐皇帝朱棣建都北京时，就效仿汉武帝建造建章宫的规制，开凿太液池，在此之前，这里只有北海和中海。明永乐十八年（1420年）北京宫殿基本建成，南海开凿和西苑扩建工程也在这一时期完工，瀛台就是用挖南海的土堆成的。形成自北而南的三个湖面。清代统称西海子，列为禁苑，并在沿岸建设了许多景观建筑。清朝人汪启淑在其所著《水曹清暇录》中写道："太液池即西海子，在西安门内，周遭约有数里；上跨石桥，东西列白石坊表：曰金鳌、曰玉蝀。其琼花（华）岛、五龙亭、立桥上望皆可见。虽盛夏时经过，清风拂面，绿水迎眸，亦忘炎暑。且有红荷绿菱，吹香人面；白萍紫荇，敷翠波心，恍若置身于小李将军金碧画中，诚大观也。"

水云榭位于中海东岸，万善殿前的湖水之中，是中海的主要建筑，如今站在北海大桥上仍然可以见到。它的建筑式样独特，共有五梁十二角，看上去像一座大亭子连着四座小亭子。二十根红色立柱竖在花岗岩的台基上，飞檐金瓦，稳重端庄。从20世纪30年代所拍的照片上，还能见到檐下的花格窗和窗下的砖墙。如今，窗和墙已不知去向。不过，这又有利于人们看到亭子内的石碑。这碑的文字是清代的乾隆皇帝手书的，正面是"太液秋风"四字，北面刻着乾隆十六年（1751年）的御制诗：

微见商飔萍未生，镜澜玉蛛影中横。
非关细雨频传响，何事平流忽有声？
爽入金行阊阖表，波连瑶渚耀台瀛。
高秋文宴传佳话，已觉犁然今昔情。

民国初年位于中海东岸的水云榭

水云榭是太液池内秋季观景的绝佳之地。它四面环水，八面来风，视野开阔。这里云光映水，小亭如出水之莲、披波之燕，碧带环绕，再加昔日荷花四漫，颇有洞庭水国的风韵。天高云淡时，乘舟登台，大好秋光尽收眼底。北望金鳌玉蛛，宛如长龙横卧，再往北是琼岛，白塔高矗于浓绿之上，塔顶放出烁烁金光。南面是瀛台，殿堂行人依稀可见，东岸万善殿和日盖穹隆的千圣殿是近景，与西岸的紫光阁遥遥相对，浓荫掩映着红墙，极远处是连绵的群山，脚下是清澈的湖水，阵阵微风吹来，游鱼历历在目，细浪如鳞，波纹不兴，芳荷一片，蒲苇丛丛，碧波荡漾，鱼跃低翔。入夜，圆月当空，倒映入水，天上的圆月与水中的圆月交相辉映，融为一体。此时万籁俱寂，灯火闪烁，仿佛伫立天水中间，难舍难分，身处此境，颇有"清风明月本无价，远山近水皆有情"的意境。

水云榭建于康熙年间。康熙专门写了一首《水云榭闻梵声诗》云："水云榭围遮集翠台，熏风扶处午云开。忽闻梵诵惊残梦，疑是金绳觉路来。"这是很少见到的康熙写景诗。后来，乾隆皇帝也随诗附和一首："云无心出岫，水不舍长流。云水相连处，苍茫数点鸥。坐席生烟云，石栏俯秋水。空明是我心，何如漆园吏。"

鉴于这里的山水美景，早在明代，就有人记载说："太液池东南有仪天

清代的北海太液池及琼华岛

殿,中架长桥,以通往来,又有土台,松桧苍然,天气晴明,日月滉漾,而波澜涟漪,清澈可爱,故曰太液晴波。"(明·邹缉《北京八景图》)而以乾隆十六年,高宗手书的"太液秋风"碑竖于中海水云榭为标志,这里成为日后被人传颂的"燕京八景"之一。所不同的是,这里在历史上还曾被改为"太液秋波"和"太液晴波"。这当中,文人骚客题咏作画,赋诗吟曲,赞颂美景时,更多的是用"太液秋波"。乾隆认为这良辰美景用"晴波"二字无法概括,才称为"太液秋风"。

燕京八景

(二)"太液秋波"景何在?

实际上,关于"太液秋波"的争论不仅表现在命名上,而更重要的是表现在"太液秋波"之景究竟设在何地?这个争论更广泛。据《三辅黄图》称:"太液者,言其津润所及广也。"从汉代创制以来,后人通常把接近帝王宫掖的林苑的水面,称为"太液",比喻皇家之水大而润沃也。逐渐接受汉文化习俗的金王朝,自建中都于北京后,也曾辟设太液池,自然,这一太液池也就离金中都的皇帝宫殿不远。金代的都城,系在今北京城区的西南隅,广安门内外一带。它的宫城也就是在都城里皇城之内偏东。位于宫城西门（西华门）外的西苑，就是当年的太液池所在地。《大金国志》记载："西至玉华门，日同乐园。若瑶池、莲瀛、柳庄、杏村，皆在于是。"《金史·地理志》也说"西园有瑶光台，又有琼华岛……"侯仁之先生也曾指出：在金中都扩建之际，曾把一条名叫洗马沟的小河圈入城内，造成一个极为幽美的园林区，名叫同乐园，又称西华潭或鱼藻池。那么当时在位于金中都东北，如今的北海、中南海地区又是怎样呢？这里虽然也曾建有太宁宫等建筑，但这里的大部分地区依然是一派田野，并无壮丽宏大的建筑。只是到了元代以后，北海与中海之东才有了宫城，这里也以靠近宫廷而被命名为"太液池"。

卧于园林秋色当中吟诗作赋的清高宗（乾隆）

既然史实是如此清晰，那么为什么还会在北海、中海之地再造一个"太液秋风"，作为燕京八景呢？有的学者认为，这是乾隆皇帝的武断，没有任何道理可言。我们对这种意见大不以为然。相反，这反映了乾隆作为一代君主的胆识和务实精神。试想，纵然大家都承认"太液秋波"原景地在北京的西南，但经历了金元明数代，到了乾隆年间，此景早已荡然无存。在这种情况下，是出于复古主义的态度，在记忆中去领略当年"太液秋波"的风采呢，还是根据现实人们的欣赏需要，再选择一个适合的地方，恢复这一景点好呢？应该说，人们从实际的角度出发，更倾向于欣赏现实存在的东西。这样一来，选择在北海与中海的水云榭处再建一个"太液秋波"的景观，就显得再合适不过了。何况，中海湖面狭长，与南海、北海连成茫茫水域，每到秋季，天高气爽，金风吹过，碧波荡漾，风景如画，完全是一幅园林美景。

后人应该感谢这位明君，不囿于古人之说，为我们欣赏皇都秋天的美景，提供了这样好的一次机会。我们更认为，在北海、中海这里确定"太液秋波"景观，更是与周围的环境，尤其是宫廷建筑——老北京的典型代表的特征相适应的。因为，每年一到秋季，北京的天空就像被冲洗过一样瓦蓝瓦蓝，一朵朵的白云在空中慢慢飘荡，金光耀眼的故宫角楼宝顶，黄灿灿的琉璃瓦顶，彩色的梁栋，朱红色的柱子和门窗，高耸在灰沉沉的厚重的紫禁城城墙上，筒子河中澄碧的水面映着城墙的倒影，像是一幅充满光感和水汽的油画。紫禁城高大的身影，显得巍峨壮观。在城墙的雉堞中间，会有一束束迎风舞动的小草。北京所特有的凤阙龙楼的宫廷秋色，在别的地方是领略不到的。

由此看出，具有特定意义的"太液"与此时此地的"秋波"相结合，是构成皇都金秋美景不可多得的重要因素。其中的深意和诗意，无论多少人来品味，都会是意犹不尽的。

（三）太液池水是专用于皇宫消防之需吗？

然而，也有人不从这种浪漫诗意的角度来欣赏"太液秋波"，而是更愿意强调其实实在在的功利性。比如，有人说，皇帝对太液池的崇敬不是因为这里的美景，而是出于宫殿防火的考虑。他们还举出汉武帝的例子作为根据。汉朝太初元年十一月乙酉（二十二）日，长安城里皇帝住的柏梁台遭了天火。当时汉武帝在巡游泰山。等他回来一看，柏梁台已被大火烧成一片废墟。为了吸取这次教训，汉武帝在重建皇宫时，特意在其北面挖了一个大水池，命名为太液池。的确，太液池为城市提供了取之不尽、用之不竭的消防供水。但是，如此就否认它的观赏功能也不能算是认识全面。就拿汉武帝来说，他在采纳下属的意见，建起太液池的同时，还在池中建起了20余丈高的台子，作为观赏景观的地方。同时，还按照传说里的海中仙山、龟鱼等形状，修有蓬莱、方丈、瀛洲、壶梁等处胜景。岸边还建有玉堂、壁门、大鸟像等。显然，这些建筑是为了游玩、观赏的。

同样，元代为了这一目的，也在太液池畔大兴土木，而且工役浩繁，营建宫室、苑囿、寺观，耗资之巨，数额惊人。据《元史·顺帝纪》载："至正十三年（1353年），自六月至八月，造清宁殿前月宫，以宦官留守也先发帖木儿董其役。是岁京师大饥，加以疫瘟，民有父子相食者。帝于内苑造龙船，委内宫供奉少监塔思不花监工，帝自制其样船。首尾长一百二十尺，广二十尺……"显然，这也与在太液池中游玩，进而观赏美景相联系。

自太液池最初建成开始，历朝历代的统治者，都没有放弃在湖中嬉戏赏景。拿上面提到的那条元朝至正年间修造的大船为例，上面不仅有顶，而且有两层，楼前有瓦帘棚穿廊，楼身上绘有五彩金妆。其船之大，要用二十四名水手。船行中，装饰在船身上的龙，其头、眼、口、爪、尾还能动。据《元氏掖庭记》载："己酉（至大二年）仲秋之夜，武宗与诸嫔妃泛舟于禁苑太液池中。月色射波，池光映天，缘荷含香，鱼鸟群集。于是画鹢中流，莲舟夹持，往来便捷，帝乃开宴张乐，令宫女披罗曳縠，前为八展舞，歌《贺新凉》一曲。"武宗还别出心裁，令舟上各设女军，左曰"凤队"，右曰"鹤团"，两军水击为戏，风旋云转，戟刺戈横，战既毕，宫中乐作，唱《龙归洞》之歌而还。顺帝妥懽帖睦尔更是怠于政事，荒于游宴，常携妃嫔游幸万寿山内苑。

到了明代，皇帝游幸太液池的记载更加详细。据说元启年间，宦官魏忠贤勾结皇帝的奶妈，把大权牢牢掌握在自己手里，熹宗成了一个挂名皇帝，而且时常还要受这一对狗男女的气。天启五年（1625年）秋天，魏忠贤应名要陪皇上到太液池散散心，于是架着龙船来到水上。终日受禁的皇上难得有此放松的机会，就带着两个小太监，偷偷溜下龙舟，划着一艘小船游玩。也许是过于兴奋，也许是由于乍一上船紧张，当一阵风忽然刮来时，熹宗和两个小太监都失去了重心，慌乱之中纷纷落水。皇上和太监在水中挣扎的声音传上龙舟，魏忠贤和皇帝奶妈却在喝酒取乐，对于皇上的呼救充耳不闻。多亏其他太监抢救及时，皇帝才幸免于难。而那两个小太监却因抢救不及，双双淹死水中。

《大清会典事例》中对于清朝皇上在太液池上的活动记载说："南海内紫霞舟一，瀛槎舟一，轻船一，扑拉船一，牛舌头船七。中海蓬岛游龙船一，仙汉乘春船一，八棹船一，轻船一，扑拉船二，对子船二，板船三，牛舌头船九。北海太液翔鸾船一，轻船一，扑拉船一，对子船二，板船三，牛舌头船二，皆奉宸苑掌之。"从这些船的数量和种类就能看出，清朝皇上比以往的天子更会玩儿，船的式样多，自然玩的花样也多，而人数就更多。

有了船，就得有存船的地方。为此，专门在南海和北海建了船坞。如今在北海东岸，仍然可以见到一座极完整的船坞。据说这里停着龙舟凤舸，龙凤船首尾刻龙凤形，船上筑有楼台，用金粉及各种彩色油饰，船坞内还系有几只采莲小船。后来只停些小划子了。它的外形依然是又高又深的水殿。两大开间，向西，面对着广阔的水面，附近芦荻丛生，蒹葭被岸秋天，水产多已割完，只有残荷败梗，斑斑点点半露在水面上。偶尔一只白鹭飞来，孤立一隅，映着暮霞残照，又是一种引人的晚秋情味。高士奇的《金鳌退食笔记》中，很推重这个船坞，他写道："循岸数百步，有水殿二。深十六间……又一浦系五六小舟，岸际有丛竹荫屋，浦外一亭，今皆荒废。秋来露冷，野鹜残荷，隐约于芦汀蓼岸，不减赵大年一幅江南小景也。"

（四）金秋时节，太液池畔胜景

到了清朝中期，秋日游湖的乐事更与岸上的活动结合起来，使中秋节的内容逐渐丰富。就在水云榭的河西岸，紫光阁前的空地上，皇帝要在此安排三旗大臣举行射箭比赛。届时，皇帝坐在临时搭起的帐殿内，就像他们的祖先当年运筹帷幄一样，由传令官召唤参加比赛的人一个挨一个地进来，在皇上的亲自安排下，参加比赛。比赛结束，获第一名者奖励蟒缎一匹，内缎二匹，潞绸二匹，羊二只；第二名者奖励蟒缎一匹，内缎二匹，潞绸一匹，羊一只；第三名者奖励内缎一匹，潞绸一匹。以后，由奖励实物变为奖励奖牌，金、银等质地，上刻"旌射"二字。随后，举行斗龙舟活动，皇上和大臣们坐在紫光阁南面的水边，观赏着由御林军组成的队伍竞赛，优胜者同样有奖。同日举办的活动还有由御马监组成的骑手赛马，又叫走解"蹓柳"（见《金鳌退食笔记》）。

《天咫偶闻》还记载了皇上赐宴翰林于瀛台，并游太液池的往事。当年，紫禁城是皇家禁地，能进紫禁城都不容易，更何况进入其中的园林了。所以，这帮翰林刚一进紫禁城，两眼就不够使了。"每趁早凉入西苑门，大柳星稀，高槐露下，宫墙绿岸间安步徐行。菰蒲四面。水禽唧唧，与江南水乡无异。即渡板桥，则荷香袭衣，闸流滴耳，宛在梦中所听筝筑声。然后复从内苑墙入小红门，划入大湖，有红板长桥，横跨水面。桥夹朱栏，外杂列渔网"。至于泛舟湖上时的感受则是"登舟泛太液池，即从过船亭登舟，芰荷十里，望如蕃锦，北向而望，金色摇曳，别一境地"。进入民国，这里改为公园后，秋天来湖中泛舟的人可就多多了："每当仲秋佳日，夕阳西下，新月微开，和风送凉，金波曜景，游人士女，三五群集，或打桨中流，或吹箫隔岸，或赌棋于别墅，或入饮于池头，西湖秦淮，殆不是过。"（《燕京丛考》）面对此景，不禁令人想到宋代词人李清照的一首词：

[怨王孙]

湖上风来波浩渺，秋已暮，红稀香少。水光山色与人亲，说不尽、无限好。　　莲子已成荷叶老，清露洗，蘋花

紫光阁位于水云榭建筑的湖对岸，掩映在万绿花树之中，脚下是拍岸的水波，正好构成"太液秋波"的一景。当年，这里是西苑内的重要建筑，既有明确的等级规范，又有庭园建筑的别具一格。图中白玉栏杆围成的是一400平方米的宽敞平台，是皇帝秋天检阅武士骑射的观景台。

汀草。眠沙鸥鹭不回头，似也恨，人归早。

　　毕竟，游玩太液池是帝王将相、才子佳人的特权，平民百姓是难于受用的。不过，当年守着这里的太监们自有"享用"的办法。这就是接受一些商人的巨金贿赂，允许他们偶尔进禁苑来捕捞鱼虾，采摘莲藕，试想，这里的鱼虾也好，莲藕也好，自然是肥美无比，数量也多，拿到市场上，一定能卖一个好价钱。据说所捕的大鱼还有明朝嘉靖年间戴金牌的呢。

　　提起秋天，人们总习惯于将其与月色联系起来。一来因为秋天的傍晚天朗气清，夜空显得格外的高和蓝，月亮也就显得格外的亮；二来秋凉的夜晚是室外纳凉的最佳时节，与月亮相伴更能引起人们诗意般的情怀。其实，"太液秋波"的美景在此时此刻也才更能显出它的意韵，同时也是更具特色的美丽。这当中，中秋赏月自不待言，拿太液池来说，最使人难忘的，还得算是每年农历七月十五中元节的盂兰盆会了。

（五）盂兰盆会，点河灯，烧法船，办法会

七月十五盂兰会起源于佛教盂兰盆，梵语"盂兰"本为"乌兰婆拏"，中文的意思是"救倒悬"。意思是以盆储百味，供养诸佛，以救众生倒悬之苦。佛教故事传说，有一个叫目连的和尚，他的母亲死后入了地狱，生活于饿鬼之中，只要食物一入口，就会在瞬间变为烈火，终日难以得食。目连以其母死后极苦，如处倒悬，求佛普度。于是佛祖释迦牟尼下令作盂兰盆会，佛令他在僧众夏季安居终了之日（也就是同年的七月十五日），将五味百果放于盆中，供养十方僧众、十方大德，即可解脱。以后，其母果能得食。目连死后，他的弟子每年照例举行盂兰盆会，一代一代地传了下来。中国自梁代开始仿行，后世除备饮食供僧外，还加拜忏、放焰口等，相沿成习。《颜氏家训》云："盂兰盆望于汝。"意思是告诫自己的儿子，要在七月十五日盂兰盆时不要忘记她，经常纪念。在京城，每年的七月十五日各街巷都要搭建高台，上设鬼棚座，讲经文、放焰口，以济孤鬼。此外还特别要在水面上焚烧用彩纸扎制的法船（长八九尺），燃放河灯，称作"慈航普度"。

明清两朝，每临中元，除了道经厂、汉经厂要在禁苑内做法事之外，还要在太液池中放河灯，皇帝、皇后和皇室成员坐在高高的团城上的承光殿外，观赏水面上的壮丽景色和法事活动。另外，每年的中元节，从十三日到十五日的三天当中，要在水云榭身后的万善殿设盂兰道场，同时在西苑三海，由小太监手持荷叶燃灯其中，布列两岸，数以千计。此外，还用琉璃作河灯数千盏，置于太液池中。中流驾龙舟、

点蒿子灯图。七月十五，采一棵蒿子，上贴纸条，内裹许多香头，以火点之，在夜色中犹如星星闪耀。小孩玩的是荷叶灯，中心插蜡。

奏梵乐、作禅诵,由瀛台南过金鳌玉蝀桥,绕白塔山到五龙亭而返。

这里提到的万善殿,位于中海东岸,现在如果从北海大桥上经过,还能见到它那巍峨的雄姿和高耸的屋顶。多少年来,它素以举办祭奠活动闻名,与附近水中的水云榭相联系,成为"太液秋波"景观的重要组成部分。万善殿曾是明代崇智殿(又名蕉园)的故址。明朝各代皇帝的实录修纂告成,都到崇智殿焚烧草本。清朝顺治年间,改蕉园为万善殿,内供三世佛像,专选一些老成忠厚的太监削发为僧,焚修香火。万善殿由万善殿、千佛殿和一座东院组成。千佛殿位于万善殿后身,殿中陈放着千佛塔,塔身七级,全部用紫檀木雕制,形态尊雅。殿外东西各有阁楼一座,东面的叫"朗心",西面的叫"悦性"。此殿的东侧为一很大的院落,有房宇六间,是清朝的内监学堂。乾隆觉得学堂与僧庙混在一起不像回事,于是就把书馆迁走了。西配殿之后有僧寮五间,是守殿者的宿舍。《燕京丛考》说:"由西苑门循池东岸而北,约半里许,蒲苇盈水,槐柳参天,倚池有船坞,当藏龙舟二三艘,为蕉园,一名椒园。"

中海万善殿后面的千圣殿,为一圆顶琉璃瓦建筑。如今,站在北海大桥上仍然可见其隐约身影。殿内曾供有千佛塔,高七级,以紫檀木雕成。

有二石碑,上书"从人等至此下马",这里是明世宗设醮时所立,意思可能是怕人打扰。其实,万善殿在祭祀方面的活动并不限于中元节。在这之前一礼拜,七夕之际,"宫中穿鹊桥补服,设乞巧山子,兵仗局进乞巧针"(《金鳌退食笔记》),成为少女们过节的地方。此外像每年端午,皇上也要在此邀集大臣,赍赐艾虎、花绦、百索、牙扇等物。然后乘龙舟,在船上举行盛大的宴会,尽欢而散。与之相比,祭祀场面最大,参加人数最多,最为著名的,当然要属每年秋天的中元节了。届时,"西苑做法事,放河灯,甜食房进供佛婆罗蜜","河汉微凉,秋蟾朗耀,诚苑半胜事也"。

万善殿是位于中海东岸，靠近水云榭处的一组建筑。

当年太液池中所放河灯，是用彩纸压成荷花瓣形，折叠头尾，结扎起来，成一朵朵荷花；然后在中间插一根铁扦，上点一根蜡烛，不做荷梗；再用一块铝皮，下垫一块小木片衬底，最后平放到水面上。等到河面上放满了河灯以后，就会呈现出一片光芒四射的壮观景象。荷灯随着水波荡漾，烛光在微风中摇曳，忽明忽暗，犹如千万只眨眼的小星星，真像是天上的银河落在人间。所不同的是，水面上的烛光比天上的星星还多了一层倒影，两者之间若聚若散，若疏若密。除莲花外，还有荷叶灯，就是在荷叶的顶上插上一根蜡烛，虽然荷叶并不像水面上的荷灯随波荡漾，但它夹在飘动的莲灯之间，红光碧影，好像一位身着燕尾服的绅士，在引领着一位位翩翩少女婆娑起舞。

北京的新秋之夜，虽然水面上清风阵阵，但风力都不大，不会吹灭点点灯火，加上空中一轮澄洁的月色，水天一碧，上下交辉，确是一幅难得遇到、令人难忘的胜景。虽然多水的南方不乏湖上美景，像扬州的"世美灯"，苏州的"虎丘中秋"灯景，镇江的"金山竞渡"，绍兴、宁波的灯景等，但相形之下，显得有些刻意其盛，而缺少北海这样的安逸、静谧的环境，以利于更深地领会灯月之美。

夏秋之夜，北海曾在北岸五龙亭的内外设置茶座，人们可以边品茗边赏月。品茶时还可配上各种应时的茶食，像小窝头、玫瑰枣、鲜莲藕、鸡头米等。此时此刻，天上的明月像一轮冰盘，晶莹剔透，洒着银色的光辉；点点的星辰，闪闪烁烁，又如明珠。湖面上荡着微微的涟漪，习习的晚风送来阵阵荷香。天上的月亮和星星映在水里，随着水波的起伏而荡漾，与水面上遍燃的河灯，闪烁争辉，呈现出一片空灵神行的景象，给人留下极深的印象。进入民国以后，每逢七月十五日，照例要在北海举行盂兰盆会，大放河灯，所不同的是，原来是由皇家组织，皇族自己欣赏；而此时则是面向大众，作为一项传统民俗。是日夜晚，北海太液池上，南起团城附近的双虹榭，北到北岸的五龙亭，碧波涟漪的水面之上，灯火晶明，银河群星，浮动明灭，景色壮观。但这时水面上的河灯不再是由彩纸扎制，而是由半个掏空的西瓜制作，在瓜皮中间用一根削尖的竹签插上一根小蜡烛，然后点燃，随着微波荡去。在岸上，随着明月的逐渐升起，前来赏灯观景的人们越来越多。在琼华岛山下的漪澜堂两侧的走廊上和南北河沿岸，以及金鳌玉

这位小姐在河岸边兀自点上亲手制作的河灯，静静地陪伴着跳动的火苗，仿佛陪伴着在世时的亲人。

蛛桥边，真是人山人海，一派热闹景象。倚晴楼是通向观灯最佳地点的唯一通道，这是一座小城楼，下面是一座小城门洞，这浩荡的人流都要挤过这个小小的城门洞。虽然没有大象穿针孔那么邪乎，可要顺利通过也是很难的。当年报纸上就报道过因拥挤而捡鞋数筐的情况。

盂兰法会最壮观的景致要算烧法船了。这是在水中用杉篙临时搭起一座架子，上面放着一条用彩纸糊成的纸船。这条船可不是一般的模样，首先是个儿大，一条大约有一丈多长；其次是东西多，上面有彩纸扎的楼阁、人物禽兽等，都源于佛教故事。在不远处的水面上还有一条真的大游船，停泊在那里不动。上面坐着请来的一群和尚，他们的任务是持着各种法器诵经做法事。法器铿锵，诵经悠扬，借着晴朗的夜空，像湖中的流水一样，飘得很远很远，置身其中不难感到虚无缥缈，似亲临蓬莱。时间一到，一声号起，法船被点燃，"腾"的一声火起，宽大的法船借着阵阵清风荡向高空，在幽蓝的夜空中，照起一片红光，扎船的骨架发出竹子爆裂的"噼啪"之声不绝于耳。一条五彩夺目的法船转瞬间而化为灰烬。

七月十五为民间鬼节。据说死去的人都要在这一天回家来。于是人间就在河中点上蜡烛，称荷灯，为归来的亲人照路。实际上，这一活动已成为民间娱乐形式。届时，北海及什刹海等地的水面上，烛火点点，如天上繁星飘落人间。荷叶在微风中摇动，河灯一闪一闪，在苍穹的天幕下，带给人无限的遐想。

从20世纪20年代开始，在北海公园举办的盂兰盛会，还增加了"追悼历届战役阵亡将士法会"。北洋政府统治时期，较大的一次是1926年军阀张宗昌为追悼直鲁联军阵亡的将士，在北海北岸天王殿祈建盂兰盆会，从北海后门一直到小西天，摆满了用彩纸扎的骑兵部分。至于在太液池中烧法船，则更是少不了的内容。遗憾的是正赶上一场大暴雨，纸扎的东西哪经得住这番摧残，只好等到次日天晴，稍修整后再行焚化。

国民党统治时期，在中元节期间举行官办的盂兰盆会，以"表彰忠烈"，成为惯例。最有意义的一次是于1936年8月31日（农历七月十五），此时正值"七七事变"前夕，日本侵略者占领了中国的东三省，事实上在此之前中国与日寇已进行了不断的局部战争，如傅作义将军收复绥远百灵庙战役等。所以，由冀察绥靖公署在北海天王殿举行的这次法会，实质上就是追悼抗日阵亡将士，其隆重程度可想而知。天王殿内外与其说充满了宗教气氛，不如说是标秉英烈的盛会。山门外，扎起了高高的素牌坊，上书"盂兰盆会"四字，门内直到前殿搭起席

北海北岸的天王殿牌楼前，即将付之一炬的巨大法船，一船有一两丈长，上面用彩绸扎出各种楼阁、人物。

棚，内悬各界所送的挽联达千余件。其中包括张学良的"河边枯骨沾甘露，塞上忠魂归乐天"。宋哲元楷书"英灵武飨盂兰会，浩气长存天地间"，字体劲遒，字句悲壮。以及何应钦书"同登极乐"，张自忠书"气壮山河"等。天王殿中也搭起大棚，南为道场经坛，前为花圈，高者逾丈，其中还有蒋介石署名送的。殿内正中设"历届阵亡将士之灵位"，后为各阵亡将士名次，共两千余人。前边供案上摆满了烈士家属、亲朋好友送来的冥钱包裹和鲜花果品。祭堂对面搭起了经台，延请名刹高僧诵经，超度灵魂。致祭仪式上，军乐团高奏哀乐，与会者向英灵行最敬礼。参加者除军政要人、文武官员外，还有各学校、团体代表。当时，为敦促南京政府抗日，正在游行请愿的学联代表也前往参加。

在北海天王殿院内举行的盂兰盆会大法会。民国以后，利用这一时间追悼战争中的阵亡军人。

晚上七时，天王殿前渡口、五龙亭渡口、南岸漪澜堂渡口同时燃放河灯和花盒，然后由烈属执香，僧众搭衣，纷击法器，乘大船在水面上缓慢而行，绕行一周后又举行了焚化法船的活动。

在和平年代，中元节的盂兰盆会放河灯，毕竟像上述这样具有浓郁的政治色彩的时候不多，相反，官办的历届盂兰会更多的时候是一种娱乐性的。一般的内容安排包括："夜晚7:00至9:00时燃放河灯；9:00至9:30燃放武鞭、五色烟花、大金花盒、绿穿牡丹、冰盘落月；9:30至10:00燃放四季花盆、五色八角灯、万龙火伞、鹭鸶卧莲；10:30至11:30放花盆；11:30至12:00祭送大法船。"这样丰富的内容，怎么能不使北海公园游客云集呢？真是"北海灯船彻夜照，游观士女夜倾城"。

可笑的是日伪时期，侵略者也在北海举行"追悼大东亚圣战阵亡将士法会"，除烧法船、放河灯外，还搞所谓祭"忠魂塔"仪式。其遭到北京市民的唾弃，是可想而知的。

至于绅商富贾在中元节举办的盂兰盆会，则更是一种应节点缀和娱乐活动。届晚，法会准备一只大船，装饰上五彩电灯，内搭法座，为居士放焰口所用。法会期间，水上梵音阵阵，风弥致远。中南两海各渡口齐放各种彩色河灯。南海东岸还用松蒿搭起临时架子，于十四、十五两日晚上燃放花盆、烟火。园内各处则燃放各种洋火花，与传统烟火交相辉映，此活动成为京城初秋的一次例行盛会。商办盂兰盆会与官办的有不同之处，就是主要邀请在京的外地商人，以便他们在不能应节返籍祭祖之时，可以在"普度功德堂"上给自家宗亲设位，并与僧众一起参加香祭送法船活动。

中元节盂兰盆会的活动在1949年以后逐渐绝迹，这中间虽还偶有一些活动，但娱乐性越来越强，宗教色彩不断淡化。记得20世纪60年代初的一年初秋，北海公园还曾有过放河灯的活动。那是一个周末，照例在园中举行电影晚会。人们只要花五分钱入园，可在公园内的东西南北各处，看到六七场电影。但因电影是同时放映，实际上能看全的也就一部。这天晚上，在湖东岸的原儿童游乐场北边空地上，放映的是新片《洪湖赤卫队》，而在其侧的水面上，就有一片灯光闪闪的河灯。此处施放的河灯比较简单，是用切开的半个茄子（显然比西瓜要便宜），中间插上蜡烛点燃的。尽管如此，水面上的景致依然不减当年。伴随着满湖的河灯看电影，当然要算一次特殊的经历了。

（六）秋夜漫游太液池

纵然是在不过中元节的晚上，依然能够领略到太液秋波的特有魅力。为此，最好的办法就是泛舟湖上了。高士奇《金鳌退食笔记》称之为"自是君恩深潋滟，特教天上看芙蕖"。有人进而赞誉为"北海船如天上坐"，坐天上的船，那感觉当然难得。北海开放为大众公园以后，在今天的仿膳饭庄门前和对面的五龙亭，还有团城墙根下等处，都设有租船码头。一般四人划的木船押金一元，租金每小时三角。当年的三角，能买三十九个烧饼还找零儿，可见租船的价钱不低。可一旦泛舟湖上，置身于波涛之中时，其享乐的程度会让人觉得物有所值。在秋夜划船，眺望着夜幕中宽广的湖面，幽茂的林木，在北风乍起之时，颇有因时兴感，在入怀的凉风里，难免容易生悲，无形中会使人倍感这惬意秋天的可贵；另一方面，经历了炎夏和溽暑，在这万里无云的朗朗晴空下荡舟，轻轻的晚风拂面而来，带来阵阵荷花的清香……在这梦一般的仙境里，时光荏苒，昔日划船的青年爱侣转眼间已白了鬓角，又有一批新的青年爱侣划着小船沉醉在这太液秋波之中，那浑厚沉默的白塔，又曾目睹过多少在秋波中划船的少男少女？

以上谈了关于"太液秋波"景观的美丽和难忘。尽管涉及的朝代不少，场景各异，但都有一个特点，即基本都是平面观赏，不论在岸上还是在水里。其实，假如这一角度由平面改为立体，由地面（水面）转到山上，那又会是怎样一番景象呢？至少说来，应该是看得更全面，更远一些吧？事实的确如此。中国近现代史上有一位民族民主革命家，也是国民党的一位元老和诗人叫朱蕴山，1949年以后曾任过历届的全国人大常委，1982年去世时是全国人大常委会副委员长。60年代初期的一年中秋节，中央文史馆、国务院参事室等单位邀请一些民主人士和国务院参事、中央文史馆馆员，在北海公园内的庆霄楼上举行中秋赏月笔会，朱蕴山适在其中。

地点的选择不知是出于哪位高人，这真是一处赏月的绝佳之处。如果从北海公园正门入园后西行，快到罗锅桥处右首有一上山的路径，由各种大石粗砌而成。石径弯曲，辗转而上，石块大小不一，石阶高矮各异，行走其上不由地使人多费些力气。待爬过三四十级以后，上面出现一玉石栏杆，沿玉石栏杆下的台阶而上，一转身，眼前豁然开朗：一块由方砖铺地的宽敞地面，宽敞、平展，迎面是一座五开间的平房，这就是著名的悦心殿，它与身后的庆霄楼及后花园，共同组成一个完整的院落。当年，这里曾是乾隆皇帝的小行宫。正殿（悦心殿）从乾隆皇帝开始，嘉庆、道光、咸丰、同治、光绪历代帝王游赏北海时，都在这里召见大臣、办事议政。院中还有专供帝王品茶和用早点的御膳房和饽饽房。殿外，慈禧太后还曾增建过金漆彩画的天棚。悦心殿身后的庆霄楼是一座两层、七开间的建筑，楼上有走廊。乾隆用庆霄二字作楼名，是表示楼宇巍峨，可冲霄汉之意。为此他题诗道："琼岛层楼号庆霄，开诏茆亦近元霄。银花火树从无赏，燕贴鹤幡近可招。"楼后由女儿墙围起一座三四亩面积的大花园，园内古松参天，湖石之间种着多种四季花卉。花木掩映的石子铺就的小路上，长满了苍绿的青苔。由于高大的庆霄楼挡住了从南面照射过来的阳光，所以这里成为炎夏纳凉的好地方。阵阵山风吹来，知了在楼梢鸣叫，市上的喧嚣被远隔在院墙之外，坐在花园里的六角凉亭中读书吟诗，说是神仙过的日子也不为过。然而多年来院门紧锁，清朝同治朝以来，很少有人涉足其中。纵然是在公园开放以后，游人也只能从远远的山坡上，透过花园后面的厚重大门的缝隙，大致看上一眼了。

　　在乾、嘉、道、咸四朝，每逢严冬，在楼上燃起火炉，皇帝坐在明净的玻璃窗内，观看北海冰面上卫兵的滑冰表演。可见此地的确是观景的一处胜地，因为它就坐落在白塔脚下，具有相当的高度，又因为前有平台，使得置身楼上时视野开阔，楼下水面及远至天安门广场的景色都能清晰看到。难怪诗人面对此情此景，诗兴大发："城阙如画，海宇澄清后。山色湖光全非旧，花好月圆人寿。庆霄楼上中秋，心随湖水悠悠，偶遇飞船过此，广寒宫里同游。"中秋佳节之夜，明亮的圆月挂在当空，夜幕下的北京城清晰可见。那湖边的点点灯火，是路灯倒映在水面的影像，远处在街上的串串路灯，像是一串串的珍珠般夺目。连着琼华岛和南岸的堆云积翠大桥，还有作为中海与北海分界的金鳌玉𫚉大桥，像两条彩虹卧在碧波之上，对面的中南海融入了浓浓的夜色之中，只现出紫光阁、万善殿那穹隆的大屋顶。天安门广场更是灯的海洋，建筑物都披上了五彩灯泡，广场上的街灯亮成一片，远远望去像是空中的海市蜃楼。汽车的喇叭声和市上的喧嚣声随风传来，表达着人们正陶醉于美好的生活之中，"山色湖光全非旧"，昔日的禁苑不仅成了大众的公园，而且人民政府还投巨资重新整修园内的亭台楼阁，并动员工人、学生、干部和解放军战士来公园参加义务劳动，清理了淤塞的河床，重砌了湖边的堤岸，栽种上垂柳、桃花等树木，把一座破败的园林整修得焕然一新。使原来就很出名的"太液秋波"、

中海冰嬉图。右上角即为水云榭，内有"太液秋波"石碑。

"琼岛春阴"等景观更加名副其实。人民有了这样好的一座公园,又是在这花好月圆之夜来游,当然会格外高兴。此时的诗人虽然置身于灯光明亮的庆霄楼大厅之中,融山色湖光于一楼,同与会的人们吟诗作画,共度良宵,可他的心仿佛早已飞到山下的湖水边,随着一阵阵湖水拍打石岸的"啪啪"声而变得心旷神怡了。北海湖面上,经常有一些汽艇来回穿行,这是为了保护划船者的安全,防止意外事件的发生。由于是机动船,行速当然很快,不由地唤起诗人的灵感,恨不能也一下子跳上飞艇,领略这泛舟湖上的风韵,和他们一起去广寒宫里巡游,看望寂寞的嫦娥。朱蕴山的这首诗,情绪畅悦,心襟开阔,意境含蓄、幽美,借描写秋夜太液池及附近的美丽夜色,来抒发自己热爱祖国的情怀。同时对于北海中的秋夜景色的生动描绘,又成了这一特定主题的作品中具有独到价值的代表作之一。

1928年民国政府南迁后,中南海开放为公园。在秋风送爽的季节,邀上同人来此饮酒赏景,在太液秋波中度过一段令人难忘的快乐时光。

提到诗人对太液秋波美景的赞颂,实在是有着太长的历史。元代有一位叫朱澜的汉人,奉诏到皇家园林太液池来教书,面对这里的湖光山色,诗人抑制不住激动的心情,用笔记录下了当时的所闻所感:"太液芙蓉上下天,秋波澹澹白生烟。采莲宫女分花了，笑把兰蒿学刺船。"说是在太液池宽阔的水面上，开满了硕大的荷花，远远的，仿佛与天相连。采莲的宫女们划着小船，从密密的荷叶中间穿梭往来，在欢声笑语中用玉手撑着小船而去。湖面上空濛濛一片，浓浓的水汽仿佛升起了白烟，纵然是在秋高气爽的季节里，依然像是在蒙蒙雾气之中。

与这种以写人为主的诗相对应，还有一种纯粹通过写景来描述太液秋波的一类诗。在这方面，明代林环的《太液晴波》可算其中的代表。诗人有幸参加了皇上举行的宴会，并应诏即席赋诗。诗中写道："池头旭日散轻烟，开镜晴光近九天。翠柳条长经雨后，绿蘋香暖得春先。御沟流出通金水，仙派分来自玉泉。在镐几回

20世纪50年代，朱老总（右）、彭老总（左）在太液秋波中泛舟。

陪宴乐，咏歌鱼藻继周篇。"这首诗的意思是说，秋日晴空下的阳光照耀在太液池上，水面蒸发出淡淡的水汽，显得湿气濛濛，平静的水面像是一面宽大的镜子，把映照在上面的日光折射空中，其高度几乎升达九天。岸边的垂柳经过秋雨的冲刷显得更翠更长，池边的绿色浮萍在秋天的阳光下散发出淡淡的清香。这都是因为有了来自玉泉山的清澈水流，长年累月地注入，并通过皇宫的河道注入金水河。诗的技巧虽然不能说不工巧，技艺不可谓不高，可其主旨很明确，为皇帝涂脂抹粉的拍马之作。而且谈起来并未感到真正说到太液秋波的妙处所在。甚至觉得这是一首夏季的应景诗也未尝不可。相比之下，另一位明朝诗人张元芳的同题诗，却写得更贴切生动，令人回味："十里芙蓉接素秋，晴光潋滟拥丹丘。虚涵太液云千顷，影弄琼华月一钩。鱼鸟飞潜天上下，楼台掩映水沉浮。望中更有神仙侣，此地宸游胜十洲。"与上首诗相比较，此诗的太液秋意似乎更浓一些。在太液池广阔的水面上，荷花盛开荷叶碧绿，一直怒放至秋。太液池水在阳光下波光闪烁，把美丽的琼华岛紧紧地围绕当中。水面上，映出辽阔高远的蓝天，不知不觉中，一弯新月爬上了楼梢。小鸟从蓝天上

飞过,鱼儿在水下面嬉戏。与同伴在这里游览,几乎无异在神仙世界。"万古青天常对镜,四时明月独宜秋",难怪诗人更憧憬于这秋高气爽之时了。"歌罢濯缨清思逸",可毕竟时间已晚,到了归家的时间了。因为此时已"满襟凉露正飕飕"了。

四、"苍茫烟翠满郊园"——蓟门烟树

[八角鼓词] 隐隐青山,如雾笼环。渔村雉堞,林木迷漫,却疑和露合前川。濛濛树色团来暝,袅袅村容罩处圆。压林梢,曲岸与云连,似雾离也合,如炊屋外缠。掩秦楼,迷汉殿,夸山屏,摇水练;潇洒旗,浑难辨。遥山深锁黛,苍霭欲沉藓,一痕孤嶂外,柔似几缕晚霞边。月升清辉,辉凝烟树,极目天然趣,搦来难以付毫端。但只见,淡笼轻锁林间碧,水际浮青渡口寒。

(一)"蓟门烟树"碑

乾隆所题燕京八景之一的"蓟门烟树"石碑,现存于西直门外,北三环中路附近的元代的土城遗址。明人《长安客话》上说:"土城关为蓟丘,亦为蓟门所在,近旁林木即'蓟门烟树'。"乾隆所题"蓟门烟树",其上原有一黄琉璃瓦小亭。所以,老辈人又称此地为"皇亭子"。乾隆的题字碑高3米,宽0.8米,厚0.25米。碑基为须弥座,饰以莲花浮云。亭子已经于1900年被毁坏,倾倒,只有"蓟门烟树"碑还完好地保存了下来。元朝延祐四年(1317年),仁宗命库春于大都健德门外建造园林。到了清代,这里还留有一处土堆。那时,这里树木翁蔚,晴烟拂空,四时不改。尤其是春天,此处遍地长满了蓟草,小月河沿着元代古城修建,一年到头地流淌着碧波绿水。两岸垂柳成行,松柏浓荫,如映画溪。盛开的桃花散发着诱人的香气,难怪它是一处受百姓喜爱的旅游景点。

这里不仅是百姓春天郊外踏青的好去处,而且秋天的景色同样迷人。在清代,这里曾是城里人九九登高聚会的地方。届时,黄栌似火,蓟草遍地,蟋蟀在草丛中欢快地鸣叫,满眼的野花姹紫嫣红。由于这里离城里较近,早晨起来,骑马或骑驴出德胜门往西北走不多远,就可以登上元代的古城墙。三五好

友围坐一块儿，拿出带来的各种吃食，饮酒赋诗，品尝美味，谈古论今，畅叙幽情，其乐融融。

1985年，市园林管理部门投资，重新修建了"蓟门烟树"景观。以石碑为中心，盖起了亭榭楼台，又借景于元大都土城，遍植树木，西侧引水成渠，形成较完整的园林格局。此处已成为供人游览的蓟门公园。

"蓟门烟树"景观及石碑

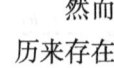

（二）"蓟门烟树"景址之争

"蓟门烟树"景观的产生，据说源于一首唐诗，这是李益写的《秦城》："惆怅秦城送独归，蓟门烟树远浓浓。秋空莫射南来雁，纵遗乘春更北飞。"这首诗表达了诗人北居时对南归的向往。"蓟门烟树远浓浓"有力地烘托了作者的这种感情。这也是最早把"蓟门烟树"四字连在一起，以致使后人受到启发，而为此景命名的一个原因。

然而，正像燕京八景中的许多景观一样，关于蓟门烟树的确切景址问题，历来存在着观点不同的争议。这主要是因为，乾隆所定燕京八景，并非他的独创,而是早在金朝时期,风流皇帝金章宗就开始以燕京八景形式命名京城内外的人文、自然景观。具体命名时间,大约在金明昌年间(1190—1196年)。而当时的金中都在今天的北京城的西南,燕京八景的景观,大多是在那里。而清代所在的京城,是明代统治者在三海地区(金中都的东北部)建成的,因此,乾隆命名的燕京八景,自然与金章宗命名的燕京八景存在景不同名同的矛盾,由此才引出了难以扯清的景址之争。

具体到蓟门烟树景址的确切位置,基本上分为两大对立的观点:"在元大都遗址说"和"在金中都说"。不同意说蓟门烟树在学院路皇亭子的观点认为,春秋战国时期,燕国的蓟城为国都,古称蓟城为蓟门。现代历史地理界的权威学者侯仁之老先生提出,"现在白云观西墙外,原有一处高丘,有可能即是古代蓟丘的遗址"。据称解放后,在高丘周围曾出土一些战国时代的陶片,似乎可以作为上述观点的佐证,证明这里历时较久,因此成为燕蓟遗址。唐代大历年间,诗人李益在客居燕赵期间写的那首《秦城》七绝一首中,所说的"蓟门",当指唐朝的幽州城,也就是后来辽金故都城的前身。此古蓟城大约先秦开始,直到当时的唐朝,基本上没有过大的地点变易。诗人遥望着西北的这座古都蓟门,一派蔚然林树,烟霭轻浮,而别绪离情,益增惆怅。其依依南浦情,黯然纸上,引人入胜。

北魏时期的地理学家郦道元,在其所著《水经注》中记载道:"昔周武王封尧后于蓟,今城西北隅,有蓟丘,因丘以名邑也。犹鲁之曲阜,齐之营丘矣。"

金代中都城中有地名曰蓟门。《金史》记载:大定二十三年(1183年),世宗对臣下说:"朕前诣兴庆宫,有司请由蓟门,朕恐妨市民生业,特从他道。"可见当时的蓟门,是个繁华所在,这一点,明代的邹缉考证得比较清楚。他在《燕京八景图》序中说:"蓟门之外旧有楼馆,雕栏画栋,凌空缥缈,游人行旅,往来其中,多有赋咏,今并废,而门犹存二土阜,树木蓊然,苍苍蔚蔚,晴烟浮空,四时不改,故曰蓟门烟树。据考证,繁华的蓟门其地,约在今广安门内的牛街北口。蓟门附近有个庙宇名为大悲阁,南行约一里,基枕其街盖古迹尔。"

在金代,除了上面所述,大定二十三年,皇帝出游时,为免扰民,而离开蓟门闹市,择路而行之外,在这之前二年,也就是大定二十一年三月,世宗的李妃去世后,移殡进入崇智门,停灵于兴德宫,虽然经过蓟门是近路,但因这里有一些闹市店铺,为避免影响市民生业,才不得不改从他道。

到了明代,诗人李东阳在《蓟门作》中说:"蓟门城外访遗踪,树色烟光远更重。飞雨过时青未了,落花残处绿还浓。"诗中所述蓟门景色,其地理位置仍在南城(金中都)城中。但其景致逐渐由"蓟门飞雨"演变为"蓟门烟树"了。究其原因,不外乎是明朝定都北京,把紫禁城移到了金中都东北部的三海周围,市民生活随之转移,以致金中都逐渐被冷落,原来店铺林立的街道,也逐渐演变为层层林木了。金中都湮没的一个重要原因,还在于元统治者攻入北京时,曾在金中都纵火,致使这里成为废墟。

明朝的另一位诗人梁潜的《游长春宫诗序》也说:"蓟门、高丘(蓟丘)之间荒台、遗沼之可见者,皆昔者辽与金所尝经营其间者也。"辽金台、沼在广安门南滨河路一带,蓟门桥当其西北,蓟必在东南。与此相关,金朝的刘迎在《寄题蓟丘僧房》诗中也说:"僧房即白云观,变名长春宫,原有土丘,丘西北侧掘得古残城西北隅,知此丘即蓟丘。"这里又提出一个问题,即蓟门、蓟丘是不是一回事?实际上,这个问题早在唐代诗人陈子昂、杜甫等描写蓟城的诗中就可见到。北周诗人周伦信诗说:"蓟门还北望",这是关于蓟门最早记载的诗句。元天历三年(1330年)欧阳原云诗中说:"蓟门城头过街塔,一一行人通窦间。"这表明,自北周迄元中叶,蓟门一直蠹于蓟城中,而蓟丘则在其城外,具体地点见上述关于如今广安门外南滨河路一带之说。

另一个"蓟门飞雨"与"蓟门烟树"演变之争,似乎也可作为上述关于遗址之争的一个证明。据说金朝命名燕京八景时,有蓟门飞雨,而无蓟门烟树之名。只因辽代的圣宗皇帝曾在上文提到的大悲阁中避雨,所以此寺改为圣安寺。圣宗当时在寺中避雨时所见蓟门附近的雨中景致:疾风骤雨,电闪雷鸣,树倒屋塌,人惊狗叫,实在令人难忘。"蓟门飞雨"因此得名。而蓟门飞雨改为蓟门烟树,并不是因为这一景观由蓟门移到了西直门外的元代土城遗址,而是因为大悲阁附近因历史沧桑而本身发生的巨变。这一点已在前面有所论述。

那么,到底是什么时候,由蓟门飞雨改为蓟门烟树的呢?历史上的较准确记载,是在明朝永乐年间。当时翰林院大学士胡广、侍讲邹缉等十三人,将燕京八景绘成图卷,题诗其上。鉴于蓟门飞雨改变的具体情况,遂改其为蓟门烟树。无疑,这才更加名副其实。

有人不同意这一"变化"说,认为起始就是蓟门烟树。而且一口气指出两处众多的相似之处。其一为元朝大定四年(1164年),在都门外夹道重行植

柳各百里，离金朝明昌年间已过去了三十多年，因此已成大树无疑。但此处距蓟门有三里多，似乎与蓟门相连的理由不足；其二为承认蓟门烟树在大悲阁，但观赏地点却是在它附近的披云楼。披云楼在大悲阁东南，为一酒楼，高耸云霄，极尽豪华，宴饮者皆一时名流。金路铎有诗赞道："斜阳飞鸟陶丘外，淡月耕牛禹迹中。"元朝诗人耶律楚材也说："窗开青琐招晴色，帘卷银钩揖晓风。"它的具体地点，在今西城区（原宣武区）春风胡同牛街民族小学一带。"披云楼"三字系金章宗手书。"披云"言其楼高。因其楼高，而且可看见远处的树影。远处的树在哪儿呢？就在大悲阁内。耶律楚材在关于大悲阁的诗中曾有"老柏依然笼古殿"之说。遥想当年，金章宗亲驾报云楼，俯瞰着千古蓟门、恢宏的圣安寺、迷离的古柏，众美荟萃，无比绮丽。于是想起唐朝诗人李益《送客还幽州》中的诗句"蓟门烟树远依依"，遂借李益成句赐名"蓟门烟树"，列为燕京八景之一。又乘兴挥毫，题写匾额，披上楼檐。原述到此止笔，不禁令人犹兴未尽，不妨添加数句。就在章宗停笔之时，早有随身侍从接过圣上手中之笔，随拥身旁的大臣、亲贵们一片赞好声骤然而起，更有如云美女娇嗔着挤过来，争着把章宗往自己身边拉。圣上在这香歌美艳的气氛中真是其乐融融，如坠雾中了。

然而，想象终归是想象。历史有其自身的本来面目，它不会因后人的"合理"想象而改变。于是，针对这种"合理"想象出来的美景，有人提出了尖锐的反对意见。其理由包括：第一，后人所称的蓟门烟树，实际上当初是由蓟门飞雨转化而来。历年来，对蓟门飞雨是因辽代圣宗避雨大悲阁的逸事少有争议。既然如此，说蓟门烟树是金章宗当年所定，理由不足。当年即便有这一景观，也只会称蓟门飞雨，而不叫蓟门烟树。第二，圣安寺内仅有"怪柏数株"，而株数如此之少的怪柏，无论如何是不能形成"如烟"景致的。第三，蓟门烟树之改名，毫无疑问是在明朝永乐年间，这个年代远在元朝之后。更重要的是，持上述论者"演义"历史的不严肃态度。这种出于想象，而不以历史事实为依据的推理方法，显然是说服不了人的。

更何况明朝永乐年间，胡广等十三人在将蓟门飞雨改为蓟门烟树之际，曾对各景点的方位、得名原因等做过详细的考证。杨荣《题燕京八景卷后》说："兹以北京八景图并诗装潢成卷，举足迹所至书于卷末，且以诸景所以得名者疏于各题之后。诚非欲夸耀于人，将以告夫来者，俾有所考。"显然，它应该是考证蓟门烟树方位的最可靠资料之一。

既然此资料如此可靠,那它所记载的蓟门烟树景点设在何处呢?在该图卷中,邹缉《蓟门烟树》诗中云:"古城西北蓟门前。"梁潜《蓟门烟树》也说:"蓟门东望古城西。"他们在诗中都明确指出,蓟门在旧城的西北隅。这"旧城"是哪个城呢?就是明朝以前,元朝的都城。在明代,永乐年间所建的新都城,其北城墙比元大都的北城墙整整南移了五公里。所以,原在元大都城内的偏北部分,此时就自然而然地成了郊野。有鉴于此,说蓟门烟树位于今土城的西北部,是有充分理由的。由于这里处于元故城的西北边缘,所以,位于远处元大都健德门外的原仁宗所造园林就可尽收眼底,烟树景色也是不难看见的。邹缉诗云:"十里清阴遥带郊,万株浓绿上参天。"胡广诗也说:"空濛远树遥带郭,苍茫长林迥接无。"梁潜诗续云:"蓟门东望古城西,烟树重重远近齐。"可见,蓟门一带林木生长茂盛,绵延广长。与此相反,前面所说的,牛街附近,大悲阁旁蓟门烟树,自然与这里所引用明人的说法不合了。因为如此多的树,无论如何是不可能种在尽管已不再是店铺林立,却也是人民生活聚居地的牛街南口一带。

在这方面,当年将蓟门烟树选定在元代土城附近的乾隆皇帝,应该说是更有其自圆其说的理由。20世纪90年代后期,曾在电视中播映过一部九集的介绍宣南文化的电视专题片,其中说,乾隆之所以把实际上在牛街南口的蓟门烟树主观臆造在元代土城,是因为他对历史缺乏了解,同时又轻信了太监们的信口雌黄。倘真如此,乾隆皇帝也真够昏庸的了。但是,历史事实恰恰与之相反。作为一代帝王,乾隆向以博览强记著称。他对北京的历史名胜古迹尤为重视。他曾亲自安排窦头鼎、朱筠等人,增订、补充了明代朱彝尊所著《日下旧闻》为《日下旧闻考》,此书至今仍是治学北京史地的经典著作。所以,关于蓟门烟树的定址问题,他绝不会轻易决定。而且,事实上,他当时已经观览过胡广等人所作的《燕山八景图》。他在写《燕山八景诗叠韵》中曾注解道:"《石渠宝笈》有王绂,'燕山八景图'真迹。"王绂即《燕京八景图诗》的十三位作者之一,《石渠宝笈》为乾隆九年张照等撰,记载内务府所藏历代书画真迹。乾隆既然阅读过此书,当然会对其中关于蓟门烟树确切位置及附近景致有所了解。乾隆曾经两次作《蓟门烟树》诗,其中对相关景色的描写,与明代胡广等十三人的诗如出一辙。其中都提到蓟门提到蓟丘,而且那里有一大片树林:"苍茫树色望中浮,十里轻阴接蓟丘。青葱四合莺留语,空翠连天雁远游。""十里轻杨烟霭浮,蓟门指点认荒丘。"可见,乾隆的确清楚地了解蓟门烟树景点的位置。

分析至此，读者似乎不该再不相信蓟门烟树在元大都土城附近的说法。然而，这当中仍然有一个潜在的疑问存在。那就是，坚持上述观点的人可以举出众多的例证，来反复证明自己的观点之正确，但有一点却无法证明：这里与蓟门、蓟丘是什么关系？与此意见不同的人可举出"蓟门烟树在牛街南口"与蓟门、蓟丘的关系，说明那里因有蓟草及丘，所以谓蓟丘；燕国在此建都时，因有此丘，所以曰都城为蓟城，这已是不争的事实。可元大都土城这里既无蓟城更无蓟门，烟树纵然有，又何所依呢？况且以现可见的古诗当中，谈"烟树"的多，而谈"蓟门"的少，或者说基本没有。似乎就是一种反证。因为，正是这个大家都不提的问题，反而成了蓟门烟树能否立于元大都土城的关键所在。

（三）如何看待"蓟门烟树"景址之争

不过，指出这派观点的致命之处，并非有意介入这场争论当中。因为，我们认为，关于蓟门烟树，有比这场争论本身更有意义的内容。这就好比面对一盘佳肴，究竟是去用心闻其香、观其形、赏其色、尝其味，还是去争论那些原料的产地、来源？无疑，很少有人愿意放弃品尝美味，而去做关于产地、来源的争论。对待蓟门烟树的问题也是一样。作为八景之一，它的价值是为了让人观赏。它是景点，不是考古挖掘。如属后者，当然要分辨源头，否则，就不会发现所要找的东西；但作为前者，人们更多的是应当借助丰富的历史记载，尤其是诗的生动描绘，来体会作为景观的蓟门烟树的美景，而不要做舍本逐末的事。

事实上，历史上关于同一事物或人物，却传说发生在两地的事情比比皆是，而最著名的可能要算诸葛亮的出生地。诸葛亮在《出师表》中，说自己"臣本布衣，躬耕于南阳"。问题由此而生。河南省的南阳，自认为是诸葛亮的故乡，千百年来建造了许多与诸葛亮有关的景观。像草堂、读书处，等等。而离此不远的湖北省襄樊，则通过查找资料，证明说，诸葛亮所指的南阳，实际是东汉末年属南阳郡邓县的隆中，也就是如今的襄樊。这个官司打了数百年，谁也说服不了谁。而且南阳与襄樊都在不断扩大"诸葛故里"的建设规模，仿佛不这样，就不足以说明自己的真实性。

大批的学者也不甘寂寞，纷纷写文章、开研讨会、出书进行争辩。有的还搬出学术界前辈权威为自己撑腰。

其实，对这个问题，清朝的顾嘉衡，在他为南阳武侯祠大殿所写的楹联中就说得很清楚：

心在朝廷原无论先主后主；
名高之下何必辨襄阳南阳。

作者在这里强调指出：只要你忠于汉朝江山，为先主后主进忠都是一样的。同样，诸葛亮之所以伟大，在于他为国家、民族所作出的巨大贡献。而这似乎与他出生或躬耕于南阳或襄阳（襄樊又称襄阳）无多大关系。作者的潜台词是在批评那些只为争谁是诸葛亮故里的人，实质上是为了光宗耀祖的私利，而不是为了更好地向诸葛亮学习，报效国家。

顾嘉衡的评论真可谓一语中的、一针见血，点明了问题的实际。古人对这类问题的处理主旨和办法，很值得我们后人吸取、借鉴。否则，不了解历史，就有可能重复历史的错误。这才是处理蓟门烟树之争的好办法。

五、"谁知碧草遗基在，曾见黄金国士来" ——金台夕照

[八角鼓词] 雨过晚晴，云树冥冥。斜晖无语，脉脉含情，慢把熙台拾级登。极目寒云低，西山爽气扑疏棂。石栏无几曲，雨洗苔斑尽。掩轻裾，随意凭；看残霞，如濯锦。湿烟凝紫翠，斜阳画出晚山屏。怀古情多、多少离恨，琢句费经营。自古道，览胜寻奇休感慨，又何妨，姑将樽酒且陶情。

"燕昭延郭隗，遂筑黄金台。剧辛方赵至，邹衍变齐来……"这首流传至今的古诗，是唐代大诗人李白在天宝十一年（752年）登临幽州（今北京地区）黄金台时写下的，千百年来，它记载并传颂着一段燕昭王招揽贤士，振兴燕国的故事。

在文献资料的记载中，被传说为黄金台的地方很多，大致范围在今北京及河北省一带。就河北而言，《大清一统志》中，就在金兴、海堪、安肃、易县等地，有黄金台的地名，只是早已不见其遗址了。明代五元发新绘北京八景之一的"金台夕照"一幅，画面上仅为"山水平台于夕照中，并无建筑遗址形状，可知金元人所传的全名，全是后人所附会"（史树青：《北京八景图研究》一文，载《文物》1981年第5期）。

不仅如此，提出燕昭王见郭隗情况的《战国策·新策》中，也只是说："昭王为隗筑宫而师之。"《史记》记载仅如此，而未提黄金台事。其他史书，如《新序》、《提范》等汉代文献中也无类似记载。只是到了东汉三国时期，燕昭王为郭隗筑台之说才始见流传。但也仅是说燕昭王为郭隗筑台，并未提"金台"。东晋王隐的《晋书》中明确出现了"金台"、"黄金台"之名，但其所说的也仅是燕太子丹"金台"，而非燕昭王所筑"黄金台"。

北魏时期，郦道元曾王易县（河北）进行实地考察，看到了金台，并记载在《水经注》当中，这表明，此地确有金台的地名，但不是一处，包括金台陵、金台、小金台等。在这里，"金台"仅仅是地名，并未与黄金台的传说紧密地联系起来。只是至隋朝，《上谷郡图经》中才出现了明确记载燕昭王招贤纳士，筑黄金台、置千年于台上的故事。这是目前保存下来的时代最早，比较完整的记载。但是形成的具体过程和所依之据却难以详考了。为此，历代都有人对此提出质疑，也就不奇怪了。

（一）燕昭王的创举

西周初年，燕国在蓟城（今天的北京）建立起来，起初只能算是中国北方的一个小国，以后才逐渐发展起来。但自公元前321年，哙做了国君以后，情况发生了很大的变化。他整日迷迷瞪瞪，还幻想着能成为尧舜那样的贤圣之君。于是，竟将王位禅让给了怀有野心的相国子之。子之一朝权在手，便把令来行，开始拼命地搜刮百姓财物，弄得人心惶惶，怨声载道，国家被搞得乱七八糟。而他自己呢，却利用搜刮来的人民血汗，过着穷奢极欲的生活。子之的倒行逆施引起了燕王哙的长子平的强烈不满。于是，他联合将军市被，起兵讨伐子之。双方混战了好几个月，举国大乱，死了好几万人。就在这个时候，齐国乘机出兵进攻燕国，很快占领了蓟城，杀死了燕王哙和子之，燕国的传国宝鼎也被抢走，燕国几乎灭亡了。不久，燕国人发起了一场复国运动，找到了从前的太子，公推他为国君，这就是燕昭王。各地原本已经投降了齐国的将士们见自己有了新的国君，就积极地前来投靠，重新反对齐国，齐国侵略者很快被赶跑了。燕昭王回到了都城，修理宗庙，整顿政治，立志要向齐国报仇。

燕昭王是一位很有抱负的国君，他看到田园荒芜、民生凋敝的燕国，非常痛心，决心重振国家，这样，向齐国报仇才会成为可能。他打听到燕国有位叫郭隗的人，很有才能，便亲自登门求教。燕昭王对郭隗说："齐国利用咱们燕国的内乱，乘机攻破了我国，我深知燕国国小力弱，无力报仇雪恨。但是，我有决心振兴国家，但这还需要许多贤能之士的辅助。请问先生对此有何意见？"郭隗见到燕昭王的态度非常诚恳，便说道："贤明的君王把他的臣下当作自己的老师、朋友；暴君和亡国之君把他自己的臣下当作奴仆。要实现大王的夙愿，应当选拔贤才，给予充分的信任和重用。让天下都知道大王爱惜人才。这样，天下的贤能之士就会争先恐后地来到燕国，为大王效力了。"燕昭王听到这里，不禁露出喜悦的笑容。他急忙表示道："我成天成宿地想着燕国的耻辱，有谁愿替国家报仇，我情愿亲自去侍奉他。"郭隗自告奋勇地说道："大王如果真的有心招揽天下贤士的话，那么就先从我开始吧。人们看到像我这样才疏学浅的人都受到重用，那么比我更贤能的人，还能不从四面八方来投奔您吗？"于是，燕昭王真心实意地拜郭隗为师，为他建造了豪华的公馆，经常同他讨论复国的大计，直到深夜。又在易山（在今河北省易县境内）旁盖了一座高台，里头堆着黄金，作为招待客人的费用和礼物。这座台就叫黄金台，又叫招贤台。

这么一来，燕昭王招贤的真心实意传遍了天下。好些有才干的人都从各地跑到燕国来了。其中著名的有，武将剧辛，来自赵国；文人邹衍，来自齐国；外交家苏秦，来自东周。此外还有名将乐毅、学者居景等。一时间，燕昭王身边人才济济、猛将如云，真可谓"燕昭此筑黄金台，四方豪杰乘风来"。

燕昭王在这些文臣武将的辅佐下，励精图治，艰苦奋斗，修建长城，巩固国防，发展生产。他还亲自穿起草鞋，身着布衣，参加一些劳动，并举行祭吊战亡将士的仪式，慰问亡者亲属，由此得到众多百姓的衷心拥戴。经过二十多年的努力，燕国终于一改落后面貌，逐渐强大起来。

公元前284年，燕昭王任命乐毅为上将军，联合周围的赵、韩、魏，从四面一块儿去攻打齐国。而此时齐国的齐湣王，整天想着同邻国打仗，还赶走了真心帮他的孟尝君，民心大失，经不住四国的联合进攻，很快就垮了。乐毅率领军队一鼓作气，攻下了齐国的都城临淄等七十多座城池。不仅夺回了被齐国抢去的燕国的宝鼎，而且还把齐国的钟鼎、财宝也一并夺了过来，运回蓟城。燕昭王把这些缴获的东西陈列在燕国的王宫里，让大臣和百姓们都来参观，显示燕国的强大。

（二）令人神往的黄金台

　　燕昭王招贤强国的事迹被后人传为佳话。他所建的黄金台也成为不惜代价招纳贤士的象征。那么，曾经发挥过重要作用的黄金台，究竟是什么样子呢？这个问题多年来引起了许多人的兴趣。高台建筑是中国古建筑当中的一种历史悠久、造型独特的建筑形式。它与辉煌的宫殿、雄伟的楼阁常常融为一体。它在出现之初，还只是在地面上垫土，然后在上面建房。当发现将土垫高的多种好处之后，人们开始有意识地发挥这一优势，垫的土就越来越高，达到数米或十数米，然后再在上面建屋。此时，高台建筑就产生了。

　　高台的顶部常造成方形，或长方或正方，四面呈倾斜状向下延伸。高台建筑形式的杰作很多。远在公元前14世纪，殷人就建造了鹿台，其故址在今河南省淇县。史书上常称其为"九重之台"，鹿台用夯土法逐层垒起，这是为了在上面收藏珍宝。到了西周时期，高台建筑增多，其代表作首推灵台。灵台遗址在今陕西省的鄠县，高二丈，周长二十步。其次是周穆王建的重璧台，台的顶部为圆顶，上面的殿宇极尽雄伟。

　　春秋战国时代，各国君主为了争强斗富，纷纷建造高台，一时成为时尚。齐景公不仅筑了路寝台，还在青岛附近建了柏寝台，费时达三年之久。楚灵王建造的章华台与乾谿台，其规模之大，建筑之壮，在当时是少有的。难怪史书上记载说："财用尽焉，百官烦焉。"燕昭王时期不仅为郭隗建造了黄金台，以后也为别的贤才建筑了此类建筑。据说这种台在燕下都就有五十多座，有的至今还存有遗迹。与此同时，韩王造的望台、颂台，则以其高而著名。赵武灵王在建造丛台时，光垒土就达三百丈高。邯郸城的高台也有三十处，如有幸前去，不难找到土台的遗址。晋灵公造的九重之台，仅侯马古晋城就有六七处遗址，至今可见。吴王夫差建造了姑苏台，高三百丈，越王勾践造的燕台，与姑苏台高度差不多。秦始皇建的鸿台高近百米，且秦代的咸阳宫即为高台建筑。汉代的高台建筑也很多，像长安城里的未央宫，已发现的就有十一座之多，可叫出名的有：果台、东山台、西山台、钩弋台、通灵台、钓台、眺蟾台、望鹤台、桂台、观风台、宫台等。章宫范围内有凉风台、避风台等多种名目的高台。

话说燕昭王尊郭隗为师，又于碣石山筑黄金台，以延天下贤士。这事过了六百多年后，赵国又开始进攻燕国。为求得强大的秦国的支持，燕王以太子丹为人质，送往秦国，同时请秦王政派一位相国来支持燕国。然而，秦王言而无信，太子丹到秦国为人质后，燕国仍然没能得到秦国的支持。这下子住在秦国的燕太子丹可难过了。他知道秦王政决心要兼并列国，并屡次侵犯燕国，夺去了燕国的土地，于是决心设法逃出秦国。他找来一身破衣裳换上，又在脸上抹些泥土，打扮成一个穷人的模样，靠沿途给人干活儿维持生活，于公元前232年混出了函谷关，逃回燕国。他恨透了秦王政，一心要替燕国报仇。怎么报仇呢？他计划收买刺客，然后去刺杀秦王。

燕太子丹优待勇士的名声传遍了燕国。连躲在燕国深山里的樊於期也知道了。他原来是秦国的大将，因煽动秦王政的兄弟长安君造反没成功，结果长安君被杀，樊於期逃到了燕国。此时他大胆地出来投奔太子丹。太子丹把他当作上宾，在河北易县东南三里，为樊於期建了一所住宅，并且建起一座黄金台，名叫武阳台。以后还为一位剑客荆轲也盖了同样的住宅和黄金台。

秦王派王翦来进攻燕国，越来越近了。荆轲去找樊於期商量办法。他说："我决定去行刺秦王，可又怕见不到他。如果我想提着您的头去见他，就一定能见到。那时候，我左手揪住他的袖子，右手拿出匕首去刺他，这样，将军的仇、燕国的仇、列国诸侯的仇就都报了。"樊於期听了他的想法，觉得有道理，就表示道："只要能够报仇，就是要我的头我也乐意给。"说完，他拔出剑来自杀了。以后的事被后人编为《荆轲刺秦王》的故事，广泛传扬。而当年燕太子丹为樊於期、荆轲建台的易县也因此而传名，后来这里留下了很多以台为名的地方，建台成为一种古风。这当中，武阳台始终算是最大的。

如前所述，在春秋战国以后的很长一段时间里，筑造黄金台招揽贤士的做法很多，所筑的台越来越讲究。

黄金台不仅高，而且上面还有各种建筑。拿燕昭王赠给郭隗的高台来说，上面就有众多的宫室，几乎是一座宾馆，类似于北海的团城。郦道元写《水经注》曾亲自前往易水参观，据说还可见高台上的雕墙败馆。

三国时代，曹操在邺城建台三座，在历史上都很有名：铜雀台（高约30米），上有房屋101间；金虎台（高24米），上建房屋105间；冰井台（高24米），上有房屋145间。杜牧的"铜雀春深锁二乔"就说的是此铜雀台。当时说起最高的高台，则要数魏文帝的凌云台了，高50米，是金虎台、冰井台的一倍还多。从敦煌壁画中可见北魏时期的高台建筑细部，上面的楼阁为庑殿顶，周围还有木质的几何形图案栏杆。唐宋以后，高台建筑就不太兴了，而元代反而又盛行起来，凡宫廷、庙宇、佛寺等都建筑高台，但仅昙花一现，从此走下坡路。

总体来说，高台不外乎人工的与天然的两种。天然台是将已有的土丘加以修整，或单独一个，或连成一片，在黄土高原较常见。而人工的则要费力得多。在这 10～30 米高的土台上，建筑单座或群体建筑。有的还用土地做楼层，周围殿阁回廊，中心部位为土心，台身或土筑或砖砌、石砌，上面面积一般在 250～400 平方米之间，小的也有上百平方米，大者则有 600～1000 平方米。尽管建筑方法并不复杂，可毕竟太费工，要搬动巨大土方。

据说在北京地区建造黄金台的历史可上溯到金代。《诗序》说："金人慕其好贤之名，亦建此台，在今旧城（今北京城的西南部）内。"在这之前，梁任昉在他的书中称："台在幽州燕王故城中，土人或呼贤士台、招贤台。有台名，无黄金名。"可见真正见诸记载，名为黄金台者，还是始于金代。实际情况是否如此，尚无定论。金中都城的金台在大悲阁东南隅台坊内，地处繁华市区，地界开阔，林木繁茂。每当傍晚，日照西斜，古木之中的金台，真的披上一层金色，显得格外壮丽夺目，从而构成金中都城内的奇特景观。古诗"落日燕城下，高台草木秋"就是最好的写照。据考证，大悲阁旧址在今北京市西城区（原宣武区）长椿街南口路东、十字路口的东北，隗台在宣武门外的教子胡同一带，金台当在其地。游人信步到此，极目斜阳古木之中，徘徊留恋，以寄遐思。

明末清初，研究北京史地民俗的孙承泽，在其所著的《天府广记》一书中记载道："燕城故迹，见于元人葛逻禄·酒贤文集者，一曰黄金台，大悲阁东南隅台坊内。"这处隅台坊的地点，据《宸垣识略》解释，就是在今天的西城区（原宣武区）白纸坊附近，"殆金所筑也"。可见《诗序》的说法大体不错。

1969 年在新街口豁口外出土了辽代的一座古墓，墓碑上记载说"燕台蓟门分对峙",这可能意味着辽代就存有金台,即燕台。

如今的石景山区老古城,唐代属于幽州的幽都县房仙乡新安里,这里也曾被传说成燕昭王的黄金台遗址。为什么有这个传说呢?这首先是因为,这里(古城村南隔路之处)至今还存有一座面积有五六亩大,一房多高的一处土阜,为黄油性沙土堆成。当地老辈人都传说这里是黄金台遗址。另外,与李白同时代的唐人陈子昂,也曾在《蓟丘览古》中写道:"南登碣石馆,遥望黄金台,丘陵尽乔木,昭王安在哉。"这里所说的碣石馆,其址就"在幽州蓟县为三十里宁台之东"(《史记·东家之清》),这就是今天的石景山衙门口一带。由此"遥望黄金台",可见离衙门口不远。而唐代另一诗人纪遵的《燕台》诗中指出的"高台依旧对燕城"中的"燕城",正是在今老古城村南隔路之处。上述史料从不同侧面证明了石景山区老古城曾建有黄金台的传说。当然,有黄金台并不一定就是燕昭王所建,这则属于另一个问题。天宝十一年(752年),李白被李隆基免职后游历到此。他想到被燕昭王重视,而做出名垂千古大业的郭隗、邹衍和乐毅等名士,相比自己,不禁感慨万千,遂吟古风一首:

> 燕昭延郭隗,遂筑黄金台。
> 剧辛方赴至,邹衍复齐来。
> 奈何青云士,弃我如尘埃!
> 珠玉买歌完,糟糠弄贤才。
> 方知黄鹤举,千里独徘徊。

尽管如此,如果向今人问起燕京八景中的"金台夕照",他会毫无疑问地回答说:"朝阳门外金台路,就是《人民日报》社所在的地方。"不仅如此,人民日报社内还新造了一处以"金台夕照"命名的景观。的确,在目前出版的众多有关图书、画册当中,"金台夕照"的地址都是这么记载的。就连近年出版的《北京百科全书》上也明确指出:乾隆时定的黄金台,约在今朝阳门外关东店,台已夷为平地,现有金台路,其附近是乾隆定的金台夕照"遗址"。然而,这个表面明确的记载却实在不经推敲。疑点之一,既然台已夷为平地,又何以见得这朝阳门外的关东店是昔日的黄金台所在?有人补充说:1935年出版的《旧都文物略》上有记载,说是乾隆定点的"金台夕照"在朝阳门外东南二里许的"苗家地"北高地,并登有一幅倒卧的金台夕照碑的照片。倘真如此,上述记载的第二个疑点接踵而来:既然乾隆定点的"金台夕照"景观确凿无疑地在朝阳门外二里许的"苗家地"北高地,那么,又何来的《北京百科全书》所言,"乾隆时定的黄金台约在朝阳门外关东店",而"金台夕照"遗址却在现在的金台路之说?熟悉这一带环境的人都知道,关东店与金台路,少说也有三四里路,难道夕照下的黄金台,其影会延伸三里多地?况且此景被公认为产生于18世纪的乾隆年间,而乾隆年间文字详细的史料很多,怎么这著名的燕京八景之一的记载却如此模糊?是史料失传了,还是当初就稀里糊涂?倘属后者,难道堂堂的皇上在拿自己的言行开玩笑?

面对这么多的问题,读者几乎被陷于云雾当中。为此,让我们沿着历史的长河逐步地加以探讨。首先,金代所建的黄金台之地址所在很明确,想当年,以提倡编著《四库全书》出名的乾隆皇帝不会不知道。

然而,知道归知道,倘若真把"金台夕照"的景观设在原址仍然有很多的问题。一是金代的黄金台到了清代早已荡然无存,倘仅在此立一石碑,供人凭吊而看不到实物,又如何能体会其神韵,意义又在哪儿呢?二是纵然能在此立一石碑,可这里已不再是树木繁茂,地界开阔,而已成为繁华市区,虽斜阳依旧,可金台不存,于闹市中更难以徘徊留恋,以寄遐思了。更主要的是,《诗序》中早就明确说过:此系"金人亦建此台",此景并非实指古燕之金台明矣。换句话说,金人建此台也是学古代人仿造的,是假古董。清代即便以此为"金台夕照"景观,也无非是附庸金人,而不是在尊重真正的历史,承认金代的金台,无异于跟着古人糊弄今人。

(三)"道陵夕照"与"金台夕照"

有一篇今人的考证文章干脆指出:

燕山八景原有道陵夕照,后改为金台夕照。道陵为金章宗陵,位于金中都西南大房山。金代定都燕京之后,海陵王选址大房山云峰山修建金帝陵墓。云峰山林木茂盛,风景秀丽,山后有潭,山前为谷,东、西、北三面有龙泉河环绕,成为金代陵区。金陵在金王朝迁都汴京以后开始荒废,到明代因年久失修,仅存残迹。

原有的问题还没解决,新的问题随之而来:就连金朝确立的"金台夕照"景观,当年究竟是怎么成名的都还难说,因为当初定的是"道陵夕照"而不是"金台夕照",二者怎么就换了位置?

既然说不清则干脆不说。乾隆皇帝于是决定放弃这一传统说法，而另外找一处适当的位置。好在这种做法在"燕京八景"中已不是第一次用。像"太液秋波"、"琼岛春阴"、"蓟门烟树"等都是如此。那么究竟选哪儿合适呢？"今朝阳门外东南，岿然土阜，好事者即以实之"，于是，好事者就向乾隆皇帝建议在朝阳门外东南，因为那个地方有一个现成的土堆。乾隆亲临一看，这不就是现成的吗？以旧说旧，就说是当年的黄金台如今只剩了土堆，这不挺合适吗？这表明，乾隆定此景时本身就信心不足，不过是就坡下驴，悉凭耳食之言而已。至于关东店的土堆因何而起，可能是由于这一带地表水层浅，稍挖即可见水。于是当地人挖塘养鱼，堆土而成。如今附近的团结湖公园、红领巾公园、朝阳公园等大多如此。看来这种望地生意不独乾隆，前有金朝皇帝后有众多附庸，以至有人也以广渠门内夕照寺（有"夕照"二字）或金台书院指为金台夕照遗址。

正是因为这个原因，历来关于黄金台的记载中，除肯定"金台夕照"为都城内一景，算是意见一致外，至于它的具体地点，则是各持一说，莫衷一是。《水曹清暇录》说："黄金台有三：其一在大兴县东南，其一在易水之东南，其一在昭王所筑馆郭隗之宫，今皆不存矣。"《帝京景物略》云："相传，黄金台有三处，一在易州，都城有其二。"

文章绕了这么大一个弯，读者肯定看得不耐烦了，迫不及待地要问："那这乾隆朝定的'金台夕照'景观究竟在何处呢？"根据查阅古书所得和实地调查分析，我们倾向于其关东店之说。第一，《旧都文物略》所载照片，明确指出摄于朝阳门外关东店苗家地教场。此书出版于1935年，离今不过60多年，且其作者均系著名学者，以科学之态度编纂此书，其说可信。而且有人曾见过此碑，并进一步指出碑上有黄琉璃瓦的牌楼（或亭子），所以俗称黄亭子。第二，更有人进一步明确指出，"金台夕照"碑曾亲眼于苗家地所见，只因五六十年代在此建设三五零一工厂，故将此石碑埋在工厂礼堂地下。

在清朝，每年春分、秋分前后，是观赏"金台夕照"的最好之期。就在夕阳西下后的一小段时间里，由于金台地势较高，暂时还有太阳光照到这里，夕照时景色瑰丽，成为一景。也许乾隆皇帝当年也是在这一时刻巡行至此，见到了这一美景之后，才不由地萌生了在此设立"金台夕照"景观的想法。

如今，这里将投资建设一个综合性的国际化商务社区财富中心。2001年底，在财富中心的施工现场又传来消息说：12月18日施工中挖出了一块碑额,上面有"御制"二字。很快,又在地下50厘米处发现一座2.7米长的卧碑,上面的文字是乾隆御题的《咏金台夕照》诗,正面正是"金台夕照"四个大字。

那么,关东店再往东三四里处,如今为何命名为金台路,这与"金台夕照"又是何关系呢?这可能与传说中的"黄金台"与"谎粮台"有关。《日下旧闻考》记载说:"谎粮台在朝阳门东六里许,旧传唐太宗东征高丽,屯兵虚设囤仓以疑敌人。"有的学者曾走访过当地一位姓郭的老人。据他讲,祖辈人告诉他说,谎粮台虚设囤仓,是就地取材,将黄土高坡分别刨削成一个大圆柱形的黄土堆,四周用席子围起来,上面用黄土苫上,然后再用黄龙绳上下捆两道,远远望去,犹如一大片粮囤。这一"谎粮台"可能就是误传的"黄金台",其地址,恰在朝阳门外六里左右的金台路一带,就是现在的人民日报社社址。关于这一说法,除了证明这一传说的存在以外,其内容是不是真的也难说。

(四)由"金台夕照"想到的

读到这里,不由让人生出诸多感慨。原来只听说争论究竟燕山八景是哪几个,比如,有的说"银锭观山"算一个,有的说不算。可对燕京八景进行考察后发现,这些景观的确切位置也是个疑问。具体到"金台夕照",言之凿凿的"朝阳门外关东店苗家地"也不过是200多年前乾隆的主观臆断,事实上全无凭据——历史怎么会是这样呢?且慢,进一步的考证更证明,就是燕昭王为郭隗建的黄金台的有无,也还有争论呢!据《史记》载:"昭王为郭隗改筑宫而师事之。新序、通鉴皆言筑宫,不言筑台。后汉孔文举谓昭王筑台以延隗。"这表明,筑台之事最早是由后汉的孔文举披露的。在此之前,这种说法还没有。那孔文举又根据什么说,燕昭王不但为郭隗建了宫殿式住宅,同时又建了黄金台,用于存放送给他的金子呢?《史记》上没说,查别的书,也难得答案。就这样,歌颂统治者礼贤下士、招揽人才而筑的黄金台,其说流传千年,却经不起追究。倘再问下去,是否有无郭隗其人都说不准了。这样一个让多少代有识之士为之鼓舞,并以此作为统治者重视人才之典型的故事,竟是在后人的不断演化中形成的。

具体到黄金台来说，统治者起用贤士，与其说是对他们才干的重视，更不如说是出于巩固自己统治的需要。纵观历朝发展的经过可以看出，每当一个新朝代诞生之际，统治者无不励精图治，竭力延揽人才。一旦政权巩固，坐稳江山之后，首先拿这些人才开刀，杀鸡给猴看，以儆效尤。正是因为这些人有才干，所以也能看得清统治者之所为，对于有过之处，必然提出批评。而自视力量已经强大的统治者，当然不会容忍这一点。就拿乾隆皇帝确定燕京八景一事来说，这是他上台不过十多年的事，较比他日后几十年的统治来说，此时不过刚开了个头。为了实现他的统治愿望，对人才的渴望是可想而知的。在这种情况下，他当然不会墨守成规，钻故纸堆里去做什么考证，只要找一个差不多的地方，把"金台夕照"景观恢复起来就行。因为他的目的很明确，就是要表现出一副礼贤下士，重视人才的姿态，做到这一点就足够了。在这个问题上，乾隆写的《御制燕山八景诗叠旧韵》上关于"金台夕照"一诗说得明白："九龙妙笔写空濛，疑似荒基西或东。要在好贤传以久，何妨存古托其中？豪词赋鹜谁过客，博辩方孟任小童。遗迹明昌重校验，峷然高望想流风。"这表明，关于确切遗址的问题他几乎连想都没想过，管它在西还是在东？之所以在燕京八景中选中此景，只是"存古托其中"，目的是什么呢？就是将其"好贤传以久"。古往今来的过客们，任你们去说吧，如果你们愿意讨论这个问题就去讨论吧，哪怕是乳臭未干的毛孩子也可以。反正是你们越讨论越会像我一样，崇仰的是当年燕昭王（甚至也包括乾隆皇帝自己）礼贤下士的风流，而其他的东西实在是不重要了。

后人不能不承认，看似主观臆断的乾隆，真不愧是个干大事的人，至少是在这个问题上，他比我们当中的好多人都要聪明、高瞻得多了。不过，好在世上的聪明人也不止他一个。早在明代，《帝京景物略》的作者刘侗、于奕正，在谈到这个问题时，第一句话就说："黄金台名，后人拟名也。其地，后人拟地也。"聊聊十六个字，将古往今来，一切关于此问题的争论无不概括其中，一眼就看到了问题的本质。每读至此，不能不令人油然而生敬佩之情。

就连现代文史民俗学家，著名的"北京通"金受申先生也说："至于北京何以有金台夕照，我想仍应即就其地求之，必可得一解释。"在这里，金先生抱着一种低调的，却又是十分客观的态度，既不以历史上的黄金台在易水，而否认京城"金台夕照"的价值；也不因北京有"金台夕照"而贬低别处黄金台的价值。而且他强调的是借此求得一解释。尽管这一解释与我们当初的愿望

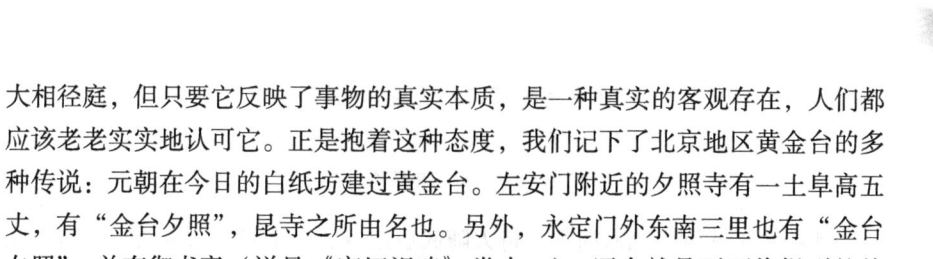

大相径庭,但只要它反映了事物的真实本质,是一种真实的客观存在,人们都应该老老实实地认可它。正是抱着这种态度,我们记下了北京地区黄金台的多种传说:元朝在今日的白纸坊建过黄金台。左安门附近的夕照寺有一土阜高五丈,有"金台夕照",昆寺之所由名也。另外,永定门外东南三里也有"金台夕照",并有御书亭(详见《宸垣识略》卷十二)。还有就是下面将提到的前门外东晓市的金台书院,据称也是"金台夕照"的遗址。

与上述那些精于考据的学究们相比,一向以浪漫著称的历朝历代的诗人们倒显得略高一筹,透过历史的迷雾,直探事物之本质。

明代李东阳在他的《金台夕照》一诗中云:

> 往事虚传郭隗宫,荒台半倚夕阳中。
> 回光寂寂千山敛,落影萧萧万树空。
> 飞鸟乱随天上下,归人竞指路西东。
> 黄金莫问招贤地,一代衣冠此会同。

诗人于夕阳的余晖照耀下,来到了传说是燕昭王为郭隗筑宫殿的遗址凭吊。问起当年的往事,路人纷纷向他指点东西,介绍情况。看到知道此事的人这么多,诗人不禁感慨万千:当初纵然不知道黄金台在哪儿的人,看见这么多穿着士大夫衣服的人赶路的方向,就能肯定黄金台的地方所在了。

能看到这一景象的人是幸运的。相反,更多的时候,人们只能因怀才不遇而抱憾终身了。元代诗人元泰的《黄金台》诗中就感叹道:"黄金买贵满长安,惆怅英雄布衣老。"满怀雄心壮志的人,纵然能够等到统治者礼贤下士的那一天,也已经衰老不堪,以一代百姓的身份老死了。类似的诗句还有明代曹勋的:"死骏犹当胜生驽,忍使神驹长伏枥。但能相皮不相骨,千金未敢轻一掷。"即便你是神驹,但因得不到重用,也只能长伏枥地忍着了。那些狗眼看人低的当权者不过是只"能相皮不相骨",没有发现神驹的能力。结果呢,"只今燕市多名马,贳酒何人典骕骦"(明代方文诗)了。于是诗人仰头长叹道:"昭代贤才登用尽,不须怀古动长吟。"(明代林环《暮过黄金台》)天下古往今来的贤士早在燕昭王的年代都用尽了,后人不必望着古人徒发伤感,自觉怀才不遇了。

在借黄金台典故发怀才不遇之感者,最著名的可能要算唐代的陈子昂了。他的《燕昭王》一诗言道:

南登碣石馆，遥望黄金台。
丘陵尽乔木，昭王安在哉？
霸图今已矣，驱马复归来。

此诗写于武则天当政时期。诗人随武后亲戚、一个对军事全然不晓的人北征。身为随军参谋的诗人曾多次献计，均被拒绝，以致被贬为军曹。诗人有感于燕昭王的招贤振兴燕国的典故，抒发自己胸中感慨。他借对起伏不平的丘陵上长满了乔木的景色描写，寄托着对现实的不满。乐毅事魏，未见奇功。但在燕国却做出了惊天动地的业绩。这是因为燕昭王的知人善任。征战的将领如此昏庸，怎能不让人为国运而担忧？"驱马复归来"，暗示了诗人于无奈中的归隐之情。诗人在平淡无奇的表述中，暗含了深广的底蕴。

然而，就算是得到重用又会怎样呢？还是在登临黄金台之际，明代诗人刘乾看到的是"黄金台上西日明，黄金台下磷火青。白虹直贯荆轲墓，芳草浑生郭隗营……"（《登黄金台歌》）。曾被燕昭王重用的郭隗、荆轲，在其身后不免凋零。郭隗的坟上长满了芳草，荆轲的墓更是简陋不堪，甚至壮士的粼粼白骨都暴露于风霜雨雪之中。"骏马有魂依郭隗，酒徒无曲和荆轲。于今最贱纵横士，莫倚荒台发诰歌"（明代张明弼《燕台怀古》）。陪伴郭隗于墓中的只有当年他驰骋的骏马。而荆轲，也只有当街喝醉的人唱诗来奉和他那"风萧萧兮易水寒，壮士一去兮不复还"的千古绝唱了。最惨的是那些谋士们，苏秦的风采已成过去，甘罗十三岁拜大夫也变成了往事，他们的身份已沦落到了社会的底层，不由地使人背靠着荒台倚天长叹了。

不过，也有不少诗人跳出了以往的窠臼，把振兴国家的眼光不仅仅局限在得几个贤士上，提出"养民以至贤，王业自此成"（元代刘固《黄金台》）。他们劝导统治者要注重人民的休养生息，施以仁政。这样，贤达的人士就会源源不断地涌现。否则，"黄金与山平，不捄兵纵横"。失民心则失天下。到那时，你纵然有高山那么多的黄金，也休想得到别人的救援。更有的诗人看清了统治者所谓重用人才的本质，控诉道："黄金得士若招士，士与黄金同轻重。招即来，挥即去，亡城七十存城二。……台高难量管乐心，古人莫以今人得。"（明代方逢年《黄金台》）在统治者的心中，人才的价值是用钱买的，所以用时就招来，不用时就抛弃。这就是统治者眼中的人才观！其揭露鞭辟入里，入木三分。至于开始时重视人才，一旦人家有了成绩后又听谗生疑而扼杀人才的统治者们则更是应该声讨的。"庶几王者师，一举平九垓，胡为后王愚，听谗生疑猜。大功弗克就，至今有余哀。"（明代方新《黄金台》）其实，统治者听信谗言的结果，只能是自己的事业受损失。可要真碰上不知孰轻孰重的人，贤士们就只好空余哀了。

时代发展到了今天，伯乐相马式的选才任贤方式早已显得落伍了。为了调动起千百万人的建设热情，社会应该创造一个宽松、和谐、平等的竞争环境，以使人才脱颖而出。这才是存在于人们心中的，真正意义的"黄金台"。

（五）"金台夕照"与金台书院

相传北京崇文门外也曾有过一座表示统治者礼贤人才的黄金台，位置大约在东晓市附近。

清代康熙年间，政府就在这里为孤苦贫寒的孩子开办了一所义学，学校的名称就叫金台书院。书院坐落在秀丽宜人的风景区，院址设在洪庄内。

洪庄是降清明将洪承畴的赐园，它占地宽阔，环境幽雅。义学创办之初，并无自己的学舍，只是租赁洪庄里的一些房屋。以后，京兆尹施世纶买下洪庄一些空地，扩建义学为书院。康熙皇帝特嘉奖洪家御书"广育群材"匾额。乾隆十五年（1750年）正式改名为金台书院。书院隶属于顺天府管理，学生主要是京师和各省准备参加会试、殿试的举人、贡生和顺天府的童生。书院院长多为有名之士，教学内容除官府规定的必修课程之外，还定期请一些学者讲学，主要是八股文、临摹法帖，间或讲授经书义理。每逢朔望之日，书院举行命题考试，由京兆尹亲临监考，并奖励优异者。如果发现出众的人才，即上疏推荐。

金台书院于道光二十二年（1842年）和光绪五年（1879年）进行两次大修。书院规模宽敞，布局井然。光绪三十一年（1905年）科举制度废除，金台书院停办，其旧址改为顺直学堂、公立第十六小学，1949年后改为东晓市小学，书院主要建筑保存至今。一处建筑历经三百年，始终为学校，这在北京的历史上是独一无二的。因此，从教育史的角度看，这所书院值得好好保存，一些旧有设施（如匾、牌之类）应该恢复。

在结束本篇之前，有一个问题还需交代一下，这就是"为什么黄金台建在日坛路东面一带？"

位于东城区（原崇文区）东晓市街的原金台书院大门

　　读周沙尘先生所著《古今北京》，从字里行间中领会出了一点堂奥。据说在清代，这里原来是镶白旗满、蒙军队的校军场。校军场中有一座石碑，上面用满、蒙两种文字刻有一段话，告诫满、蒙子弟振武兴邦，永保爱新觉罗的一统天下。此外，校场中还有个高台，称为金台，意思与石碑相同，鼓励满、蒙子弟刻苦锻炼，增强保家卫国的本领。这样，就可以得到赞扬，拥有物质上的极大享受。这样看来，在校军场中筑黄金台，与古人勉励能人脱颖而出的初衷是相一致的。同时，在此建台也就成为顺理成章之事。

　　然而，具有讽刺意味的是，镶白旗的满、蒙子弟们，并没有秉承祖训，而是和其他的旗人子弟一样日益走向腐败，以至在庚子年以后，这个旗人的校军场，竟成了帝国主义列强的公共射击场，日、英、法、意、美等国占领军，经常来这里打靶。场的四周虽然筑有围墙，但打靶时仍然有流弹飞出伤人，当地居民深受其害。尽管如此，"金台夕照"景观作为一处名胜，依然在历史上发生过一定的影响，以至于因为北京古称"燕京"，又建过黄金台，所以，北京的别名就叫"燕台"。细究起来，北京被称为燕台，是早在辽代就有了，可见其历史的悠久，而且辽代的北京（当时叫南京）就有黄金台。不仅如此，唐诗中也有多处提到燕台，如祖咏在《望蓟门》中就有"燕台一去客心惊"之句。到了金代，"金台夕照"被正式列入"燕京八景"，清代时，北京亦称燕台。乾隆在颐和园餐秀亭后石壁上就题有"燕台大观"四字，并赋诗一首：

燕台遥望淡烟濛，返照依稀禁御东。
是处人家图画里，一川风景夕阳中。

自 2002 年 12 月，"金台夕照"石碑于今朝外呼家楼京广大厦南侧出土以来，"金台夕照"景观的遗址争论算是有了最后的结论。地方政府对此极为重视，准备重新恢复这一遗址，不仅为本区增加一处名胜，更可以为其所在的商务中心区注入文化内涵，使黄金台不再是统治者发现人才的唯一途径，而是为海内外有识之士在 CBD 发展提供新的平台，使黄金台成为全社会重视人才，为人才成长创造平等竞争环境的象征。2007 年，"金台夕照"景观初步恢复，古老的石碑在摩天楼宇间显得更加古朴、深邃。

附：黄金台赋　[清]洪榜

溯旧闻于日下，征遗事于昭王。有燕台之故址，因郭隗而扬芳。百尺凌云，犹忆夫筑宫置馆；千金市骏，奚论于服皂飞黄。地以人传，当日之经营莫考；名因事志，后来之景慕能详。懿招贤之茂典，得致治之大方。碣石初开，匪黄金之足贵；望诸已至，洵骐骥之惟良。宁畏齐强，知故鼎将陈于磨室；谁见秦帝，岂地图敢问于督亢。惟斯台之不泯，抚往记而益彰。尔其排空万叠，拔秀千寻；参云杳杳，起雾沉沉。秋风易水之傍，斜连烟草；落日燕山之外，回出寒林。栖多太子之鸟，应疑柏列；荫有先公之树，最爱棠阴。当夫缁衣好笃，杕杜情深；群贤毕至，髦士相钦。陋楚国之章华，都那相礼；比周家之灵囿，蒙瞍论音。君歌臣赓，既式金而式玉；乐先辛后，胥鸣玉以怀金。是以人输忠荩，国获异才。连五诸侯之兵，直抵临淄而不阻；下七十城之地，仅余莒墨之未催。功则高于桓文，欲尽道量之极；业几同于汤武，方举大纲以恢。追寻故地，凭吊荒台。虽复基萦碧鲜，迹点苍苔。高坛埋于风雨，峻级圮于蒿莱。读乐毅之书，犹余想像；述燕昭之事，不禁低徊。此诸葛隆中抱膝，尤深其企溯；夏侯许下著论，遂表于新裁者也。彼夫铜雀徒夸，凌敞不度；望似通天，珍逾连璐。系以陆云之词，重之边让之赋。亦有握日通霞，栖鸾绕鹭。光衔消暑之珠，花发恒春之树。驰方士之所刑，竞求仙而不悟。孰若此台？动好贤之深思，发望古之余慕。方今圣化远服，文德罩布，辟吁俊之门，广书升之路。偃伯灵台之上，勋过三五之期；图书云台之中，人逾四七之数，彼霸国之遗风，岂千古之隆遇。

附记：本文转自清代汪启淑所著《水曹清暇录》。作者洪榜，己酉年拔供，戊子年举人，中进士后任内阁中书。学识颇优，命运多舛，英年早逝。所作诗文境致散逸，用句古雅。作者系汪启淑之女婿。

六、"秋影涵空翻雪练，更待西湖春浪阔"
——玉泉趵突

[八角鼓词] 红蓝百丈，缥缈仙乡，清明始见，小雪后藏。横雨脚，斜抱倒影覆山冈。屈环衔月魄，匹练遥从天际张。塔影山头起，钟声云外扬。穿云路，驾彩梁；映昆明，光千丈。余辉腾上下，晶彩流垂云水乡。雁影留天，天悬绣带，倒注玉泉傍。最难得，一抹斜阳新雨后，落晖遍照映波光。

燕京八景

（一）与北京人生活关系最密切的一景

在"燕京八景"当中，几乎没有哪一景像"玉泉趵突"一样，与北京城的关系那么息息相关，影响深远。"流从太液归沧海，高建恩波下九埏"。它不仅在北京园林艺术中占有极其特殊的地位，而且从过去至今天，它一直是京城的一个重要水源。昆明湖及城里什刹海、北海、中南海以及北京西郊各大名园，所有的水都是由这里发源。乾隆御封它为"天下第一泉"，不仅仅因为它的水质好，更因为它作为"生命泉"的重要作用。当然，这个第一也与他这个享用者的"第一"密切相关。皇帝喝的总不能是"天下第二泉"吧？

玉泉山在颐和园的西部。从颐和园经过，去香山的路上，走到青龙桥时再往西南去，就是玉泉山了。它是西山东麓支脉上的一座山。它的东边是颐和园的万寿山，西边是蜿蜒如黛的西山群峰。玉泉山位于西山山脉的心腹地带，平

明代以前的玉泉山山景

地突起，主峰海拔 100 米，高出地面 50 米，两侧峰拱伏南北，状如马鞍，是北京西郊的风景名胜地。这里流泉密布，泉水清澈，晶莹如玉，故称玉泉池，山也因此得名。

据《宸垣识略》记载："玉泉山土纹隐起，作苍龙鳞。沙痕石砾，随地皆泉。山阳有巨穴，泉喷而上，淙淙有声，或名之'喷雪泉'，有御书'玉泉趵突'四字，为燕京八景之一。"这块御书碑和乾隆御制、大臣汪由敦书写的《玉泉山天下第一泉记》分列泉水两边。这一眼泉水流量最大，位于玉泉山的西南麓。泉水从石洞中涌出，自上而下，宛若流虹，"玉泉垂虹"由此而名。金章宗时期已有此名，并将其列为金代的燕京八景之一。元代陈孚、明代金幼孜均著有《玉泉垂虹》诗。明代邹缉在图说中云玉泉山："泉逶迤曲折，蜿蜒然其流如虹，故曰玉泉垂虹。"清代，康熙年编《宛平县志》改"玉泉垂虹"为"玉泉流虹"。但是乾隆多次观察后，认为泉水是从石缝

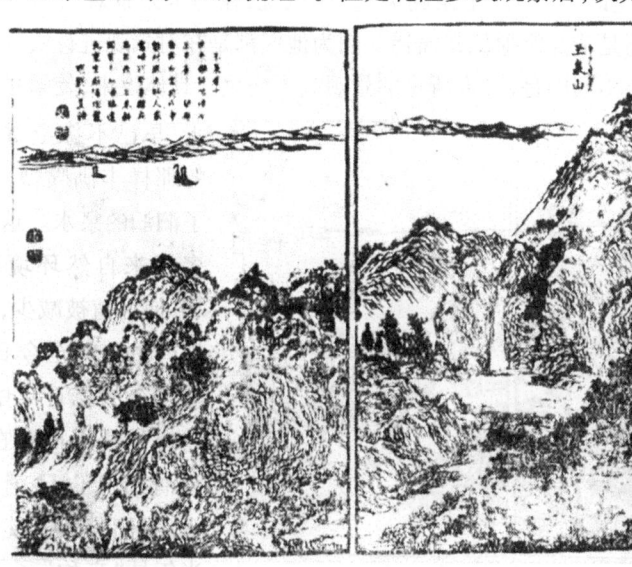

清代的玉泉山景色

"水之德在于润生"。玉泉山的"天下第一泉"滋润了周围的土地,生长出的树木、花草格外鲜丽。这是玉泉山周围春色满园的优美景色。

中流出,并没有形成瀑布,不能称为"玉泉垂虹"。因为泉水"喷雾如珠",很像济南的趵突泉,于是改其名为"玉泉趵突"。应该说,在为玉泉景观命名的问题上无论是金章宗还是清高宗他们都没错。因为他们都是在对景观进行实际考察后才做的结论。所不同的是,二人所见的景观起了变化。具体说来,乾隆见到的泉水,早已不像金章宗所见的那样丰满喷薄,而是成了汨汨的泉水。这是由于多年来自然环境遭到破坏,使得植被减少,水土流失严重。时至今日,从乾隆至今的二百年中,不但趵突翻涌不再存在,就连涓涓细流也已消失。对此,我们当然不能说乾隆当年是"妄称"了。对此,近代学者林琴南的《游玉

清朝嘉庆年绘制的静明园(玉泉山)全景图

泉山记》，表述可谓客观："旧曰'垂虹'，实则仰出，而非下垂。泉眼优丛石下，虽盛沸而沉沉无声，明漪绝底，累累咸见细石。去泉寻丈外，多荞荮而弗除，若鱼沫，珠如泡如，则名曰趵突称也。"

乾隆皇帝曾按照陆羽《茶经》的有关知识，以水的轻重来衡量水质，轻者优，重者劣。经过仔细品评，缜密称量，把天下名泉的水进行比较的结果，济南珍珠泉每银斗的重量是一两二厘；扬子江的金山水一两三厘；惠山虎跑泉重一两四厘；平山水重一两六厘……只有玉泉、伊逊两地之水重一两，水轻质甘气美（一个称水重量的银斗，居然能精确到一、二厘的细微差别？其可信度令人怀疑。其中不排除有投皇帝所好者暗中做了手脚的可能）。从此，玉泉水定为清宫专用御水。乾隆还作诗赞誉道："玉泉昔日状垂虹，史笔谁真感慨中。不改千秋翻趵突，几曾百丈落云空！廓池延月溶溶白，倒壁飞花淡淡红。笑我亦尝传耳食，未能免俗且雷同。"

虽然我们不能说，古人用重量来鉴别泉水质量好坏的标准不对，但在缺少精密度量仪器的情况下，很难精确把握重量间的细微差别，从而对质量评判的可信程度产生怀疑。但现代科技表明，玉泉之水富含人体所需的矿物质，是人

玉泉山上的琉璃塔，位于玉泉山主峰西坡，与颐和园万寿山上的琉璃塔相似。塔下为东岳庙和圣缘寺建筑。此塔在该寺的第四进院落内，塔下方为该寺的围墙。

类健康的有益饮品。

玉泉山的泉水丰沛，从前泉眼很多，几乎处处皆泉。除"玉泉"这最大的一组外，山的东麓还有裂帛泉和龙泉，也是较大的泉眼。环山和山上还有很多小泉眼，出水量也很旺盛。由于诸多泉水的存在，所以形成了一些大湖、小湖，乃至池塘。丰富的泉水资源，滋润了周围的植物。各种花木生长旺盛，形成美丽、清幽的自然风光。从辽代开始就已建起了北京西郊最早的皇家园林——玉泉山行宫。金章宗完颜璟曾在中都的东北郊（如今的玉泉山一带）修建了一座行宫——芙蓉殿。具体位置可能在玉泉山的南坡，玉泉附近，作为避暑宴游之所，"玉泉垂虹"作为八景之一也已远近闻名。

元世祖至元年间，在玉泉山修建了昭化寺。明英宗于正统年间敕建了上、下华严寺。两寺于嘉靖二十九年（1550年）被蒙古瓦剌军烧毁。华严寺迤东半里有金山寺，旁有玉龙洞，泉水自洞内流出，即龙泉。其上有望湖亭，在明末时已不存。此外还有看花台、卷幔楼等风景点。明代的玉泉山，一直是北京西北郊的一个重要的旅游风景区。明亡后，清朝的康、雍、乾三代，在北京城的西北郊掀起了大规模的造园活动。一些大型的皇家园林和离宫别馆都营建于这一时期。清顺治二年（1645年）玉泉山改名为澄心园，康熙十九年（1680年）将玉泉山进行扩建，原有建筑也油饰一新，改为行宫。三十一年（1692年）改名静明园，变为皇家独占的园林。乾隆时又进行了大规模的扩建，将玉泉山及河湖全部圈入园墙之内，十八年（1753年）基本建成，命名静明园十六景。五十七年（1792年），全园又进行了一次大修，此为玉泉

位于玉泉山南侧的龙王庙，庙西南即为玉泉湖，庙正南为"天下第一泉"——玉泉泉眼。（1933年摄）

96

玉泉山妙高塔内的佛像

山建设的极盛时代。

玉泉山之水不仅滋润了周围的山林花木，装点了这里的楼阁殿堂，而且在清朝乾隆年间，还参与形成了京城的供水系统。进入清朝，玉泉山水的作用越来越大。它不仅要供给玉泉山、颐和园、圆明园等诸多园林的用水，而且还要作为沟通大运河的通汇河的上源。为此，于乾隆十四年（1749年）冬，在扩建静明园工程中，疏浚了玉泉山西面的含漪湖，南面的玉泉湖，东面的裂帛湖、镜湖、宝珠湖及其水道，并连接香山一带零星泉水，形成以玉泉山、昆明湖为主体的可调节控制的供水系统。

（二）玉泉山的建筑特色

玉泉山的建筑共有两个特点。一个特点是因为大湖、小湖乃至池塘较多，因此，建筑大多围绕这些水面建构，或与水面相呼应，构成相互紧密结合，变化多样的组合；另一个特点是，玉泉山的建筑大多具有较强的宗教色彩。

首先，介绍一些具有代表性的临水建筑。进东园内，可见五间正殿的含辉堂，往南的山脚下，有一汪碧波荡漾的池水，这就是著名的裂帛湖。湖水自围墙墙根下的闸口流出，由高而下，嘶嘶作响，很像撕裂锦帛的声音，裂帛湖由此而得名。清音斋——也就是在湖畔欣赏泉水之声的三间平房，就静立在湖的北岸。附近还有"含晖堂"。湖的西岸，有一块巨大的石头卧在水中。由于临水潮湿，上面长满了青苔和绿草。巨石上刻有乾隆手书的"裂帛湖"三字。一座六角攒尖的琉璃小亭，就静卧在巨石之下，与这绿池碧水日夜为伴，同时也成为裂帛湖的标志性建筑。沿湖东岸南行，有座石砌小桥，掩映在参天松

晨雾中的玉泉山静明园：薄雾从水面上弥漫开来，远处是佛塔的婀娜之姿，近前是绿树掩映中的亭台楼阁——谁能说这不是传说中的人间仙境呢？

柏、古木蔽日的浓荫当中。再往前，就是曲幽的山径了。此处就是玉泉山十六景之一的"裂帛湖光"。这是一座自成一格的别致、幽邃的小园林。湖水流经园东墙闸口注入玉河流往昆明湖。

玉泉湖中心为全园建筑的精华之地。北临玉泉湖，是南宫门内两进整齐对称的院落。前进院落正殿七间，名"廓然大公"，东西配殿各五间；后进院落殿名"涵万象"。这两进院落是园内的宫廷区。它所面临的玉泉湖是园内最大的一处湖面。东西宽约150米，南北长约200米。湖中布列三岛。当中大岛上的正厅名"乐成阁"，与北临玉泉湖的宫廷区正对面。相传这里是金章宗芙蓉殿遗址，故景题为"芙蓉晴照"。玉泉泉眼在湖西岸，即"玉泉趵突"景观所在。泉北为"竹垆山房"，是仿无锡惠山"听松庵"所建。西岸山坡上还有"开锦斋"和"赏遇楼"两处小景点。

湖的北岸有一组园中之园——翠云嘉荫，西半部临湖的两进院落为"华滋馆"和"翠云堂"。依山傍水而建的华滋馆，古木苍翠，景物殊幽，全殿楠木结构，是乾隆皇帝为自己建造的行宫，由中、后殿和寝宫组成。建筑周围竹篁丛生，两株古木已有上千年，依然竞秀，所以题为"翠云嘉荫"。它东部的小庭院之中，曲廊粉垣环抱着山石水池，四周建筑命名为"湛华堂"、"甄心斋"，环境十分幽静。园内西部是由山的侧峰构成，山麓有"迸珠泉"，附近河道萦回，上架"垂虹桥"，以西都是水田，颇富江南水乡情趣，此景为"溪田课耕"。西山坡上有"漱芳斋"、"澄明宇"、"福地幽居"和"绣壁诗态"、"圣因综绘"等几处散布的景点。

园内东部，构成以镜影湖为中心的一座水景园。镜影湖宽9米，长22米。北岸楼阁廊榭，高低错落，曲折围合。所长植物多为竹篁，故题景观为"风篁清听"。湖

裂帛湖及湖畔凉亭

东岸有水榭"延绿厅"和船坞，此景叫"镜湖涵虚"。沿湖岸还有"分鉴曲"、"写琴廊"，向南直达"试墨泉"。镜影湖再往北，就到了另一湖——"宝珠湖"。湖因宝珠泉得名。西岸有"含经堂"、"书画舫"，游人可从这里沿着山道登至山顶，上有"清妙斋"等建筑。"峡雪琴音"是跨涧架岩构筑的两进院落，为观赏山泉景观的好地方。附近山间还有数座山亭点缀。

园内的西部，有一略小于玉泉湖的水面，名为"含漪湖"，湖北岸临水建有"含漪斋"和游船码头，山上还有"崇霭轩"等建筑。"采香云径"景点也在山上。

其次，再来谈谈玉泉山的宗教建筑。这里的宗教建筑以佛教的寺庙和道教的宫观为主。为什么要搞这些建筑呢？这是由于，乾隆当年施工之际，就想把这里建成天下名山的缩影。因为这里的泉水天下第一，山景自然也应第一。"山不在高，有仙则名"。寺庙宫观正是神仙们居住之地。"有了梧桐树招来金凤凰"所以，才营造了这里浓厚的宗教气氛。

燕京八景

"玉泉八景"之一的"玉泉塔影",位于玉泉山南麓。此为玉泉山第三峰,仿镇江金山妙高峰江天慈寿塔而建,为北京城地理位置最高之塔。

玉泉山主峰上的香岩寺、普门观和仿镇江金山塔的形制而建的八角九层琉璃塔——玉峰塔,是一组依山势层叠而建的佛寺建筑。尤其是玉峰塔,既是颐和园借景的主要对象,又是玉泉山静明园的制高点。玉峰塔中空,有旋梯可以登临,极目环眺,远近的湖光山色、平畴绿野、村舍田园尽收眼底。其选址、造型与山形完美结合,是以建筑物衬景极为成功的范例。

明代的上、下华严寺遗址就在香岩寺以南的山坡上。明末被毁后,此处现留有罗汉洞(洞内刻有五百罗汉)、华严洞(供有观音像),以及伏魔洞、水月洞、资生洞等。

园内最大的一组建筑群,也是宗教建筑——东岳庙,位于园内的西区。这里,地面开阔平坦,适宜大型建筑的建造。东岳庙坐东朝西,山门前有三座牌坊围成的广场。前殿"仁育宫",内供东岳大帝,后殿"玉宸宝殿",内供昊天至尊、玉皇大帝、玄穹上帝塑像。后罩楼名"泰钧楼"。

在东岳庙的南侧,有一座佛教的"圣缘寺",较东岳庙规模稍小,轴线上

玉泉山顶的藏式佛塔，建于清代，说明了当时的统治者对藏传佛教的重视。

前有山门、天王殿，后有"能仁殿"、"慈云殿"，殿后庭园中有一座琉璃塔。东岳庙的北邻有一座"清凉禅窟"，为宗教味十足的精美小园林。内有亭台楼榭，曲廊假山。

著名的玉泉湖北侧，建有龙王庙，为祭祀水中的龙王而建。传名久远的吕祖洞就在附近的山坡上。此洞元代已有，洞内宽敞幽深，内供吕祖像。此处据说是吕洞宾来往人间的居住处所之一，所以取名吕祖洞。后在此洞前建了道观真武庙，乾隆更御题"辰居资佑"四字。

在真武庙的南面，还有一座"双关帝庙"，御书"文经武纬"。明、清两代，关公被封为伏魔大帝。所以，乾隆年所建的华严寺下三洞中，特意建有"伏魔洞"，内供关公像。此外，周围还建有罗汉洞、水月洞等，供奉石刻观音和面目狰狞、令人生畏的高大石神。湖两岸的建筑背山临水，与山顶的华藏塔上下掩映，风景动人。

玉泉山还有一个特点，就是老树极多。在这里，金元以来的老柏、老松等，在清朝时还比比皆是。以至即使在下火般的炎夏，这里也是浓荫四覆，丛树繁茂，蔚然成林，照人俱绿。据说有的大树都能遮荫亩许。林琴南在《玉泉山记》中说："松与柏合，荒青老绿，虽善画者，莫有其状。"可见玉泉山当年的情景。更为惊奇的是，静坐在这万籁俱寂的松柏林中，眺望不远处昆明湖的一线波光，似空中的瑶池一般具有迷人的神韵。

（三）玉泉山的传说

  北京的老百姓对玉泉水感情很深。一方面是因为，乾隆把玉泉山湖光山色圈入御园供他一人享受以前，老百姓不仅可以前去游玩，甚至许多人祖祖辈辈都住在这里；另一方面，是因为前面提到的，它是北京城的主要水源，生命之源。自古以来，人们提起玉泉山的水，就从心底产生由衷的爱慕和感激。以至创作出不少传奇的故事。

  据说在玉泉水池里，还有一座和玉泉山上的玉峰塔一样的半截塔。说它是半截塔，是因为它的半截露出水面，半截淹在水里。老辈人管它叫"镇河眼石"。说是最怕露出水面的塔尖上挂水草，如果挂上，玉泉就会暴涨，以至淹了北京城。奇怪的是，好多年了，塔尖上从来没有挂过水草，总是水涨塔也涨，水落塔也落。原因是塔下面有一条驮塔黑龙，是它在保护着北京城。有一年，乾隆来观赏玉泉时听说了这个故事，于是就让人往下挖，看看到底有没有黑龙。皇帝的旨意工人不能不听。于是就放干了池水，一锹一锹地挖了起来。等到挖到塔的第五层时，发现石壁上写着两行字："你不伤我，我不伤你。"工人不挖了，怕遭报应。可乾隆不信，自以为是真龙天子，天不怕地不怕。可是等挖到第七层（一般佛塔都是七层，也就是说快到底了），乾隆真的害了怕。因为塔身上又写着两行字："玉泉山下一眼泉，塔露原身天下反。"乾隆一见大吃一惊，真怕因挖了石塔而天下造反。于是，他让人把挖出来的泥土再填回去，自己亲题了"天下第一泉"，还请来和尚念了三天经，烧香还愿，祈求黑龙赐福。打那以后，玉泉之水就成了神水，据说能治百病。

  与这个《天下第一泉的来历》一样，《高亮赶水的故事》也很著名，说的是明代燕王建都北京，不知道选址何处。一天夜里，燕王和他的军师刘伯温在沙河南门外往南瞧，只见一片金光，于是决定就在金光闪亮处动工。可就在这时，要建城的地方闹开了大水，刘伯温请来了托塔天王镇水，水里的龙王知道托塔天王不好对付，于是赶紧搬家。就这样，施工处断了水源。于是，刘伯温派一个叫高亮的山东大汉前去追赶。高亮催马扬鞭，一口气追到了京西，终于追上了老龙王。高亮请他给点水喝，老龙王就是不给。高亮一气之下，举枪就扎。由于用力过猛，一枪扎到了左边的水篓。"噗"的一声，水流了出来，平地成河，高亮也在西直门附近被淹死了。老龙王就挑着另一担甜水继续跑，到了玉泉山时就走不动了，只好把水篓扔在了玉泉山。从此，玉泉山有了大泉眼，水"咕咚咕咚"地往外冒，清甜可口。这不仅保证了日后的宫廷园林用水，而且也增加了农田灌溉用水。用玉泉山水浇地的麦稻，格外的香甜。

由于高亮赶水有功，京师卖水权就交给了山东人。离玉泉山最近的西直门，便成了专门进出水车的专用门。据说西直门瓮城门洞中，刻有汉白玉的水纹石雕一块，这就是京人皆知的"西直水纹"。在清代，进西直门的运水车大多不是给老百姓送水，而是直接运往皇宫的。虽然紫禁城内本自有着丰富的水源，共有水井七十二眼。可被视为"地煞"，皇帝不饮用。为此专用毛驴拉车，从几十里外的玉泉山往皇宫送水。当时的交通不便，车进城的时间也不好定。那时候，北京城门一般晚上十点就关，一般人不准出入了。可这水车来到时，城门却要开启。这些水车上插着一面小黄旗，专在道路中间走，连上朝的文武大臣遇到，也要给它让路。溥仪退位后，虽然照旧从玉泉山拉水，可这些水车却不那么威风了。尽管如此，他们晚上进西直门时仍要为其开城门，而且小旗子照插。

上述两个故事，一个是说玉泉山水的来历，一个是说它对城市生活的作用。除了这些传说以外，还有许多关于玉泉山的诗词，成为后人进一步领略玉泉山魅力的参考。

首先是描写玉泉之水的诗句，像"跳珠溅玉出岩多"（明代曾棨《玉泉垂虹》）、"嶂雾岩云涌玉泉"（明代邹缉《玉泉山》）、"跳波溅石碎珠圆"（同上）、"浮花溅玉落崔嵬"、"玉泉神瀵涌不息"，等等。有写玉泉山景色的："秋影涵空翻玉练，晓光横野落银河"、"泉流树色镜中悬，却带西湖连内苑"、"寺前杨柳绿阴浓，槛外晴湖白映空"、"路傍孤亭颜望湖，湖光非做临安图"、"山高水流望不尽，此亭凭眺如乘桴"，等等。

（四）"玉泉啤酒汽水公司"与"玉泉山旅游中心"

1924年，清朝被推翻后的第13年，玉泉山开放成了公园。民俗老人邓云乡，在晚年追忆起自己少年时在玉泉山游玩时的情景，仍然激动不已：

玉泉山真是美极了，这里有北京西郊各大名园，以及城里各处海子的生命源泉。此外，还有美丽的塔影。康熙年间的十六景就有"玉峰塔影"，这一景就是今天在昆明湖上映着波光所见到的塔影。玉泉山的著名景致——玉峰塔影，有山、有塔、有水。此外，玉泉山还有好多好玩的地方，如澄照洞、资生洞、高水湖等等……。

玉泉山开放成公园，不仅使更多的人可以领略这里的湖光美景，而且为玉泉山优质泉水的开发利用提供了机会。早在1913年，一位来自南方的商人朱克赓，就在玉泉山脚下创办了玉泉啤酒汽水公司，打破了皇家独占玉泉水的局面。公司占地十余亩，苇塘五顷，于1917年投产，生产大批的饮料、啤酒，投放北京市场。与此同时，朱克赓还创办了"玉泉旅游中心"，筹建公路、车站，以及供游客食宿的旅馆等多种服务设施。1918年3月，第一条通往玉泉山的京西公路试通成功。由于交通方便，往香山各处风景游玩者络绎不绝。

朱克赓本想在昔日皇苑静明园内修建旅游旅馆，但受到逊清皇室的反对，于是改在万寿山东宫门外以东至二道桥之间的空地上建筑旅馆，并按年向步兵统领衙门交纳地皮租金。为方便外国人游览，旅馆内还设置了翻译，十分方便。

由于逊清皇室得到"皇家优待条件"的照顾，他们仍然拥有颐和园、玉泉山等地的占有权。朱克赓事业之始，还需要皇室的支持，但随着他的事业逐渐强大，他想完全摆脱皇室的租佃关系，独揽玉泉山的旅游事业。他提出：园内所有应修之处，由该公司随时措资修补，条件是"所有售票事宜，即归敝公司办理"，并先期向皇室支付租金。

平心而论，朱克赓还真算是一位办实事的企业家。可在那商品经济极不发达的条件下，加上封建意识浓厚，他的主张很难贯彻实行，以致后人如果不是查阅当年的历史档案，很难知道几十年前北京就曾出过一位在近代旅游发展史上做出过突出贡献的实业家。

玉泉山开放成公园的计划未能实现，还是因为连年战争，人民生活困难。连饭都吃不饱，谁还有闲钱去逛公园呢？

需要强调的是，由于玉泉山水源丰富，清代成为皇家园林之后，负责园林

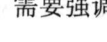
燕京八景

管理的奉宸苑专门成立了玉泉山稻田场。据《清会典》记载，乾隆年间，功德寺（即玉泉山）共有各种水田7顷44亩，雇用附近农民耕种，所产稻米主要供应宫廷。此外，在皇家园林区内的其他地方，如六郎庄、北坞、蛮子营、黑龙潭等处的水田，则完全交给当地农民耕种，每年由稻田场征收租银。其余的旱地菜园地、房基地、荷花池、湿地等也租出去，岁收租银。

（五）1976年见证历史

水之大德在于润生。

1976年10月，在这里召开的重要会议，更让玉泉山再次成为给人民带来润生之机的重要之地。

这年的9月，叶剑英元帅来到这里。但他此次前来，并不是为欣赏碧障云岩和荡漾清波，而是为了躲避"四人帮"对他的监视。在以后的几天中，每到夜深，他都要正襟危坐在写字台前，陷入深深的思索当中。白天，他深居简出，闲庭漫步，读书吟诗，沉静如常，但内心却一点也不平静。他亲自检查周围环境和门窗是否关闭上锁。他还规定，除秘书一天两次送文件外，谢绝会客，包括子女在内，没事不上山，不要来打扰，以便集中精力思考。

10月6日晚，叶帅结束了数天的思考，提前用过晚饭，带着警卫参谋下山了。此时，只见晚霞飘动，西山落日向后面迅速退去，红旗牌轿车抄近路直奔中南海。

20世纪70年代初，林彪以战备为借口，将一大批中央领导迁往外地。从此，朱老总永远地离开了中南海。这是他回京后居住在玉泉山期间，迎着东方升起的红日锻炼身体，与他为伴的是玉泉山高耸的佛塔。

正是在这天的夜晚,叶剑英和华国锋坐镇怀仁堂,一举粉碎了"四人帮",宣告了"十年动乱"的结束。

当日深夜,全体在京的政治局委员齐上玉泉山,来到玉泉之畔的九号楼。九号楼宽敞的大厅里灯火辉煌,充满了紧张热烈的气氛。由于紧急开会,内容保密,事先毫无准备,因此,会议的布置非常匆忙。在由客厅临时改成的会议室内,从各个房间搬来的沙发、椅子围成一圈,在叶剑英和华国锋的沙发前摆着茶几,充当会议桌。

在这次中央政治局紧急会议上,叶剑英报告了粉碎"四人帮"的经过。与会人员听到这一振奋人心的喜讯后异常激动,有些人流了泪,互相握手拥抱,拍打着肩膀,有的激动得心脏病复发。会议一致通过华国锋任党中央主席、军委主席,并商讨了党和国家面临的重要任务。

1976年,叶帅住在周恩来生前住过的玉泉山九号楼,参与组织和领导了粉碎"四人帮"反党集团的伟大斗争,并于10月6日晚,在这里主持了中央重要会议。

会议从6日晚上10时一直进行到次日早上4时,整整一个通宵。当晨雾再一次在水面上弥漫,朝阳露出红光之际,叶剑英大步走出九号楼,站在青松翠柏之间,不禁吟起李贺的《乐辞》来:

炎炎红镜东方开,
晕如车轮上徘徊,
啾啾赤帝骑龙来。
……

七、"河中孤月荡寒辉" ——卢沟晓月

[八角鼓词]水阔青山静,天空皓月明。这卢沟,本是利涉通桥济客行。长途来往任西东,平见之时多佳景。并无世俗扰攘意,只有那,玉夜清明、明晓月,照着这,石栏以上,大路之中。雁唳平沙净,鸟啼树影横。长空云影淡,虚自露华浓。但只见,炊烟起处村将曙,茅店鸡声客未行,几处疏钟鸣远寺,一湾图画写泥城。看起来,胜景名区,总在帝京。

几百年来,出广安门一直往西,走过漫长的三十来里黄土古道,多少人慕名来到永定河边,观赏有乾隆御笔题碑的"卢沟晓月"景观和天下闻名的卢沟古桥。

关于"卢沟晓月"的景观,各种读物中,大多只有一篇极短,且语焉不详的简介:"卢沟晓月,碑立于卢沟桥头,由乾隆题写。卢沟桥拂晓晨景,斜月低垂,晨霭苍茫;西山

位于卢沟桥畔的"卢沟晓月"石碑。周围的石柱及顶上残破的椽子,可以想见当初是被罩在一个亭子里的,只是民国以后才逐渐颓败。

诸峰,笼罩轻烟;古桑干河,晓雾蒙蒙。如同一幅月色迷离的画境。"(《北京百科全书》470页)在这里,作者的描绘不能说不生动,尤其简练,但几乎到了不知所云的程度。比如,人们怎么会想到跑这儿来看早上的晨雾和低垂的斜月?什么时候开始想到看的?怎么看的?这有什么意义?为什么叫"晓月",而不叫夜月、初月、中秋月?晓月与卢沟桥是什么关系?为什么晓月与卢沟桥结合在一块就成一景?乾隆皇帝怎么会为它题碑?卢沟晓月为什么这么有名……?

人们对卢沟晓月的诸多不解，促使着人们去寻找详尽的、令人满意的说明。为此，让我们先从了解永定河开始。

（一）卢沟桥：进出京师的重要路径

卢沟桥横跨的永定河在宋、辽、金、元、明各代，均叫卢沟河，又称浑河。桑干河自山西雁北东流，从太行山脉间流出，又急又浑，常常改道，古称无定河，又称浑河。康熙三十七年重修卢沟桥，改河名为永定河。而卢沟河的范围，据《宸垣识略》记载："卢沟河旧自宛平县东，经大兴县南，至东安、武清入白河，即桑干古道也。亦称黑水，水色最浊，其急如箭。"三百多年前，明代的青藤山人徐文长，曾有一首咏卢沟桥的竹枝词吟道："沙浑石涩夹山椒，苦束桑干水一条。流出卢沟成大镜，石桥狮影浸拳毛。"

北京西拥太行，东环大海，中间地势形同孔道，自古以来就是联系华北大平原和蒙古高原与东北地区的必由之路。卢沟渡口正处在这条孔道和永定河交叉的地方，自古称为咽喉要津。到了金代，兴建中都城之后，这条南北大道的重要性更加突出，有人记载说，卢沟桥渡口，"两岸多旅舍，以其密迩京师，驿通四海，行人使客往来络绎"。早年的永定河，水面宽阔，水流湍急，水深近丈。北宋以前，人们在这里设置浮桥或木桥，以便利行人和商旅。据《新唐书》记载："自桑干水底芦思台，行八百里，渠塞不可通，挺欲通漕至卢沟桥，过于宣大，以出蓟辽。"可见，唐代就有了"卢沟桥"这一称谓。宋人张舜民的《使辽录》中，也提到卢沟桥："过卢沟河，伴使云：恐乘桥危，以车渡极安而速济。"宋朝使臣许亢宗在出使北国后写的《宣和乙巳奉使行程录》中，描述了他在卢沟渡口的见闻："过

元人所绘《卢沟桥运筏图》，描绘了卢沟桥上下的热闹景色。

卢沟河，水极湍激，燕人每候水浅深，置小桥以渡，岁以为常。近年，都水监辄于此河两岸造浮桥，建龙祠。"到了金代，它在政治、军事上的作用更加重要。同时，它还是南来北往的商旅必经之路。一直对中原抱有吞并之心的女真统治者，更是要求确保这条通往南方的交通大道畅行无阻。因此，在卢沟河上建造一座在洪水期也能畅通无阻的大桥，是势在必行。

金大定二十五年（1185年），卢沟河洪水泛滥，决口于上阳村。金世宗令中都城周围300里以内的民夫前往堵塞决口，但未能奏效。又过了三年，世宗下诏说，卢沟桥乃"使旅往来之津"，令建石桥。但是这项决定还未来得及实施，金世宗就死了。

民国初年卢沟桥上的饭摊。简单粗糙的吃食，标志着当时人们普遍的生活贫困。不过这也证明着当时的卢沟桥仍是外地人进京的主要门户，尤其是大多数穷人无钱坐火车的情况下，步行或赶车进城，仍然是主要的交通方式，而桥头的吃食摊，自然成为路上歇腿、吃饭的地方。

金章宗继位后，先是决定造船只以摆渡过往商旅，继而"更命建石桥"，明昌三年（1192年）石桥建成，命名为广利桥。接着，在大桥东西两岸营建了廊舍，以方便过往官吏和商人。明正统九年（1444年）和康熙三十七年（1698年）重修，赐名"永定"。乾隆十六年、三十九年又修，均有文敕碑，桥头建亭覆之。

桥共十一孔，全长266.5米，宽7.5米。桥墩为船形，石桥基础由多层石板砌成，石基厚达两米多，有铁柱穿透，上下游都宽出桥墩一米多。桥墩分水尖上装有三角铁柱，可以击破河水化冻时撞击桥墩的冰块，人称"斩龙剑"。每当春季，从上游来的融化冰雪，使水势狂涨，夹杂着大量冰块顺流而下，凶猛地冲撞桥墩，建桥工人于是在迎水流方向的桥墩修成三角形柱，就像尖尖的船头，将迅猛而来的冰水分开，减少冲力。为提高其分水的坚硬性，又在分水尖上加上三角铁柱，有效地减少了冰块对桥墩的冲撞。桥上两侧石雕护栏的望柱共281根，柱头刻大小石狮，千姿百态。北京有句流行的歇后语："卢沟桥的狮子——数不清"，形容狮子之多。桥西头是两只石象，用头顶着最后的石栏杆，造型十分有趣。马可·波罗称赞"它是世界上最好的，独一无二的桥"。

（二）"卢沟晓月"和"卢沟晓月"碑

自卢沟桥建成之后，桥上车马匆匆，往来不断。"桥下水，水长流，桥上客，纷如织。"当年卢沟桥附近遍设客馆驿站，除进京的一些仕宦商旅到此居住一夜，次晨迎着朦胧月色往京城之外，出京的一些人们也常在此与至亲好友话别，"落日卢沟桥上柳，送人几度出京华"，这是金人留下的名句。

在中国古代就有商旅早行的传统。俗语云："未晚先投宿，鸡鸣早看天。"唐代温庭筠的《商山早行》就记载了这样的情景："晨起动征铎，客行想故乡。鸡声茅店月，人迹板桥霜。槲叶落山路，枳花明驿墙。因思杜陵梦，凫雁满回塘"。这首诗真切地反映了过去一般旅人的共同感受。清晨起床，旅人忙

《商山早行》诗有言："鸡声茅店月，人迹板桥霜。"描绘的是冬天的早晨，旅客天未明时就已起身，踏着满地的霜雪，伴随着阵阵鸡叫上路了。（此图为杨柳青木板传统年画）

着套马、驾车，旅店内叮当作响。由于交通困难，人情淡薄等许多原因，人们往往怯于远行。下面的两句"鸡声茅店月，人迹板桥霜"，写出了道路辛苦，

燕京八景

羁旅愁思，音韵铿锵，意象具足，实为难得。这十个字代表了十种景物，写早行情景，宛然在目，确实称得上"意象具足"。后两字写刚刚上路的所见，诗人始终没忘"早行"二字。同时早行的景色，又使诗人想起昨夜梦中的故乡景色，补出了在茅店思家的心情。早行之景与早行之情，都得到了完美的表现。

古往今来，无论进京或出京的仕宦商旅，卢沟桥多为必经之地。这里的"晓月"为景，也是从"行旅"和"送别"引起的。元、明、清以来，进出京城，有百分之八十的人都是走彰义门（即广安门）和卢沟桥。从南方北上进京的人，最后一站是长辛店，住一宿，五更起身进京，过卢沟桥时，正是东方欲晓，残月在天之际；出京的人，起身一般都很早，丑末起身，从城内走到卢沟桥，也正是晨光熹微之际。送别的人，还在此等候，临风话别，晓星已没，淡月有痕，便有说不尽的惜别之意。如果是谪宦、丢官、降职和赶考不中的落魄之人，那会倍感凄凉。回首京师，如在天上；长桥大道，冷月西风，河声凄咽，老马悲鸣。"浑河东去日悠悠，斜月偏宜入早秋。曙色微涵波影动，残光犹带浪花流。疏钟欲渡千门晓，匹马曾为万里游，题柱漫劳回首处，西风零雾满貂裘。"在茫茫晨曦之中，人行桥上，凭栏远望，只见月明星稀，浑河如线，岸旁树木郁郁葱葱，远处青山隐约可见，令人难以忘怀。

在中国古代，折柳送别的习俗源远流长。人们离别京城长安，送行的人在灞桥分手，以"折柳"的形式赠别。柳，古人认为有避邪的作用且和"留"谐音，又表达惜别之情。送行者以柳条相赠，暗寓旅途平安之意，表示了一种祝福。北京的卢沟桥也是送人出京的折柳赠别之地。金朝诗人赵秉文，在他的《卢沟》一诗中就有"落日卢沟桥上柳，送人几度出京华"的句子。元人李源道《燕中怀古》诗也说："说似卢沟桥畔柳，安排青眼送将归"；明朝钱薇《卢沟桥西村庄诗》云："落日远山明断塔，暮烟衰柳带余晖"；清朝纪晓岚《送郭石洲归洛阳》诗中也提到："风起卢沟万柳斜，河梁欲别晓啼鸦"等等，这都说明卢沟桥一带确有不少柳树，同时，古人亦不乏于卢沟桥畔折柳赠别的情景。石桥修建之前，这个渡口水流湍急，两旁多旅舍，折柳送别，霜晨晓月自古有之；石桥修建之后，卢沟石桥和卢沟河水构成中都城南一景——卢沟晓月。明代邹缉跋题《北京八景图》称："石桥以其密尔京都，行人使客，往来络绎，疏星晓月，曙景苍然，亦一奇也。故曰卢沟晓月。"同代诗人顾起元写的七绝《卢沟桥》一诗云："西山笼雾晓苍苍，一线桑十万里长。最是征夫望乡处，卢沟桥上月如霜。"此诗着意刻画了过往行旅面对如霜的月光，涌动着苍凉而复杂的心绪。不由地使人想起李白的名句："床前明月光，疑是地上霜。举头望明月，低头思故乡。"

清代，乾隆于十六年（1751年）奉太后旨谒泰陵，过卢沟桥时，乾隆于晨光曦微时立桥头，极目薄雾疏星，晓风残月，波光狮影，欣然作诗："茅店寒鸡咿喔鸣，曙光斜汉欲参横。半钩留照三秋淡，一蝀分波夹镜明。入定衲僧心共印，怀程客子影独惊。迩来每踏沟西道，触景那忘黷尔情。"并题"卢沟晓月"，立碑于桥头。

历代文人墨客吟咏卢沟晓月的很多，他们寄情于景，抒发各自的情怀和不同的审美体验。卢沟桥是多少人写了又写，说了又说的名胜，在旧日给予那些经过长途跋涉，前往京师的旅客以深刻印象，历代以卢沟桥为题材的优美诗篇比比皆是。

其中，现代文学家王统照先生，关于卢沟晓月的一番议论，给人特别之感，显得与众不同。

燕京八景

本来，"杨柳岸晓风残月"是最易引动从前旅人感喟与欣赏的凌晨早发的光景；何况在远来的巨流上有这一道雄伟壮丽的石桥；又是出入京都的孔道，多少官吏，士人，商贾，农工，为了事业，为了生活，为了游览，他们来到这名利所萃的京城，在夕阳返照，或东方未明时打这古代的石桥上经过。在交通工具尚不便利时，车马、担笞，来往奔驰，再加上每个行人谁没有忧、喜、欣、戚的真感横在心头，谁不为"生之活动"在精神上负一份重担？盛景当前，把一片壮美的感觉移入渗化于自己的忧喜欣戚当中，而对这个具有崇高美的压迫力的建筑物，行人如非自痴，自然以其鉴赏力的差别，与环境的相异，生发出种种的触感。于是留在他们的心中，对于卢沟桥三字真是有很多的酬报。

作家在描述过往人们在桥上经过时的感慨之外，还对"晓月"独发了一番议论，读来确有欣喜之意。

他说："传说每当旧历的月尽头，天快晓时，下弦的钩月在别处还看不分明，如有人到此桥上偏先得清光。用'晓月'陪衬卢沟桥的确是一位善于想象而又身经的艺术家的妙语。""一日之计在于晨",朝气清濛,烘托出那钩人思感的月亮——上浮青天,下嵌巨桥。京城的雉堞若隐若现,西山的云霭似近似远,大野无边,大河激奔,……这样光,这样色,这样的地点与建筑,不管是料峭的春晨,还是凄冷的秋晓,景物虽然随时有变,但若无雨雪的降临,每月末五更头的月亮、石桥、大野、黄流,总可凑成一幅佳画,渲染飘浮于行旅者的心灵深处,生发出多少反射的美感。以"晓月"来陪衬这"碧草卢沟"不是最相称的妙境吗?

　　关于"卢沟晓月"的景观说了这么多,实际上还都属于文人的"意会",在百姓中间,对"卢沟晓月"的来历,还另有一番解释。传说卢沟桥这地方的月亮比别的地方升得都早,别处初一、初二看不到月牙,可在这里,初一、三十晚上就能看见月亮。不过,这一景象并不是什么人都能见到,而是只有十五岁以下的童男童女和大命之人才行。

　　人们都这么传,一来二去,就传到了乾隆皇帝的耳朵里,他是个喜好游山玩水的人,几次从这座桥上过,都没看见这种奇景。如今,他听说卢沟桥的月亮有这么神,又觉得自己是一个大命之人,就打算专程前往,一饱眼福。

　　这年的大年三十晚上,乾隆坐轿来到卢沟桥。这时,宛平县令正在家中忙着过年,一听皇上驾到,赶紧点上灯笼、火把,列队迎接。

　　乾隆来到卢沟桥上,两眼直勾勾地望着月亮升起的地方。可是只见星星满天,却不见卢沟晓月。乾隆十分扫兴,询问左右:"怎么不见月亮?"左右也不知道来由,就东扯西扯地找原因。有的说,大年三十下晚是晦日,所以没月亮;有的说,是因为桥上的灯笼、火把太多,看不清楚。乾隆觉得这话说得有理,就命令把所有的灯笼、火把都熄灭,顿时,桥上漆黑一片,过了好一会儿,仍然看不见月亮。乾隆急了,大声训斥县令:"你这个官是怎么当的?这卢沟桥三十晚上不是出月亮吗?今儿怎么不见?"

　　县令忙解释说:"小的也只是听说,这月亮只有大命之人才能看见。"乾隆心想,我是一朝之主,命还不大?既然连我都看不见,一定是瞎说。可他又一想,我这么兴师动众地来看月亮,要真见不到,还算什么大命之人,岂不让天下人笑话?于是,他命令随从们全部退下,只留下自己一人在桥上。他使劲地朝东南方向望去,看着看着,仿佛真有一弯明月挂在云上,而且越看越亮。于是,他叫来左右观看。

　　左右费了很大劲也没看见,只好说命浅没眼福,所以看不见。听众人这么一说，乾隆更来劲了，吩咐手下人准备笔墨，他要作诗。宛平县令急忙令人抬出书案，呈上文房四宝，还把熄灭的灯笼又点了起来。

此时的乾隆皇上正陶醉在自我创造的诗情画意当中，不禁吟道："河桥残月晓苍苍，照见卢沟野火黄。树入平郊分淡霭，天空断岸隐微光……"此诗刚罢，又来一首："河声流月漏声残，咫尺西山雾里看。远树依稀云影淡，流星寥落曙光寒……"

乾隆吟了好几首，都觉得不满意。他让随来的翰林们即席赋诗，却也是不满意。最后，只好挥毫写下四个大字："卢沟晓月"。众人一看，急忙附庸喝彩。就这样，乾隆题的这四个字就刻在了碑上，并树立于桥头，卢沟晓月景观也从此出了名。其实，早在金代，金章宗最初命名的"燕京八景"当中，就有"卢沟晓月"这一景，而且当时也曾在卢沟桥竖碑纪念。只是由于年代久远和战乱，碑已不存。

至于乾隆题写"卢沟晓月"的上述传说，根本不必去考察它的真伪。重要的是，去体会这一传说之所以产生的背景根源，这其实是更有意思的。

（三）"芦沟"，还是"卢沟"？

走笔至此，关于"卢沟晓月"的叙述也许说得差不多了。然而，与此有关的话题依然很多。比方说，卢沟桥的"卢"字，到底是"芦"还是"卢"？卢沟桥上为什么要雕狮子？卢沟桥上的狮子究竟数得清还是数不清，为什么？卢沟桥西头为何要雕两个石象？为什么当年在卢沟桥东头也曾有过一座过街塔？……

实际上，正是因为把与这一景观有关的诸多方面加以介绍，才有利于更全面、整体地理解它，理解它所产生的背景和环境，通过这一景观，了解北京史地民俗的更多知识。

提到卢沟桥，有人写成"芦沟桥"，有人写成"卢沟桥"，究竟哪一个对呢？为什么？大家知道，卢沟桥建在永定河上，而在宋、辽、金、元、明各代，它都叫卢沟河，只是到了康熙年间才改了名。它发源于山西省马邑县北的雷山，经太行山流入河北省。由于水质浑浊，所以又叫浑河。它的上游称桑干河，下游称卢沟河，可见，卢沟桥是因其在卢沟河上而得名的。"卢"的意思

燕京八景

就是黑色,所以燕人称黑为卢。正因为这样,卢沟河在金朝时呼为黑水河。所以,卢沟河是因为河水呈黑色而得名的。就连乾隆皇帝题写石碑时,也写的是"卢沟晓月",而不是"芦沟晓月"。那么为什么会有"芦沟桥"的说法呢?那是因为,早年间的卢沟河为季节河,在夏季河水泛滥,一片汪洋。过了这个季节,则两岸净是荒滩,周围长满了芦苇。许多过往的人看见这遍地的芦苇,于是望情生意,以为卢沟桥的"卢"字就是芦苇的"芦",由于来往的行人很多,所以这一误会也就传得很广。有的文人甚至把这一错误还写入书中,由于年代久远,造成的混乱也就越来越大,使得本来是不争的事实,也人为地复杂起来。

(四)卢沟桥上为什么要雕刻狮子

提到卢沟桥,很多人想到的是石桥上的石狮子。的确,几百年来,石狮子已成为卢沟桥最有代表性的特征。那么,卢沟桥上为什么要雕石狮子呢?我们知道,在石桥栏杆上可用的饰物不少,比如雕莲花、云头等等,而卢沟桥上雕石狮子,其原因还挺多。首先,在许多古建筑中都有石狮子,这已是很久的习俗了。最为多见的是在房屋建筑的大门两旁,称为看守大门的"司间"。比如现在放在中山公园社稷坛南门外的一对石狮子,据说是晚唐时的产物,迄今已有一千多年的历史了,出土于河北省大石县城的一座古庙。北京是全国的历史文化名城之冠,历史文化遗存众多,在现存的皇家园囿、王公府邸、官署衙门、寺院坛庙、帝王陵寝等古建筑前的大门两旁,都陈设有一对对石狮子,昂首蹲立,十分威严。卢沟桥上雕刻狮子,其作用,与上述重要建筑前大门两旁的石狮子是一样的。如前所述,卢沟桥是北京的门户,从华北大平原北上蒙古高原和东北地区,或从蒙古高原、东北地区到华北大平原,都必须由此经过。据说清代进出北京的旅客,有百分之八十都要走这条路,其政治、军事乃至商业价值都十分重大。然而,卢沟桥虽是重要门户,却不可能安一座大门,于是,在卢沟桥上雕刻石狮子,这就好比在大门外摆了一对(甚至不是一对,而是一群,一大队)狮子,虽然没有有形的大门,可照样可以壮威、守护,就跟真有两座大门一样。另外,古代的鲜卑族还把狮子看成瑞兽,寄托着祝福的象征。他们在房顶上置一土狮子,作为镇妖驱邪之物。这一风俗至今仍流传于青海的互助、大通和民和一带。作为女真族的金代统治者，也会受到近族的这一影响，把这一习俗体现在卢沟桥石狮子的雕刻当中，在体现统治者权威的同时，也寄托着祈福、求和平的愿望。

卢沟桥上究竟有多少石狮？到底数得清数不清？卢沟桥上的石栏由望柱、

颐和园十七孔桥上石狮的各式神态。

卢沟桥上的石狮子。图中左侧一只与其他几只的造型很不一样，尽管形象已模糊，但很明显，头上的卷毛手法相异，显然不是同一时代的产物。

栏板和抱鼓（或石兽）组成，望柱与栏板相间排列。栏杆端部的石件称抱鼓石，其作用一是支戗，二是装饰。卢沟桥石栏端石兽为罕见的站立式头顶端柱造型，通称这种形式的石兽为顶兽。多年来，因为所雕狮子的形状千姿百态，极富变化，母狮身上的子狮神出鬼没，无一定位置，令人眼花缭乱，数之稍有不慎，就会漏掉。明朝蒋一葵的《长安客话》和《帝京景物略》中都说"数之辄不尽"，或"数之辄隐其一"之说，可见数不清之说由来已久。该桥于1950年由河北省移交给北京市以后，在测量建档时曾清点过栏杆上的狮子，查明全桥共有大小石狮498个，卢沟桥的狮子数不清的说法似乎有了定论。然而，查清朝的《人海记》一书可见，卢沟桥上的石狮是368个，与现存的石狮相比差之悬殊。究其根源，主要在于大狮之上的小狮子。由于桥上的石护栏属于最易损坏的构件（1952年，石上过坦克时，两根望柱就被撞坏，修配时就少做了3个狮子）。由于每次石栏被撞坏修理时，石狮的多少都会发生变化，使得石桥上的石狮总数很难成为定数。从现场看，金代最初修建石桥时，只有大狮并无子狮，只是到了明代，才在大狮的身上出现了小狮。明代以后的护栏才更加热闹起来。

卢沟桥上雕于元代的母子狮子。从造型看，与清代的狮子显著不同。

从石刻艺术发展过程来看，金元时期用在建筑上的雕刻简单质朴、较少文饰，所谓质胜于文。明代及清朝早期，既保留了其质朴的古风，又在表现手法及雕凿水平上有所发展。到了清朝中晚期及民国时期则开始走下坡路，水平泛泛，斤斤计较于外形与装饰，作品失之繁缛，缺乏生机。由此也从一个侧面证明，金代不可能有这种繁缛的装饰，如此多的狮子是以后逐渐加上去的。

正是由于历朝历代不断的修葺，狮子的数目才不断增加，出现了数也数不清的局面。按照权威部门的统计，1957年石狮至少有481只。1961年文物工作队清点后认为至少有 481 只（含顶狮两只，不包括华表上的狮子）。1967 年桥面加宽工程开工前清点栏杆狮子有 480 只，有一部分望柱损坏严重。完工后狮子总数为 488 只。1986 年桥面修复工程开工前清点的狮子总数为 486 只，20 年受风化腐蚀又少了两只，似是而非的凸起状有 5 个，估计当初是小狮子。卢沟桥上众多的石狮，保存至今的肯定已不是建桥时的初刻，大都几代同堂。从雕刻风格和石料颜色、风化程度来分析，大致包括四类：第一类是身躯瘦长，面部较窄，腿脚挺拔有劲，头上卷毛不太明显，眼神贯注，颈部所系带子飘逸。选料为浅青黄色砂石，据查为金代原物，所存无多。第二类身躯短粗，或足踏绣球，或足踏小狮，约为元明时期遗物，选料为浅青黄色砂石，留存较多。第三类胸突嘴张，身上背着小狮子，脖下系有一宽大带子，卷毛高突，雕刻细腻，选料为暗红色或青灰色石材。这类石狮年代较晚，约为清朝中期及以后陆续增补的。第四类，外形面貌较新，但雕琢粗糙，石质颜色不一，当是民国前后修补之物。

（五）卢沟桥西头的一对石象和东头的过街塔

在卢沟桥的两头，东头是一对石狮，西端为一对石象。立石狮的意思好理解，而立石象是为什么呢？这要从金代造桥时的构件说起。由于卢沟河水湍急，所以石桥采用重型结构，桥基则是两米厚的整体石块砌成，而没有采用通常的"插柏为基"的方法。人们自古以为象属于吉祥动物，且体力强大，采用站象头顶端就显得更加有力。根据石象的材质和风化程度分析，这对石象属于金代建桥时的原件，1968 年桥面加宽工程中，将象头和底座进行了细加工和重新粘接。因为金代的象体与其头顶的望柱和底座是用一块整石料雕成的。至于桥东头的那对石狮，据考证，它建成的年代要比石象晚得多，可能是明末清初时的产物。这是从其石质、雕作技术和风化程度等几方面综合分析的结果。

接下来说说卢沟桥东头的过街塔，这也是如今许多书籍中少有记载的。过街塔是我国古塔中的一种重要类型。因它跨于街道、通途之上，所以称之为过街塔，也称作门塔、塔门等。这种塔的特点是，在一高大台座之上立塔，台下开券洞门，以通行人车马。据佛经教义的意思，建这种塔的目的，是为了让过往的行人得以顶戴礼佛。而台上的塔，大多为喇嘛式塔，亦即窣堵坡塔，是元朝普遍流行的一种塔式。这种塔在居庸关瓮城、城南的彰义门等处都建有，其他省市也有，如江苏镇江过街塔（俗称昭关）、广西桂林万寿寺舍利塔、云南官渡过街塔、北京法海寺门塔，以及承德普陀宗乘之庙的塔门等等。卢沟桥所建的过街塔建成于元代至正十四年（1354年），全部由大理石砌成，上立三座喇嘛塔，平面为矩形，台身斜收，台中开一六角形石券门，其宽可车马并行。台顶四周有石栏杆、望柱、栏板和外挑龙头。此过街塔于元末明初战争中被毁，石座后来也被刨去。至于元代为何在此建过街塔，可能是要在这通衢要道，显出统治者尊佛的意愿，借此巩固其统治。

（六）卢沟桥曾是征税关卡

在清代，当局曾在桥旁设立了除崇文门外的另一处规模较大的征税关卡。清人梁绍壬在道光年间来京会试，目睹了当年卢沟桥税务向进京人勒索的情况。他在《两般秋雨庵随笔》中记载道："天下之关，卢沟桥为最。凡入都

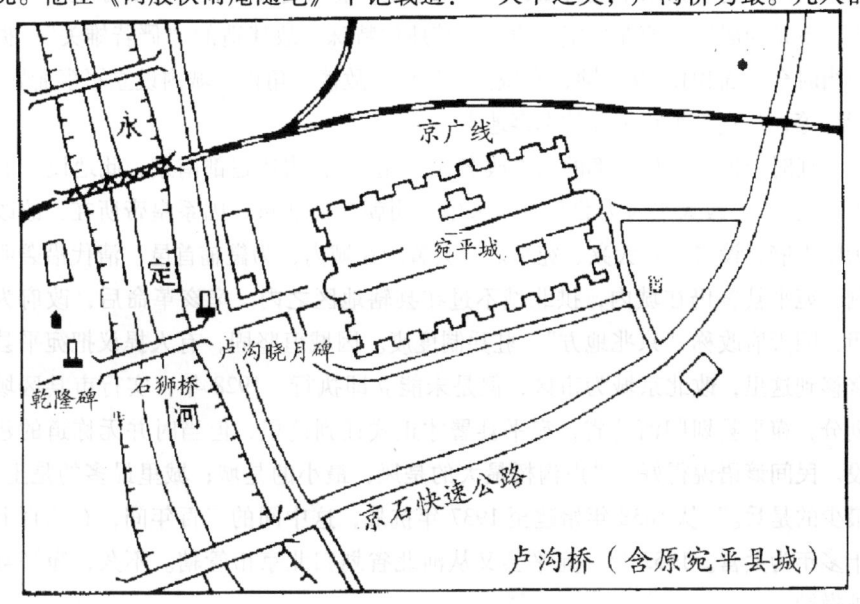

卢沟桥地区平面示意图

者，自钜公大僚，以至商贾百姓，莫不倾筐倒箧，勒索多方……。"虽入京举子照例不纳税，但要索取"酒饭钱"。梁氏一行人，先付出了二百铜钱，不允，后又增至四百钱才放行。卢沟桥税官敲诈百姓，贪污腐败的行径可见一斑。

（七）宛平城：守护卢沟桥的桥头堡

如果说卢沟桥是一条重要的交通孔道，那么，卢沟桥东的宛平城则是京师的门户之城。明代建立伊始，就被称为拱极城，清代改名为拱北城，"拱北"就是拱卫京师之意。在清代，北京地区分作两个县治，东面是大兴，西面是宛平，宛平县城不过是卢沟桥边的一座弹丸小城。进入民国，这里是宛平县县署所在地。此城初建于明崇祯十一年（1638年）二月，成于两年后的八月。这座被称为"崇墉百雉，俨若雄关"的古城，当时是为对付明末农民大起义和保卫京师而建的。拱北城周围不及二里，只有两个城门，北门是顺治门，南门是永昌门。这里本来不是县城，只是个卫城，有武官常驻镇守，实际是个大堡垒，不是为居民或商业集镇所建。因其地位特殊，故建造的"俨若雄关"。据说当时全城面积仅20公顷，有城楼、瓮城、敌楼、角楼，城内设立军事衙署、营房等，一直是个很重要的军事地点。

辽时曾把唐代称幽都的地方改名为"宛平"，明代建都南京，此地设"北平布政司"，改大兴府为北平府。永乐年明朝迁都北京，因系皇帝所在，故改为顺天府，设二县：大兴、宛平。二县署均在城内，为畿辅首邑。清代沿袭明制，宛平县署仍在城内，拱北城不过在县辖地区之内。辛亥革命后，改府为伊，顺天府改称"京兆地方"。驻兵制度废。因城垣坚固，有人提议把宛平县署移到这里，改北京城为市区，但是未能立即执行。1928年，实行市县区域划分，宛平县划归河北省，宛平县署才正式迁到这里，但当时并无称道的建设。民间谚语说得好："卢沟桥最大的是风，最小的是城；城里最多的是土，最少的是兵。"从1638年始建至1937年抗战，这中间的三百年间，有二百七十多年为兵营。1952年，宛平县又从河北省划归北京市管辖。不久，宛平县被撤销。

宛平城是北京地区唯一保留下来的一座明代古城，民国初年，几乎成了被

燕京八景

废除的城池，只有断续的几节城墙和城垛。然而，1937年7月，这里发生的"卢沟桥事变"，使宛平城一跃成为中国乃至世界关注的焦点，这一事件也成为中国人民抗击日本帝国主义侵略的开始。

战争将到时的卢沟桥前情景，最明显的是，把守桥头的军人已换成了日本人。

1933年，著名作家许地山来到卢沟桥上，见南面的铁路桥在远处平行地架着。近处，驮煤的骆驼队随着铃铛的音节，整齐地在桥上迈步。小商人与农民在雕栏下礼貌地做着交易，妇女们在桥下浣衣，乐融融地交谈。然而，在宛平城的城墙上，到处都贴着标语，由于历年的内战，卢沟桥已成为戎马往来的要冲，加上长辛店之战的印象，使附近的居民都知道了战争是怎么回事。许地山坐在街边的小饭铺里，推开窗户，看着永定河水穿过疏林，向南流去，不禁想起陈高的诗："卢沟桥西车马多，山头白日照清波。毡卢亦有江南妇，愁听金人出塞歌。"想当年，金人所掠的江南妇女经过这里，送往塞北。

日本帝国主义于1931年占领中国的东北三省以后，又闯进山海关，进攻北平。卢沟桥的地势，扼平汉咽喉，当北宁平绥两路要冲。不仅是北平的命脉，而且是冀察两省的屏障。北宁路之丰台、平汉路之卢沟桥、平绥之清河等重要车站，均在宛平县境内。正是因为看到了这一点，日本军队必然要竭尽全力占领宛平城。

1937年7月8日的凌晨，"卢沟晓月"仍然像往常一样呈现。但是，历史

从西边东望所见的卢沟桥和宛平城，这正是外地人进京路上望见的京城最初的印象：雄伟、气魄，却又衰败、残破，由于前者，引起了侵略者的垂涎；由于后者，他们才敢前来侵占。当年的惨景纵然已成陈迹，可该怎样才能永远避免它的重现？

燕京八景

注定了这是一个极为特别的日子。因为"卢沟晓月"已不再简单地成为一个景观，而是标志着一个新时期的开始——这就是震惊世界的"七七事变"，它成为近现代史上，中国人民反抗外来侵略的伟大战争的开始。

7月8日凌晨4点多，天开始退去黑幕之际，卢沟桥畔的宛平城里，来了一日一中两个人。来的中国人是绥署交通处副处长周永业，日本人是特别机关顾问樱井斋藤。这二人的到来，应了中国人的那句老话：夜猫子进宅，无事不来。因为，此时此刻，宛平县政府的大院外，枪弹声彼伏此起，日军继前一天夜晚开始，已向城里进行了多次射击。

7月7日夜晚10点钟，日军一中队在卢沟桥附近进行夜间军事演习。演习结束时，日军扬言有一名士兵失踪，他们要进城寻找。同时，他们还造谣说，失踪的日兵肯定是被卢沟桥的中国驻军或附近的土匪所害。宛平县县长王冷斋和二十九军驻军金营长，一面安排警察代为搜寻，一方面严加戒备，防止日军来犯。不久，得日军回话说，失踪日兵已找到。但日军特务机关长松井却提出，仍要中方派人前往，以便了解日兵如何失踪情形，并要求为此进行谈判。王冷斋当即反诘说，日兵如何失踪只需询问该兵就明白了。但为慎重起见，仍亲自前往商谈。

与此同时，驻丰台的日军数百人，正全副武装，急急忙忙地朝卢沟桥开来。日军仗着武力,责问王冷斋能否及时表态。王表示,一切要等调查结果再定。

说话间,日兵三百余人分乘大汽车八辆开了过来。日军联队长森田请王冷斋等中国人欣赏他们的车队,意在示威,并进一步威胁说,必须在十分钟内提出解决办法,否则严重事件将立即爆发,枪炮无眼!王冷斋严词以对:"是你们邀请我来谈判的,现在又强迫我马上做出决定,这不是前后矛盾吗?"随后,他提出,仍回城去进行商谈。

当8日的早晨出现第一缕阳光之际,王冷斋正在自己的办公室里,同前来的斋藤等进行谈判。

谈判就这样,在徒劳无功中进行。到下午6点多,王冷斋忽然想起宛平县政府有可能成为日军攻击的主要目标,双方在这里谈判是危险的,必须马上另觅地点进行。想到这,他急忙招呼院内各职员及来谈判的樱井斋藤,众人先后走出院门。就在他们刚走出大门十多米之际,日军的大炮正朝这里射过来,每炮都落在政府院内,该处房屋均被毁,墙屋倒塌器具粉碎,炮弹破片累累。

"七七事变"期间,进攻宛平城的日本人在城墙上留下的弹痕。这如蜂窝般密集的弹洞,证明了当初战斗的激烈程度。

双方激战再次开始,宛平城内电线也被打断,一片漆黑。此时,我驻西苑军队一旅由何基沣率领,开始驱赶日军。战斗进行了3个小时,到晚上10时一切又变得沉寂了。12时,我军规定期限已到,开始夜袭敌人。

面对中国军队的进攻,日军当然不会善罢甘休。他们由天津、通县、古北口、榆关等处陆续调兵增援,并有飞机、大炮、坦克、装甲车等多辆开至丰台,北平到卢沟桥的公路也被切断,卢沟桥与宛平城成了孤岛。

就在这关键时刻,南苑方面的中国守军正遭到日军的全力猛扑。敌人出动20架飞机轰炸,有限的中国驻军受到极大损失,副军长佟麟阁、师长赵登禹均已战死。无疑,南苑的失利,更加重了丰台地区的压力,卢沟桥守军岌岌危殆。到了28日晚上,日兵再次以大炮轰击宛平城,县城东北角城墙尽毁,我军仍拼死撑持。为了保存实力,次日黎明起,军队开始撤至良乡、涿县布防,将士们挥泪告别卢沟桥。二十九军的英勇抵抗,激发了全国人民的抗日热情,由此掀开了反侵略、反压迫的新的一页。在从7月7日开始的战斗中,守卫卢沟桥和宛平县城的二十九军冯治安师长,率领爱国官兵,曾打退了敌人的数次疯狂进攻。

"七七事变"期间,中国守军冲出被炸毁的宛平城,迎战来犯之敌。

军队撤走后,宛平县政府被迫迁至长辛店老爷庙(今长辛店镇政府所在地)办公。日本侵略者占领宛平县城后,烧杀抢掠,一次在卢沟桥畔就杀死了青壮年二十余人,鲜血染红了永定河水。如今,宛平城头,当年日本侵略者炮击的弹痕仍历历在目,成为侵略者罪恶的铁证。许地山说:"卢沟桥是多次系着民族的安危。纵然把桥拆掉,卢沟桥的神影是永不会被中国人忘记的。这个在'七七事变'发生以后,更使人觉得是如此。"

日伪时期的卢沟桥宛平城街景，左侧的日本旗，右侧的"华北政务委员会"五色旗说明它的摄制年代在1940年前后。

（八）卢沟桥与它守卫京师的兄弟

上文提到，卢沟桥是拱卫京师的重要大桥。其实，卢沟桥拱卫京师的这种作用不仅限于北京的西部，而在东部、南部和北部，还有类似于卢沟桥这样的大桥，与卢沟桥一起，起着拱卫京师的作用。它们是：东部的永通桥（在通州西），俗称八里桥；南部的宏仁桥，又叫马驹桥；北部的两座桥，沙河南大桥，又叫安济桥，沙河北大桥，又叫朝宗桥。这五座石桥以拱卫京师、沟通四方而闻名于世。其中，除卢沟桥外，其余四座桥都建于明代。在明代，由于劲敌瓦剌在塞北，所以，北京的北部极为重要，于是在沙河南北大桥间建立了巩华城，另外，卢沟桥、八里桥边都设有城堡，驻重兵守卫桥梁。八里桥是由京师东去的要道兼控制通州粮道。近代史上，反击外来侵略的八里桥之战，就发生在这里。马驹桥的设计者，就是建造天安门的蒯祥。石桥原为九孔，后改为七孔，经此桥出京，可达京畿南部各县或去张家湾，由水路去南方。

原位于昌平沙河镇南，巩华城旁，跨南沙河之上的安济桥。每逢初春季节，群鸥毕集。

燕京八景

　　北部的两座桥，北控居庸、白羊，东扼古北关口，军事地位极为重要。提起这两座大桥，还有一段令人感慨不已的故事。话说四百多年前，明朝皇帝修十三陵时，命两个大臣分别建造沙河南大桥和沙河北大桥。皇上御旨：在确保质量的前提下，要限期竣工。工期提前者加封官职并重奖，拖延工期者严惩不贷。

　　监造沙河南桥的是个奸臣，为饱私囊，他唆使工头偷工减料，不顾工程质量。因此，他提前完工，受到了皇帝的加封和重奖。而监造沙河北大桥的赵朝宗是位忠臣，坚持质量第一，亲临现场监造，一丝不苟。结果，完工稍晚了几天，造桥成本也略高。皇帝听说后大怒，下令将赵朝宗推出午门斩首。

　　几年后，洪水暴发，沙河南桥被山洪冲塌，而沙河北桥却岿然不动。皇帝在事实面前终于醒悟，把监造南桥的奸臣斩首；而为赵朝宗平了反，并以其名，命名此桥为"朝宗桥"。"七七事变"时，侵华日军曾炮轰此桥，留下两块碗口粗的弹痕。百年的风雨侵蚀，洪水冲击，朝宗桥依然坚固如初，而沙河南大桥虽屡经修缮却早已残毁，现已在其址建立了新桥。

如今，拱卫京师的五大桥中，除马驹桥和沙河南大桥已毁，改建水泥桥之外，其余尚存，雄姿依旧。

（九）卢沟桥的"同龄人"

与卢沟桥遥遥相望的，还有一座在丰台区发掘的第一座古代石桥，南岗洼桥。它是在20世纪90年代初，修建京石高速公路施工中出土的。桥长四十五米，宽九点四米，为五孔石砌联拱桥，桥面为石块砌成，桥墩与卢沟桥相似，前尖后方，呈船行，迎水面砌成分水尖。据考证，此桥为明代初期所建。1992年，北京市文物局拨款15万元，修复了南岗洼桥，重现古桥原貌。

1990年京石路施工时发现的南岗洼桥

如果说上面介绍的几座石桥虽有名，但大多建于明代，而远比卢沟桥晚几百年的话，那么，在石景山的深山里，则有一座与卢沟桥同样年长，且规模差不多的古桥，只是由于位于深山而少有人知而已。这座桥叫"万善桥"，坐落在西山八大处的西麓，由八大处翻过山，跨过深壑，便能到达天台山慈善寺，这是一条古代进香道，每逢3月15日前后三天为天台山庙会，万善桥则成为跨越山涧的必经之桥。桥长约十八米，完全由石材建造，由上到下，全是整块的青石。这座桥飞架在荒郊野外，下面是很深的山涧，湍急的泉水在奇石怪岩间一泻而下，不论是远观还是近看，都令人赞叹不已。这座大型独拱石桥，拱券很大，以其巨大和雄伟而夺势。拱券的半径大约有三米多，半圆之下，再伸下去四五米，总高约有八米，相当于三层楼的高度。由于桥洞向下伸展，桥面反而起伏不大。此桥建造于金代中期，已有八百年的历史，和卢沟桥属于同一时代。由于桥附近有一双泉寺，是金章宗避暑的地方，为了皇帝来往方便，同时也便于香客进香，所以修建了这座桥。桥上方的沟床中有几块体积极大的墨绿色山石，形状、结构和花纹都很奇特，成为万善桥的衬景。桥下深壑中有小潭，附近生长着樱桃、杏、香椿和皂角等很多种树。

谈到重修万善桥，有一种说法是，清代慈禧的近侍太监刘印诚弄到一笔赃款，因来路不正而生怕招灾，于是便向慈禧说了实话。慈禧看他还诚实，就没责怪他，还赐他："看着花吧!"结果，刘印诚重修了此桥。也有人说，此桥重修于明代万历十年（1582年），当时由于水流湍急，沟深路险，常有人跌下而亡。于是一个僧人圆喜发心造接引佛石刻一尊，以祈渡水佛助。

（十）卢沟桥下断流40年后再现清波

以上扯了这么多与卢沟桥有关的"背景材料"，最后还是让我们回归正题，再说几句关于卢沟晓月本身的话题。由于20世纪50年代在永定河上游修建了官厅水库，拦洪蓄水，这虽然有利于避免河水暴涨，泛滥成灾，但卢沟桥畔的波光倩影也随之成为历史。河床裸露，很难再见水面。为此，北京市计划在桥下游筑拦河坝，部分供应卢沟桥下的河水，努力恢复当年的景观。其实，这一设想早在19世纪末，就曾有人提出过。当时，正在修建卢汉铁路永定河大桥，为了预防冲毁铁桥，于其上游西岸扩建原有的溢洪堰，并在卢沟桥下做一项简单的水利工程，以避免洪水来时农田被淹，汛期过后又无水灌溉的局面。如今，桥下墩台壁上，在常水位痕迹处凿成的49个方洞，就是当年施工时留下的。后因战乱和资金缺乏，工程开始不久即告停工，只留下了这些方洞。

1986年11月，北京市政府还决定规划"卢沟桥文化旅游区"，在展现优美的自然景观的同时，使其成为反映中华民族人文历史、别具北京市特色的旅游胜地。

20世纪90年代卢沟桥重现的水中英姿

据天文学家解释，每逢农历十五的晚上，月球刚好运转到近日点，其光亮面正好对着地球，所以此时的月亮最圆最亮。尤其是在仲秋季节，天空洁净、干燥，天高云淡，月光透射较多。此时若来卢沟桥赏月，可见月似银盘，格外明亮。为此，近年来北京市旅游部门又推出了中秋卢沟赏月活动，为"卢沟晓月"景观增添了新的内容。

"曾侍六龙桥上驻，萧萧旌旆马鸣长"。当年皇帝出门时，经过卢沟桥的彩旗仪仗已成过去，纵目远望，古老的卢沟桥作为历史的见证，必将看到祖国更加美好、壮丽的未来。

八、守护宗庙京师的北门锁匙——居庸叠翠

（一）苍紫千重中，层层叠翠的居庸关

居庸关是古代长城的一个关口，位于北京通往宣化、大同的一条长达40公里的沟壑之中。与周围大山的苍紫千重的石峦不同，居庸关左近各山佳树野花，翠色如波，夏天看时，确有叠翠层层，纵挂山崖之美。乾隆年间，此地列为燕京八景之一的"居庸叠翠"，并在居庸关东南七八里的公路旁立碑，由乾隆皇帝御笔题名并赋诗为证。现在碑已失。佳树层层的自然景观，与雄伟的居庸关相联系，象征着北京西北大门的牢固长久，坚不可摧。

关沟，位于南口镇与八达岭岭口之间，长40华里，为历史上塞外进京的要道。因其两旁有军都山夹峙，中间有温榆河顺沟自西北流向东南。京张铁路修通后，大量游客来此，众多古迹得到开发利用。

从北京北三环路上的马甸立交桥出发，向西北方向行驶50多公里，山势渐趋雄奇，一条名为关沟的沟壑出现在人们面前。北面的军都山与南来的西山在此相交，海拔已升至1000余米。山中有一条从西北流向东南的小河，古称温余水，也叫温榆河。这条河虽然不大，但在漫长的岁月里日夜冲刷，河水切开了山岭，形成了许多沟壑。关沟便是其中最著名的一条，上下落差有500多米。呈东北—西南走向的太行山脉，从山西经河北至此数百里，连绵不断，从山麓至山脊皆陡不可攀，其间只有八条通道，谓之"太行八陉"，关沟即为第八陉。这里形势险要，两山夹峙，巨洞中流，重岭叠嶂，路窄的地方只有铁轨那么宽的小路。居庸还被称为九塞之一，见于《吕览》、《淮南子》，其历史最悠久。北魏郦道元在《水经注》中称此地是崇墉峻壁，山岫层深，可见这里地势之险要。被称为"绝险"的居庸关，便设在这关沟之中。其战略地位犹如《金史》中所说："中都之有居庸关，犹秦之有崤涵，蜀之有剑门"，是京都西北的门户。

在历史上，居庸关曾有过不同的称谓。三国时称为西关，魏称军都关，北齐改称纳款关，唐代称作居庸关、蓟门关和军都关。到了辽、金、元、明、清各朝，一直都叫居庸关。《三国志》"田畴乃上西关，傍此山直趋朔方"，即指此。据文献记载，秦始皇修长城曾"徙居庸徒于此"，因此得名。"庸"是指贫苦，受雇用的劳动人民；"徒"则是指被判罪而服劳役的犯人。这句话的意思就是，秦始皇为了修长城，发遣大批的贫苦雇佣劳动者和被迫服刑的犯人迁居到这里。换句话说，就是这两种人干活、生活的地方。

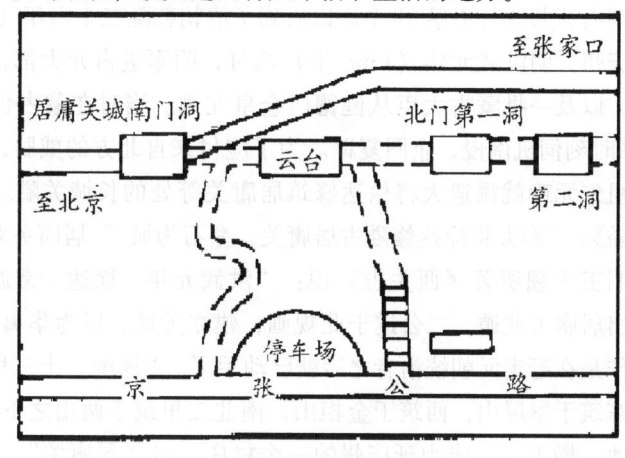

居庸关关城平面示意图

写于 1900 多年以前的《汉书·地理志》中，已正式记载着居庸属于上谷郡十五县之一，并且设有关卡。然而，那时它还不能算是长城上的重要关口，而只是县与县相交处的一个关口。因为秦始皇时期修筑的长城还在北面较远的地方，经过今张家口、围场、赤峰一带，并不在居庸关附近。《唐书》记载，"幽州昌平西北三十五里有纳款关，即居庸关"。《后汉书》载，建武十五年徙雁门、代、上谷三郡民置常山居庸关以东。说明起码在汉代就有此关了。所不同的是，当时的关址及其所辖范围经过多次变动。北魏以后，于公元 446 年修筑"畿上塞围"，东起上谷，西直于河。这个"塞围"即北魏的南长城，这才是居庸关修筑长城的开始。到了北齐天宝六年（555 年），自幽州夏口（即南口）至恒州（大同）修筑了一条长达 900 余里的长城，并往东修至山海关。从此，居庸关与其相连，成为真正意义上的长城重要关口。元代曾在此设兵防御，北口千户所属上都路尤庆州（延庆），南口千户所隶属大都路昌平县。元代以居庸关为中心，南口、北口屯军，缴巡盗贼。

（二）居庸关关城

现在所见的居庸关关址及其左右长城，是明代修建的。明代居庸关指隆庆卫（后改为延庆卫）的屯戍范围，东至西水峪口与黄花镇的交界处，西至坚子峪口与紫荆关交界，南至榆河驿与宛平县交界，东西长 210 里，南北宽 180 里。在此范围内，共建有屯堡 61 个。以后到了清朝乾隆二十六年（1761 年），全卫并入延庆州。明洪武元年（1368 年）八月，明军进占元大都，元顺帝和后妃、太子，以及一批蒙古大臣从健德门仓皇北逃。当时在蒙古仍号称"大元皇帝"，并时刻伺机南侵，企图复辟。为了应付来自北方的威胁，明朝开国之初，明太祖朱元璋就派遣大将徐达修筑居庸关等处的长城关隘。据《延庆卫志略·关隘》："副大将徐达修隘古居庸关，垒石为城。"居庸关对徐达来说并不陌生。明王士翘所著《西关志》说："洪武元年，徐达、常遇春北伐燕京，元主夜出居庸关北遁，二公遂于此规画，建立关城，以为华夷之限。"原来，这项工作是在赶走元朝统治者之后就已动手了。"周围一十三里有半二十八步有奇，东筑于翠屏山，西筑于金柜山，南北二里筑于两山之下"，是一座长方形的城池。撤卫后，成为延庆州的一个村庄，名"居庸关"。与之相反，古代的居庸关却不是这样。北魏郦道元《水经注》说："溪之东岸有石室三层，其户牖扉悉石也，盖古关之候台矣。南则绝谷，垒石为关垣，崇墉峻壁，非轻可举。"可见古代居庸关是一堵高大的关垣，横亘在关沟之中，切断关沟通道，中间建有关门，供行人出入，关上有石造的候台。1399年，明朝在居庸关设龙庆卫，编制为5600人，其规模等同于一座小城镇。如今，立足于居庸关云台上，看到东西山上的城墙时，有人误以为这就是长城。其实，这不过是居庸关关城的城墙。而真正的居庸关长城，指延庆卫戍范围的长城。清人编的《延庆卫志略》上说：居庸东路自与黄花镇交接的枣园砦起向西南，经门家谷、贤庄、德胜、虎峪等口至养马谷口，有边城26里，附墙台七座。居庸北路从川茶花顶向西，经石佛寺、青龙桥、八达岭、石峡到软枣顶，有边城60.5里，附墙台14座，空心敌台68座。居庸西路从软枣顶往西经横岭、石板冲等口到今怀来县镇边西的挂芝庵，边城83里，附墙台12座，空心敌台102座。这些长城都与关城不相连。

从空中俯瞰居庸关关城（如今的关城上已经修了城楼）和关城内的云台。只是关的城墙没有了。后面的层峦叠嶂就是"燕京八景"之一的"居庸叠翠"。因此处既是军事要地，又景色秀丽，所以，皇帝经常借军事巡察之机来这里游玩。关城内至今仍可见寺院、书馆遗址。

明朝的居庸关有水、陆两道关门，现仅存陆门关，跨谷之间的水门关已毁，仅有遗址。1971年，在内蒙古东汉墓发现的《居庸关运符图》壁画，不但有关城，还有渡舟。水门之下题"居庸关"三字。今所见居庸关有水、陆两个关门，其水门跨于百余米的山沟间，水门券门虽已倒塌，基址尚存，山泉终年不断。这也许正是"叠翠"得以独存的原因。当年水势大时，过沟需用渡船。

在明朝，居庸关关城的较大一次重建，是在"土木之变"以后。明正统十四年（1449年）十月间，瓦剌部族入侵，明朝当时正是宦官王振专权。他挟持英宗朱祁镇"御驾亲征"，私下的目的只是想让英宗经过一下他的老家，光显族门。结果明军在瓦剌军队穷追之下土崩瓦解，朱祁镇被俘，这就是明代历史上著名的"土木堡之变"。次年，明代爱国将领于谦等人，拥立朱祁镇的弟弟朱祁钰为新皇帝，年号"景泰"。在新皇帝的支持下，于谦派重将镇守居庸关，同时修建沿边关隘，在关南八里处设古长坡店，创城垣，即今延庆卫城。此城垣周围13里，东跨巽山之上，西跨兑山之巅，南北两面筑于两山之中，高四丈一尺，厚二丈六尺，东西两面依山建筑，高厚不等。从而不仅重修了居庸关，而且加强了守备。

尽管如此，关城毕竟是人造的，同样也是人可以毁的。而且与这人为的建筑相比，人心的向背更显重要。逐渐走向腐败的朱明王朝，到了明末崇祯年间，已达到了不可收拾的地步。政治的黑暗，经济的凋敝，灾荒的频繁，使人民遭受难以忍受的摧残，终于导致了大规模农民起义的爆发。崇祯十七年（1644年）二月，李自成部队直逼北京，一个多月后就打到了北京城。明朝构筑的这座城堡相连的坚固防线，此时几乎变得不堪一击了。自汉朝以后，这座古关经历了数次战乱，在大规模战争中，能发挥的作用很有限。相反，"堡垒最容易从内部攻破"，它的失陷，也多来自关内的统治者。这个经历，真是对坚固城关的嘲讽。

（三）匾题"天下第一雄关"的误导

进入20世纪90年代，为了配合旅游开发，居庸关关城得以恢复。不过，这已不再是它的本来面目。这不仅因为关城上的建筑系新建且油饰一新，平添了烟火气，缺少了历史的沧桑感，而且，居然在新修的关城北门上，挂起了"天下第一雄关"的巨匾。这与历史事实不符。

因为，古人称居庸关为"北门锁匙"，而"天下第一雄关"之匾曾挂于嘉峪关柔远门外，罗城的城楼上，乃清朝著名将领左宗棠所书。而此城楼已于1949年前拆毁。另外，还将"居庸关"改称"居庸关长城"，用周长4000多米的城墙冒充150多里的长城，这也与历史事实不符。这样做也许有利于吸引游客，但同时也会对游客产生误导，从而错误地理解历史。

（四）居庸关城内的建筑

明朝修建关城时，把云台（过街塔）包在关城之内。关城内的其他建筑还有泰安寺、参将、指挥、巡关御使衙及营房等。另外还有一座规模较大的叠翠书馆。这些寺院、书馆的遗址还依稀可见。与这些寺院、书馆和营房相比，云台当然要算长城内的主要建筑了。这座过街塔建筑，只因上半部的三座塔毁坏已久，下面只剩了一个底座，后来才把它叫作云台。

居庸关关城内的云台，实为塔台，上有佛像。后台上建筑被毁，仅留石台，始称云台。

过街塔属于中国古塔建筑中的一种特殊形式。与一般宝塔的不同之处在于，过街塔一般横跨于街道通衢之上，故名过街塔。过街塔下面的台座一般又高又大，以利于车流通畅，台下开券洞门。行人从这样的塔下面经过，等于在行路过程中对佛顶戴施礼了。这种塔除在居庸关有之外，还在当时的都城——大都附近建有好几座。如今北京城内的"红塔礼堂"、"黑塔寺"等地名、建筑名，就与此有关。像元世祖在城南彰义门所建的塔门，顺帝至元五年（1399年）在南口所建的过街塔，至正十四年（1354年）在卢沟桥所建的过街塔等等。其他省市也有。

关城中心的云台建于元至正五年（1345年），云台全部用大理石砌成，平面为矩形，底部东西长26.84米，南北深17.57米，台身斜收，下大上小，顶部东西长24.04米，南北深14.73米。台中开一六角形石券门，门道可通车马。台顶有两层出挑石平盘，上刻云头，下刻兽面及垂珠。台顶四周为石栏杆、望柱、栏板和外挑龙头。券门两旁有对称雕刻的交叉金刚杵组成的图案，象、龙、卷叶花和大蟒蛇神，正中刻金翅鸟王。券洞两壁四端刻四大天王，即东方持国天王、南方增长天王、西方广国天王、北方多闻天王。造型各异，神态如生，精神极具雄劲。这种由许多石块拼起来的大幅整浮雕，在我国古代雕刻中是少见的。尤其是雕刻得这样精美，更是不可多得。在四大天王浮雕之间，有用梵、藏、蒙、西夏、维吾尔、汉等文字雕刻成的陀罗尼经咒颂文，是研究佛典古代文字的珍贵史料。

位于云台前后的建筑街景

从云台券门洞内汉文造塔功德记中，末尾所具"至正五年（1345年）岁次乙酉九月吉日西蜀成都宝积寺僧德成书"的署名可知，此塔从至正二年（1342年）起，共修了4年，才基本建成。门券的构造由于内壁需要雕刻，所

居庸关关城内云台内壁上雕刻的四大天王像

以未采用圆拱发券，是由六角形的一部分作顶。这是中国古代砖石拱中特殊的一种做法，保持了宋元以前城关门的形式，实为难得。而栏板、望柱、龙头的雕刻，则保存了元代的建筑风格，是元代石雕建筑当中的重要实物。现在云台的顶上所保存的五开间的柱础遗址，即是明朝新建泰安寺殿宇的遗迹。除了券洞两壁之外，在顶部和两斜顶还刻着许多小佛像，且布满了整个券顶。券洞边上装饰着多种花草图案。这些佛像、花草图案的雕刻，也是元代雕刻艺术中的精品，看上去流畅而雄浑。

据考证，这三座过街塔毁于元末明初，明正统八年（1443年）在台上重建了一座佛殿，是当时泰安寺的一个主要殿宇。由此才出现了上文中提到的，在云台上存在的五开间的柱础遗址。这座在云台上的高高的五间佛殿，远远望去，有如在云端的海市蜃楼。可惜的是，康熙四十一年（1702年）五月，因一场大火而被焚毁了。如今，这座云台已存在了640余年。

居庸关云台，由于它的重大历史、艺术价值，已由国务院公布为全国重点文物单位。1961年加以修缮，并照原样修复了台上的石栏，使这座古建筑显得完整了许多。但由于在人们的心目中，提起长城就会想到八达岭，八达岭几乎成了长城的代表，所以，纵然人们在去长城的路上要从居庸关经过，但因对它了解不够，而未能特意停下来参观，失之交臂。

（五）"居庸叠翠"与关沟七十二景

提到观赏"居庸叠翠"景观，绝不仅仅只限于居庸关关城一带，或者频频寻找乾隆碑碣以致重其碑而轻其景，或者舍叠翠而赏云台。实际上，《燕山八景图诗序》中早已指出，"居庸关之中延袤四十里，两山对峙，一水旁流，关中有峡曰弹琴，道旁有石曰仙枕，两崖峻绝，层峦叠翠，故曰居庸叠翠"。乾隆燕京八景诗中也说："居庸天险列峰连"，"岚拖千岭浮佳气，日上群峰吐紫烟"。这里，包含有千岭、列峰、群峰以及比拟中的三峡，显然包括的范围很大。所以说，"居庸叠翠"景观，实际上指的是昌平之北，居庸关一带，具体说，就是关沟全段及周围地区的景色。

前面提到，居庸关位于关沟的中部，其南部关口为南口，1949年以后，以牛奶生产基地闻名；其北口就是著名的八达岭。在这四十里的关沟之中，两侧山势雄奇，翠嶂如屏，森林繁茂，景色优美。这里除了自然山水，还有军事工程，二者有机地融合在了一起。

在长城防御体系当中，居庸关位于"内边"长城的东端，是与宣府镇相邻的一个特殊防区，是守卫宗庙京师的最后一道防线，紧邻的就是兵部尚书兼都察院右佥都御史衔的宣大、山西总督卢象升的防区。作为居庸关防区管辖重点的四十里关沟，其纵深很广，共有四重关口，即南口关城、居庸关关城、上关关城、北门锁钥关城。重要的关口也有多处，如石佛寺、青龙桥东、正瓜谷、黑豆谷、化木梁、于家冲等隘口，这些隘口的共同特点，是易守难攻。据"仙枕石"上的石刻记载，这里曾在明代有过一次歼灭两万渗入之敌的故事。明代之所以把宗庙放在十三陵，固然与这里的地形风水出色有关，但也是因为四十里关沟的天险和人为构筑的牢固工事。

居庸关关城至三堡，约长10里，是关沟中最为深邃闳奇的地段，同时，也是欣赏"居庸叠翠"景观的重点。它显示着深山大壑的总体气势。这里千岭、群峰、列峰山势重叠相连的景象，具有幽燕沉雄之气，与这里的雄浑险峻的军事关塞相连，构成一种总体气势上的统一，自然风光与人为工程的统一，从而较好地体现着"居庸叠翠"的最本质内容。同时，郦道元所描述的"山岫深深，侧道褊峡，晓禽暮兽，寒鸣相和"，金章宗所描绘的"栖云啸谷"，都说明了这一独特景象与气质。

自南口入山后,初入谷时便觉悬崖夹峙,巨涧贯于中,涧随山转,深远莫测。向两边山上望去,偶尔可以见到砍柴人留下的足迹和鸟兽经过的留痕,可见其深险幽僻。沿着涧中小路继续前行,七里之外就是东园,这里景物清旷,岩壑雄秀。再往前走就是南关,可见居庸关关城建筑。关城建筑依山势起伏连绵,周长约 13 里,在跨涧地段,原有铁栅水门。雄关周围有桦木峰、九仙山、妙沟岭、烧锅峪和银洞崖等,回环成势,拱卫四围。再上行四里,为三桥子村,以一大银杏树出名,其浓荫有一亩地那么大。再一里为四桥子村,多杏树,涧中有巨石,上有字,为刘赟隶书"仙枕"二字,此处路径尤险。再过去就是二堡、三堡。三堡位于涧中三岔口处,涧东一脉斜出,分涧为二。循主岔北行,可直通"居庸叠翠"中的最后一座高峰八达岭。沿东岔北行,二里外就是弹琴峡,壁上石刻西番咒语,谷底水流入罅,上下隐现,湍急相击,濠濮间潺潺有金石声,声如弹琴,故关沟又有弹琴峡之称。此峡在修京张铁路时,地形受到破坏。这里的水源来自石佛寺谷中,那里林麓苍黝,多花岗岩,裂隙小,诸水汇而出涧,南折,下深。附近石佛寺谷口处,两山相对,横嶂如

弹琴峡,关沟七十二景之一。山上小庙为 1985 年修公路时所建,其址原为关帝庙,有众多石像。

关沟内的五郎像石刻。位于弹琴峡西侧的山腰上。刻于元代。传说杨五郎在五台山前削发为僧,后人雕此像以为纪念。

关沟石佛洞,位于岔道东沟山坡上,为一天然石洞,洞口正对东面的八达岭南四楼。洞低处有1.8米,高处有2米多,底面积约30平方米。洞内正中有一尊石雕释迦牟尼佛坐像,雕于元代。

燕京八景

门,两山上之长城高悬,在谷口处斜向下垂。相对如钳,高城流水,溪光云影,倍增幽意。沿主岔上行四里即为青龙桥。早年间由城里到八达岭游览,只能在此下火车然后步行前往。这里为一山间盆地,是四岔沟谷的交会之处,有老火车站和大西沟新站。此处谷底海拔已升至550米,与近山峰顶差不足百米,已无坠壑之感,复上行则至北口(八达岭城关),在这里的"北门锁钥"及南北敌楼上环顾,顿觉视野开阔,峻厚博大,所叠之翠不仅在谷底,亦在山顶、山腰。所以古人说居庸关为"八陉"之一,以险要闻名。但其险不在关城而在八达岭。因为这里位置高,由北南下关城,降若趋井,一望尽知城中情况。所以,守住八达岭,才能守住关城。(明代王士翘《居庸关论》)同时,这也说明了关、关城与长城的关系。

其实,早年间的关沟并不仅仅这一独有的"叠翠",相反,在周围的太行山、军都山上,都曾是森林覆盖之地。那里植被茂盛,清溪流淌。居庸关附近也是林荫密布,种满了黑松树,以致不见天日,但由于这里屯军人数增加,多次修建长城,森林植被才遭破坏,原来处处皆是的绿色,也变得少得可怜了。

自居庸关修建以来,这里流传着许多当年打仗的故事。辽代天祚年间(1101—1125 年)辽兵入关经过这里时,山上的岩石突然崩塌,金兵被砸死不少,辽军不战自胜。后来,金朝定都北京以后,重整关门,冶铁固置,并且布设鹿角蒺藜百十里,派精兵强将把守关口,元太祖攻打居庸关时,有人向他献计说:"从此而北,黑林中有间道,骑行可一人,终夕可到。"元太祖遂令扎八儿轻骑前导,急速行军,为防止军士说话,让他们每人口中都含了木板,避免暴露。天黑时军队进入山谷,轻装前进,黎明时到青龙桥附近,然后击鼓催兵,疾奔南口,如从天降。金人受到意外攻击,溃不成军。元朝百十年内,王禅、秃坚铁木儿等都曾攻打过居庸关。

在居庸关一带,流传最多的还是有关杨家将的故事。虽然后人考证证实,杨令公作为北宋初期的名将,曾与契丹转战于山西雁门关外。而当时幽、燕早已入于辽,杨令公从未到过这一带。至于杨五郎、杨六郎、穆桂英等,在杨令公战败身死之后,北宋更南退至雁门关内,不可能来到辽南京城西北的居庸关。但是,这个传说表现了人民对民族英雄的尊敬和向往。

具体到关沟内究竟有多少美景,从来没有一个准确的数字。多年来,当地人将沿途的山水名迹,以及根据一些传说汇集成"关沟七十二景"。人们习惯以××八景来为某地的名胜命名,而七十二景中包括有九个八景。九为诸数中最大者,以其来计算八景,可见这里景色之多。然而,关沟

杨令公祠位于古北口东部的小山上。宋代爱国将领杨继业曾镇守雁门,在与契丹的战斗中牺牲。辽宋和好后,为了表示友好,契丹人特意在宋朝使节必经的古北口外建此祠,内有两座殿宇,前殿是杨令公和他八个儿子的塑像,后殿是佘太君和八姐九妹的立像。其中大多为传说人物。如今诸像已失,仅留空祠。

的美景细说起来，不止七十二景。何况，具体到这七十二景的具体内容也是说法不一。其中，比较著名的有五桂头、弹琴峡、白凤冢、仙人桥、点将台、拴马桩等。七十二景经元、明、清三代，到京张铁路通车后逐渐形成。八达岭、关沟不仅有无数次刀兵相见、弹火纷飞的战斗，也有过行人商贾来往，客栈商店比比皆是的短暂繁荣时期。只有在这短暂的繁荣时期，人们才可能有闲心游山赏水，吟诗抒怀，因此而生出七十二景之说。关沟的七十二景大致可以分为三类：一是自然景观，二是人文景观，三是自然景观加上人工创造。第一类自然景观，是人们依自己的生活经验，将自然界中的景观，依其外形，与某种生活中的东西相联系，因此生发出的景观。如拴马桩，是关沟中两峰之间的一石柱，被想象成拴马的石桩。再如金牛洞，因山崖上一小石洞内有一石，于是人们将其想象成一头金牛钻入洞中。第二类皆为人工建筑物，如长城、关城、云台等。第三类是将某一景物与某一名人或某一事典结合起来命名。如仙人枕，又有人称其为穆桂英点将台。还有六郎卸甲屯、杨六郎洗脸盆、杨六郎磨刀石

关沟石佛寺。位于五桂头山北，温榆河西岸，约建于清代中期，已毁。1985年修八达岭旅游公路时，在公路北侧建露天石佛寺，立有部分石像，作为石佛寺遗址的留迹。

等。依这种命名法，几乎可以将看到的许多山峰、山洞，甚至石块、树木命名，那就实在太多了。每个时代都能有具体的七十二景，过去命名的，有的早已不存在，有的不能算是真正意义上的景观。如果读者在春夏相交之际到关沟来，望着沟中葱郁的草木，盛开的百花，层峦的叠翠，登高远眺，面对宜人的景色，也会发现一批新的景观呢。

（六）八达岭不过是居庸关防御体系中的一个关口

在上面提到的关沟景观中，如果要问哪一景观最著名的话，绝大多数的人会说是八达岭。事实上八达岭不过是居庸关防御体系中的北口，其地位顶多与南口并称，算是居庸关关城下的一级关城。那么，为什么战略地位重要，规模也大得多的居庸关，却没有它的下属关城八达岭更著名呢？这当中，除了以往常说的"居庸之险不在关城而在八达岭"之外，还因为八达岭是最早开发的长城旅游景点。1952年，当时的中央人民政府政务院副总理兼文化教育委员会主任郭沫若，提议修复八达岭长城，以便接待中外游人游览。当时的八达岭，经过三百多年的风雨侵蚀、战争破坏，已是残垣断壁，百孔千疮，杂草丛生，满目荒凉了。八达岭关城门洞塌陷漏水，行人通过极不安全，从1953年8月开始进行一期修复工程，1957年又进行了较大规模的修复。以后又时有一些零星修补。1961年，八达岭成为国务院首批公布的全国重点文物保护单位之一。以后，游人再登八达岭时见到的，是长城内外的峦岫层叠，一派北国风光尽收眼底。八达岭长城犹如一条巨龙，翻山越岭，盘亘在崇山峻岭之中。北望官厅水库，碧波荡漾，水天一色；康西草原绿草茵茵，毡包点点，代表着典型的蒙古草原的风情。转身南望，或悬崖高峰，或深沟大谷，松柏青翠，层层叠叠，气势尤为壮观。极目远眺，沃野千里，云雾迷漫，首都北京隐约可见。此情此景，令多少炎黄子孙倍感自豪；令多少外国游客交口称赞。

据不完全统计，自1954年，印度总理尼赫鲁首次登长城以后，直到1995年的41年间，共有139个国家的269位外国元首或政府首脑前往八达岭参观。有这么多的外国政要光临一个旅游景点，这在中国是独一无二的，在世界上也是罕见的。八达岭每年有五六百万人慕名而来。其中，外国人为六七十万人。旅游旺季，八达岭人流如潮，来自世界各地的不同种族、不同肤色、不同打扮的人们在这里相聚，共同领略长城的雄伟气势和旖旎风光。

（七）居庸关与关沟的传说

正像许多历史悠久、远近闻名的景观一样，居庸关和关沟也有许多传说故事。它们有的将关城施工与著名神人或传说中的能工巧匠（如鲁班）联系起来，借以赞颂工程的牢固和神奇，有的则把某一景观同历史上的某一重要事件联系起来。这些传说来自生活，但又高于生活，具有强烈的主观倾向性，而且口口相传，加上了传颂者主观上的增改，使得原来可能还有一点事实根据的事情越传越神，以致离事实的本来面目越来越远，成为一种饱含人民美好希望，表达人民思想感情的民间口头文学。"五桂头"的故事就是这样的。

其实，"五桂头"这美丽的名称，并不代表桂子飘香的树林，而是"五鬼头"的转音。原来，这"五桂头"是在当地隐居的五兄弟，他们曾在元朝当过小军官，学得一手施放火炮的绝技。此消息被明朝的燕王朱棣听到了，因为此时他正在扫北的路上，要通过居庸关。但因蒙古兵死守乱柴沟之险，明军冲不过去。燕王决定礼聘这五兄弟出山来辅佐他攻险。由于这五兄弟带炮上阵，用高超的技术炮轰元军守敌，使燕王顺利地占领了居庸关。燕王做了皇帝以后对五兄弟心怀戒备，最后，竟以"蒙古细作"的罪名，把这五兄弟杀了。五兄弟被燕王害死的事传了出去，

关沟七十二景之一：仙枕石。又称穆桂英点将台，位于居庸关城北，上关城南的河滩中，沿京张铁路和公路均可见到。为独卧沟中的一块巨石，高三米多。石上有大小圆洞28个，据说是穆桂英在此扎营时留下的痕迹。实际上，这一带既非宋朝的边关，更非宋辽相交的战场，而是辽的领地。这是在宋辽和好之后，辽国为了笼络汉人而采取的具体措施。

很多投奔燕王，且立过战功的人都感到自危，从而引起了人心慌乱。于是，燕王后悔了，可为时已晚。人们把曾悬挂五兄弟头颅的地方叫"五鬼头"。燕王的亲信为了替主子讳过，就因势说成"五桂头"，改五兄弟的墓为"培楼"。在关沟七十二景当中，一些比较著名的还有弹琴峡、云台等，都有一些美丽的传说，或凄婉，或忧伤，或悲愤，或雄壮，以不同的方式感染着一批又一批听故事的人。

与这种美丽传说相联系，还有一大批关于居庸叠翠景观的诗词。古代文人墨客描写居庸关山河险要的诗词很多。如唐代诗人高适，在开元二十四年（736年），奉命送兵过居庸关，就写下了《使青夷军人入居庸》三首。其中"崖峦鸟不过，冰雪马堪迟"，"绝坂水连上，群峰其云高"，对居庸关要塞险峻的地势，作了形象的描绘。再如元代诗人陈浮《居庸叠翠》："断崖万仞如削铁，鸟飞不度苔石裂。嵯岈枯木无碧河，六月太阳飘急雪。茫茫塞沙出关道，骆驼夜吼黄云老。征鸿一鸣长空起，风吹草低山月小。"这首诗把关沟山河险要、气候异常、人烟稀少、征战不止的景貌全面地记录了下来。居庸关依山连谷，气势雄壮，古代诗人留下了不少形容居庸天险的名句。12世纪中叶，北京成了金王朝的中都，居庸关也因地控京都西北门户而身价倍增。当时这里的人员车马之多，从金代刘迎的《晚到八达岭下达旦乃止》中可见一斑："车马两山间，上下数百里。萦纡来不断，奕奕似流水。鲸形曲腰膂，蛇势长首尾。"金人宇文虚中过居庸关诗云："奔峭从天拆，悬流赴壑清。路回穿不细，崖裂与藤争。"元代，居庸关成了大都和上都的必由之路。虽然有"皇卫坦荡荡，来往无惊猜"，以及"怒辙弃春雷"（元代吴道师《居庸关》）的热烈场面，但陈浮的笔下仍少不了对雄关惊险的描述："马蹄蹴石石欲落，不知何年鬼斧凿？仅与青元通一握。上有来藤万仞之崖，下有泉喷千丈之壑。太行羊肠蜀剑阁……"明代的李贽路过此地，也写下了"重门天险设居庸，百二山河势转雄"的名句。明朝侍讲邹缉的《居庸叠翠》把居庸关的险峻地位和美丽风光都做了生动记录："草木常含春雨露，峰峦疑隔晚烟空。云连朔漠提封远，地拱神京控制雄。"康熙皇帝在他的《入居庸关》诗中写道："须识成城惟众志，称雄不独峙群山。"此诗是他在三次亲征准格尔反叛取得胜利，回师入居庸关时写下的。此时此刻，他面对"悬崖壁立垣墉固"，所想到的，却是"须识成城惟众志，称雄不独峙群山"，这揭示了民众团结力量无比的道理。清代乾隆皇帝多次游览，乾隆十六年（1751年）赋诗："断戍颓垣动地连，当时徒说固防边。洗兵玉垒曾无籍，守德金城信不穿。泉出石鸣常带冷，日寒峰暖欲生烟。鸣鞭阿那羊肠道，可较前兹获有田。"并题写了"居庸叠翠"碑。乾隆另一首步上述诗同韵的《居庸叠翠》诗也较著名："居庸天险列峰连，万里金汤固九边。雄峻莫夸三峡险，崎岖疑是五丁穿。岚拖千岭浮佳气，日上群峰吐紫烟。盛世至今无战伐，投戈戍卒荻山田。"

  清代思想家、爱国诗人魏源，在鸦片战争前后，曾两次游居庸关。此时正是内忧外患日益严重，中国正迈向殖民地半殖民地的深渊之际。诗人面对多灾多难的祖国，咏物抒怀，寄托情思。道光三年（1823年），魏源应聘前往正驻守在古北口的直隶总督杨芳的家中当教师。他在教书之余开始研究防务，写下了《居庸关五绝》（三首）。这三首五绝中表达了诗人对边防的隐忧和对关塞的注意："一登八达岭，回视如窥井。何意塞门关，天成云外境。"此后过去了21年，魏源第二次写居庸关诗，即为七绝三首：

十年嵌奇托一程，连云虎跨是关城。
雄山尚作窥边势，古涧难平出塞声。
橐驼何部贡黄羊，平世浑忘古战场。
春草绿如秦塞界，桃花红过汉封疆。
读史筹边二十年，撑胸影子是山川。
梦回汉使旄头外，心在秦时明月先。

  这已经不是纯粹的山水诗，而是对祖国可能遭受帝国主义侵吞的担心。诗人面对"连云虎跨是关城"，立即想到自古以来此处多狼烟、烽火；他想到秦汉时的强盛，以及当今统治者的腐朽昏庸，他们早已把战场上的防务忘得一干二净。尽管依旧是桃红草绿，美好自然，但人事已非，令人忧时伤世。筹划边防20年的魏源对于西方帝国主义的侵略野心了解深刻，他又怎么能不担心呢？他此时的心情，要比唐朝诗人写的"秦时明月汉时关"之际更加沉重，所以他才说"心在秦时明月先"。

  经过数百年的沧桑巨变，居庸关虽然早已由一座军事关城，变成了一处供人凭吊、游览的景观，当年守戍这里的将士们早已魂归天外，但是，它那雄伟的身姿和美丽的景观，依然象征着中华民族的伟大，祖国河山的壮阔，从而激发着一代又一代中华儿女，为祖国的强大、民族的富强而奋斗、拼搏。正是在这个意义上，可以说，包括居庸关在内的整个长城，已成为鼓舞民族精神的巨大力量。

九、"万壑晴光凌碧霄"——西山晴雪

[八角鼓词] 时值隆冬，快雪时晴。闲游眺望，景物凄清，树木村庄改旧容。最可羡，西山一带林壑美，得了这，天公戏玉散琼英。远望如银，银世界，点缀出，崎岖险峻白云峰，仿佛梨花开遍岭，摩天峭壁列如屏。浅淡夕阳衔远岫，断云归去倚苍松，采薪樵子如归也，荷笠应由鸟道行。真正是，八景之一，拱卫神京。

（一）香山秋色与晴雪，究竟谁应数第一？

提到香山的景色，最著名的要算秋天的红叶了。的确，如果在深秋时节来到香山，远远地就可以看见漫山的黄栌树叶被秋霜染得火红，遍山红叶，层林尽染，迎晖引露。远观如燃烧的晚霞，煞是娇艳可爱。早年间，去香山看红叶要骑着小驴前往。坐在这种只有自行车高的小驴背上，悠悠忽忽，穿行在山路的红叶之间，若隐若现，远远望去，似飘浮在云中的仙人。加上秋季特有的湛蓝天空、变幻的浮云和娇艳的秋阳，这样美丽的画面实在令人难忘。如果徒步爬上香山最高处，向下俯视那秋山红叶，更是一种奇景。"兴至狂书枫叶红"，香山那媚人的红叶召唤着多少远去游子的心。

元帅诗人陈毅的著名诗句："西山红叶好，霜重色愈浓"，更将红叶赋予了人格魅力，把它比喻成经过艰难困苦考验，而愈加坚强勇敢的中国共产党人和一切革命者，从而为观赏红叶增添了富于时代色彩的深刻内涵。

香山秋天里的满山红叶

燕京八景

民俗专家张家鼎系八旗健锐营的后代,自小在香山长大。他凭借对这里环境的谙熟,更把香山秋天的美景概括为"四红"。除上面提到的如丹红叶外,还包括叶红果也红的柿树和山里红、大枣。柿叶同黄栌叶一样,霜降前后也开始变红。因叶面有光,在秋阳照耀下,闪闪发亮,其烂漫,是任何春光都无法比拟的。而那一串串的柿果,更像一盏盏小红灯笼,高高地挂在树上。暮秋之际,叶落草黄,树枝上独有"火柿"高挂,光景别具。而人工培植的山里红,像颗颗火珠,缀满枝头。它是制作老北京特有的大串糖葫芦的原料,有健脾开胃之功效,可加工成多种美味食品。至于红枣,则是一团团、一簇簇,如红玛瑙。无疑在这"四红"齐呈的秋天,香山的红火更添了几分姿色。

其实,香山不仅秋天的红叶好,一年四季各臻其妙,夏季亦有风韵。春夏之交,晴云碧树,花气鸟声,特别是香山西南坡一带,云蒸霞蔚,如锦似绣;每遇阴雨季节,山林间云雾缥缈,朦朦胧胧;在夏天,当属双清别墅最为清幽,可说是神仙洞府,别有情趣。明代李东阳写香山的诗中赞美说:"古松成盖竹咸阳,飞流坠地水声浑。鸣叶绕空云籁远,似闻空谷有余音。"另一位明朝诗人查慎行也说:"九重城阙微茫外,一气风云吐纳间。""洗空尘土三年梦,一夜鸣泉傍枕流。"这后两句写出了香山夏景的清幽。此时置身香山园林之中,纵然只在参天老树的浓阴下,随便找个地方坐坐,听听山泉流水的声音,也会使人忘却一切人世的尘嚣,进入一个清静的世界。

既然如此,那为什么不把"香山红叶"或"夏日松荫"选入燕京八景,独独选择这里的"西山晴雪"呢?关于这个问题还有一个传说。

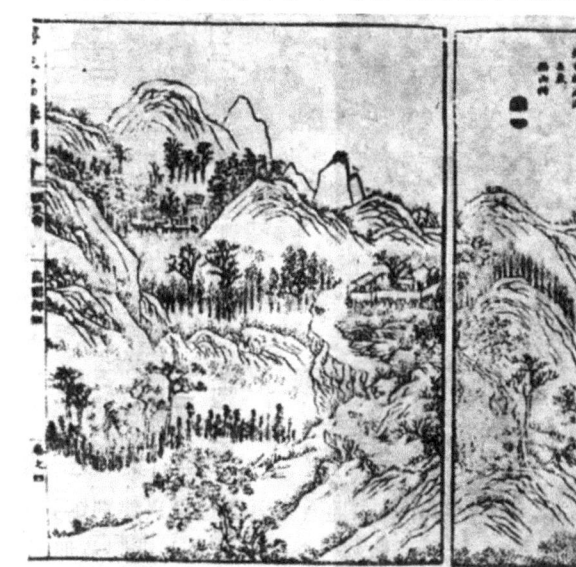

西山晴雪图

说的是清朝的乾隆皇帝好大喜功,在位期间经常借机出游私访,还经常为各地的名胜古迹命名、改名并题书。有一年冬天二月初八的早晨,乾隆退朝走下御座。他刚一走出大殿,就看见满天飞舞的大雪,于是心情倍爽。由此他想到了香山。他认为此时香山的景色一定更美,恨不得一下子飞去观赏。

他来到香山一看,果然景色格外迷人。周围的山山岭岭落满了白雪,银装素裹,绵延无际。高高的香炉峰也好像披上银色的绒袍。乾隆登上半山腰的一块岩石,一边赏雪,一边赞叹。早在金朝的大定年间,此处已有"西山积雪"的景观,并被列为金代的燕京八景。此时陪同乾隆而来的刘墉想起了这事。于是,他不满意地问了一句:"这雪后西山美是美,可为何偏偏叫'西山积雪'呢?何处之雪不积在一起啊?"乾隆望着满山的白雪,对刘墉说:"依你之见,当为何宜呢?"刘墉连忙回答说:"皇上圣明,还是您来吧。"乾隆想了几个名字,又都觉不大合适。于是就回城了。第二天一早,乾隆又和刘墉一起来到香山。

只看这时的香山,在耀眼的太阳光照射下,漫山遍野的白雪仿佛都发着银光。"以朕之见,就叫'西山晴雪'吧!""妙哉!"刘墉连声叫好。接着他又建议乾隆说:"陛下,您起了如此美妙的名字,何不亲笔御题呀?"乾隆一听,正中心意,就叫人拿来文房四宝,大笔挥洒。这时,刘墉又说:"陛下,您一字千金,写在纸上还不如写在岩石上,万古流芳。"乾隆趁着文兴,就在岩石上写下了"西山晴雪"四个大字,并命人把它刻了下来。除此之外,还有一个关于"西山晴雪"的版本,说这里的"雪"不是指冬天的真雪,而是指春天漫山的杏花,其白如雪,是一种象征手法。不过,这样说法似乎不为大多数人认可,因此流传不广。

(二)关于"西山晴雪"的历史记载

关于这段故事的来历,目前还仅限于传说。但《金史》确有关于这一景观的文字记载。说的是金朝大定年间,宫中的太监管家就在这里兴建别馆。大定十年(1170年),宋朝的使臣、诗人范成大来到金中都,九九重阳节那天,他仰慕西山秋日的景色,特来此观赏。谁知,那一日中都突然下起了大雪,西山也披上了银装,远远望去,似一片银色的绒毡。范成大触景生情,诗兴大发,即席赋诗:"九日朝天种落骦,也将佳节劝杯盘。苦寒不似东篱下,雪满西山把菊看。"以后,景由诗扬,慕名来西山赏雪的人也逐渐多起来。金世宗在香山一带建造了规模宏大的大永安寺,还兴建了行宫。后来他的嫡孙,直接继承他皇位的章宗完颜璟,又在此地相继建筑了祭星台、会景楼等。元明两代都有扩建。

到了清代,康熙十六年(1677年)建香山行宫。乾隆于上台后的第十年(1745年),开始在香山大兴土木,漫山遍野都建起了殿堂、台榭、亭阁、塔坊,他还亲题二十八景,定名静宜园。园内不仅有许多历史上著名的古刹和人文景观,而且具有深邃幽静的山林野趣,保持着浓郁的自然生态环境。正像张养浩《游香山诗》中所描写的:"山行弥日山益奇,乱峰抉翠纷参差。游人如蚁度林杪,细路一线云间垂。我来青帝已迥驭,太古残雪犹离离。"清朝末年,英法联军、八国联军两次焚烧,历朝古迹遭到全面破坏。比如香山最大的香山寺,有五层大殿,存有辽、金、元历代古迹,现仅存石阶、石坊柱和残旧的石桥、方池，以及乾隆御制《娑罗树歌》碑一块。这里原是金章宗时的会景楼所在地，曾有护驾松一棵，为当年金章宗在此游玩时，失足摔倒，得此松树保护而赐名，现已不存。乾隆曾在此两次设三班九老宴，第一次是庆祝皇太后七十寿辰，第一班王公大臣九人，第二班武官九人，第三班退休大臣九人，与宴者年岁共记七百零四。第二次是庆祝皇太后八十寿辰，也按以上三班排列。香山上保存下来的还有清代的昭庙，为接待西藏班禅来京祭祀祈福而建的藏式喇嘛庙，1780年建成。

（三）"西山晴雪"碑

"西山晴雪"景观以立于香山半山亭北，朝阳洞山道右侧的石碑为主，为乾隆十六年（1751年）御书，与燕京八景的其余景观同时确立。相传金明昌时，初名"西山积雪"，元时改称"西山晴雪"，明《诗序》又改称"西山霁雪"。乾隆时恢复了元时名称。

在香山西侧的玉华山庄后身，沿着盘曲而宽展的山间石板路而上，经栖月山庄和观赏红叶的梯云山馆，就来到了"西山晴雪"的巨石旁。这里地势开阔，近可览全园景色；远可眺望北京城，层层山峦尽收眼底。这里冬季可以观赏雪景，夏季可以消暑纳凉。清人曾作诗云："八景西山晴雪好，夏季避暑更相宜。"

在下雪的天气，北京人大多都待在家中，把门窗关得严严的，即使不饮酒取乐，也都闭门家居，绝对没有大敞着门窗看雪的气魄。虽然也有人走出家门观赏城里那极为华赡的雪景，吟上几句"璀璨崇台银世界，权桠老树玉龙蛇"之类的诗词，可毕竟无法领略莽莽银海的雪山气势。因为北京作为几百年的首都，最宜于观赏的雪景，仍然离不开画栋雕梁，飞檐鸳瓦的宫阙建筑，其中少了许多自然的美感。

然而，来到香山半腰所见的雪景迥然不同。可以想象，每当雪后初晴，从这里凭高眺远，但见山峦玉列，峰岭琼联，旭日照耀，一派红装素裹。面对雪景，乾隆皇帝也不禁吟道："银屏重叠湛虚明，朗朗峰头对帝京。万壑晶光迎晓日，千林琼屑映朝晴。"为尽兴，他还专叠此韵又赋一诗："久曾胜迹纪春明，叠嶂嶙岣信莫京。刚喜应时露快雪，便教佳景入新晴。寒村烟动依林袅，古寺清钟隔院鸣。新傍香山构精舍，好收积玉煮三清。"

(四)"西山晴雪"之美

北京史地民俗专家金受申先生,在说到观赏"西山晴雪"之景时,深有感触地说:"西山晴雪有远观、深涉两趣。若既不远观,又不深涉,只在山下望山,纵有晴雪,亦不美观。而当初立此景时,必由远观而来。"的确,纵然"西山晴雪"碑立在香山,但这里所指的毕竟是"西山"。而且有的学者考证证明,"元明时,泛指西山一带雪景"。更有人进一步指出"皆泛指西山,并无确切地点"。这更加佐证了金先生所言为要害之语。

北京的西北郊,素称"神京右臂"的西山山脉,自南趋北,兜转而东,把整个北京西北部环抱起来,成为这个平原的天然屏障。西山风景优美,唐、宋以来已经成为寺院荟萃之地,金代就开辟了园林西山八院。古时,人们形容西山是"连岗叠岫,上于云霄","挹抱回环,争奇献秀",其景色突出的特征,归纳起来可称为:西山异常清幽。有人记述西山雪景说:"大雪初霁,凝华积素,若屑琼雕玉,千岩万壑,宛然图画。"元、明、清三代,西山雪景一直受到人们的称赞。依理,这种称赞,必然从"远观"、"深涉"所得。

在历史上,用"远观"、"深涉"两种方法观赏山中雪景,并非只有北京西山一处。唐朝开元年间的诗人祖咏,就曾写过《终南山望余雪》诗:"终南阴岭秀,积雪浮云端。林表明霁色,城中增暮寒。"终南山在长安城的西南面,从城中只能看到其阴岭(北部),故为积雪。山顶的积雪处在云雾之中,雪晴之时,夕阳溢彩,画面之美不难想见。

唐代另一位诗人施润章写过一首《雪中望岱岳》的诗:"碧海烟归尽,晴峰雪半残。冰泉悬山壑,云路郁千盘,景落齐燕白,光连天地寒。秦碑凌绝壁,策杖好谁看。"诗人在下雪时节登临泰山,雪因山势而险峻,山由雪装而奇诡。晴峰残雪,冰泉倒悬,其美在于清;山路绕云雾,四望皆素缟,其美惟其淡。泰山既因雪而一身洁白,那么它的影子也应是白色的,以致它身后的齐燕广阔大地也因此而一片白茫茫,"影落齐燕白"一句,显示出诗人有多么丰富的想象力。

古人写山中雪景之诗,其量众多,不胜枚举。那么,"西山晴雪"之特色何在,或者说"西山晴雪"实质何在?这个问题貌似突兀,实际上,是理解

"西山晴雪"景观的关键,值得一思。这里,首先应解决的一个问题,就是如何看西山?《宛署杂记》上说:"西山在县(宛平)西三十里,旧记太行山首始河内,北至幽州,第八陉在燕,强形钜势,争奇拥翠,云从星拱,于皇都之右。"这里说的西山是京西诸山之总名,太行山的余脉。这众多的群山,成为拱卫京师的屏障。又因为这是"争奇拥翠",泉水众多,且离京城较近,自然就受到京中统治者的青睐。他们在这里辟地建屋,盖起了寺庙、别墅、行宫等诸多建筑,成为他们探秘寻幽的好去处。金(乃至辽)以后的历代帝王都曾来此巡幸,从而使西山在无形中增添了一种威严和神秘的气息。正是在这个意义上,清末文学家、政治家王国维吟:"西山自拥兴王气。"乾隆前述诗中也有"叠嶂嶙岣信莫京"句,在他的眼里,这"叠嶂嶙岣"的西山简直不比京城的王气差,甚至觉得,这里的气势与自己的帝王之气有着水乳交融的联系,来到这里,真有如鱼入大海,"海阔凭鱼跃"的酣畅、通达的喜悦。

(五)毛泽东格外喜爱西山

从双清别墅院内水池南侧所见别墅主建筑及庭院中凉亭

尽管西山长年被封建统治者所占据,但随着人民革命的胜利,西山又回到了人民的手中。1949年初,中共中央从河北的西柏坡移师北京之后,就把办公地点定在了香山。毛泽东住在双清别墅,在这里指挥了淮海战役,在这里同各民主党派和爱国人士协商建国大计,并写下了《南京政府向何处去》等系列文章和《七律·人民解放军占领南京》的不朽诗篇。毛泽东十分喜爱这里清幽的环境,这几乎成了他在重大历史关头,夜以继日紧张工作之中的一种难得的精神慰藉。以致当和平解放北平、党中央进驻中南海时,他依然恋恋不舍,要住在这里。只是由于中央考虑到这里没有围墙，保卫工作复杂，同时又距城较远，不利于工作等原因，由周恩来副主席等竭力劝阻，毛泽东才被迫离开了双清别墅。就是这样，他也不是一下子就搬走，而是白天去中南海办公、开会，晚上仍回双清别墅，这样持续了好长时间。直到开国大典举行，国事日益繁忙之后，他不得不彻底离开。

当然，毛泽东不愿入住中南海还有一个原因，就是那里曾是慈禧独揽国家权力、光绪因变法维新被囚禁，袁世凯占据总统府，筹划复辟的地方。所以，他一再明确表示："我不搬，我不做皇帝。""这是原则问题。"

想来如果毛泽东在此居住期间正赶上大雪，他一定也会诗兴大发，吟诵出不让古人的千古绝唱的。尽管如此，当我们谈到他的《沁园春·雪》的时候，几乎同样能感受到他磅礴的气势，以及借赞颂雪景所表达的对祖国河山的热爱。

> 北国风光，千里冰封，万里雪飘。望长城内外，惟余莽莽；大河上下，顿失滔滔。山舞银蛇，原驰蜡象，欲与天公试比高。须晴日，看红装素裹，分外妖娆。　江山如此多娇，引无数英雄竞折腰。惜秦皇汉武，略输文采；唐宗宋祖，稍逊风骚。一代天骄，成吉思汗，只识弯弓射大雕。俱往矣。数风流人物，还看今朝。

这首词，虽然并非特指"西山晴雪"这一景观，但谁又能说，它不是对"西山晴雪"景观的最佳描述呢？在这里，拘泥于一山一石的刻画会显得小气，只有总领全局，抓住西山的整体气势，才能以神来之笔创作出佳作，这正是金受申先生所言"远观"与"深涉"的真正含义。因为，不"远观"就不会总领全局，更不会由自然联想到历史；不"深涉"也就不会掌握"西山晴雪"的灵魂，而流于空泛，难以产生感人的力量。也许通过这些叙述，有利于读者进一步真正把握"西山晴雪"，并深入领会之。

按照"深涉"来观赏"西山晴雪"的方法，是否还可以将逶迤西山的雄浑之势和北国风光的高洁品质加以拟人化？倘真如此，那就不能不提到抗战兴起之际，曾在这里居住过的一位"李知凡太太"。因为她在民族危亡之际所表现出的高瞻远瞩和宽广胸怀，实在与这连绵的西山有着本质上的惊人的相似之处。

那是1937年5月，"李知凡太太"为治疗肺病来到北平，住在西山福寿岭平民疗养院内。这里紧连着连绵不断的燕山山脉余脉，山坡下是浓郁葱茏的松林，环境幽静别致，利于休养。然而此时正是"七七事变"前夕，日本占领北平已成定局，北平人心惶惶，汉奸特务猖獗。面对如此恶劣的环境，又是疾病缠身，真可谓外忧内患集于一身。然而，作为一名共产党人，"李知凡太太"面对如此困境毫不畏惧。她不仅保持乐观情绪，积极养病，而且注意团结群众，宣扬中共的抗日主张。病友们因此而心情渐渐开朗，病房里充满歌声。她还组织病友为抗日伤兵捐款，她的干练细密，使其充满了一种神秘感。7月29日，宋哲元率军退出北平，六朝古都落入敌手。"李知凡太太"在美国友人斯诺的帮助下逃出北平，前往西安与周恩来团聚。因为她正是周恩来的夫人邓颖超。1973年，已经身患癌症的周恩来，曾同当年的李知凡太太一起来到西山福寿岭，寻找昔日的平民疗养院，但此时已是遗址全无，唯枯草衰柳尚存。

1937年，邓颖超化名"李知凡太太"，在西山福寿岭平民疗养院前。

邓颖超以她坚定的信仰，乐观的情绪和博大的胸襟，人格化地体现了西山的风格。

当然，我们在赞美"大江东去"的豪放气派的同时，也不应排斥"三杯两盏淡酒"的婉约之情。相反，二者各尽其妙，丰富了人们对自然景观的欣赏，例如，明朝胡广的诗《西山霁雪》中写道"王城楼阁在咫尺，从知三岛非路遥"。诗人通过近看园内的雪景，感到西山的寺庙、宫殿等近在咫尺，雪后披上银装，犹如玉城楼阁。如此美妙的景观，古代传说中的海上蓬莱、方丈、瀛海三仙岛，也不过如此吧？为登临这西山观赏霁雪，何惜路途遥远？于是"登临未惜马蹄遥"。（明代邹缉《西山霁雪》）

十、"城中第一佳山水"——银锭观山

（一）"银锭观山"属于"燕京八景"吗？

有人说银锭观山不属于燕京八景，而且乾隆钦定的燕京八景中也确是没有此景。然而，作为内城城市山林的最具代表之处——什刹海地区，却的的确确应该有一景列入燕京八景之中。否则，将是燕京八景的遗憾了。毕竟，几百年来的什刹海，已成为上至皇亲国戚，下至平民百姓心中的乐园，更被誉为"城中第一视廊"，不仅看市井，而且看山水。正是由于什刹海在人们心中如此重要，于是有人说，银锭观山算燕京小八景，也有人说它算燕京十六景。无论怎么算，这都是为了弥补人们心中的遗憾。

论起来，银锭观山的主体，不过是架设在前海和后海相分处水面上的一座小石桥，由汉白玉雕砌而成。也有人说，银锭桥于明代初建时为木桥，其形状为半圆形，像一个倒扣着的银元宝，为一座南北方向的单孔石桥，长约10米，宽约6米。其实这种形式的桥很多地方都有，像北海公园内，白塔山西侧，北岸的静心斋等处，一般俗称为罗锅桥。而此处却用了这么一个虽不一定属文雅，却也称谓独特的名字，也许是在夕阳照耀下，汉白玉的桥身熠熠生辉，似银光在显现的缘故。此说法有清人宋荦的一首诗为证："鼓楼西接后湖湾，银锭桥横夕照间。不尽沧波连太液，依然晴翠送遥山。"（《西陂类稿·过银锭桥旧居寺》）这里特别点出了"银锭桥横夕照间"，可见这时景色的典型代表意义。

银锭桥自清朝末年以来就已十分残破，1984年才进行大规模整修，新铺了桥面，更换了汉白玉石桥栏。当然，银锭桥不仅是别人看的风景，更主要的

燕京八景

位于前、后什刹海之间的银锭桥。往日此处荷花敛艳,稻田片片,可望见西山的景色。

是,它是看别人的风景。在它的东北两面,是著名的钟鼓楼和德胜门城楼、箭楼;在它的南面,是巍峨的白塔山和一片红墙黄瓦的紫禁城,碧荷琳宫,"银锭桥连响闸桥,湖光山色隐迢迢","南海子而外,望云气五色,长周护者,万岁山也。左之而绿云者,园林也。东过而春夏烟绿,秋冬云黄者,稻田也。北过烟树,亿万家甍,烟缕上而白云横。西接西山,层层弯弯,晓青暮紫,近如可攀"(《帝京景物略》);"碧峰一寺夕照下,月光荷花通海潮",这里提到的"碧峰"指的就是位于西面的黛色西山的千峰万峰。所以,站在这银锭桥上,自然比周围地面高出一大截,视野豁然开阔,可望见西山、香山;观的是前海后海,给窄仄市井中的人们一个舒展心胸、忘怀畅想的机遇。因为,银锭桥之所以好看,在于此桥附近没有现今的那些鳞次栉比的楼群,水域宽阔。在明代,"德胜门东,水田数百亩,沟洫浍川上,堤柳行植,与畦中秧稻,分露同烟。春绿到夏,夏黄到秋,都人望有时,望绿浅深,为春事浅深;望黄浅深,又为秋事浅深。望际,闻歌有时:春插秧歌,声疾以欲;夏桔槔水歌,声哀以啭;秋合酺赛社之乐歌,声哗以嘻;然不有秋也,岁不辄闻也。有台而亭

如今在银锭桥上西望所见景色

燕京八景

之，以极望，以迟所闻者。三圣庵，背水田庵焉。门前生木四，为近水也，柯如青铜亭之。台，庵之西。台下亩，方广如庵，豆如棚，瓜有架，绿且黄也，外与稻杨同候。台上亭，曰：'观稻'，观不直稻也，畦陇之方方，林木之行行，梵宇之丁丁，雉堞之凸凸，皆观之"（《帝京景物略》）。尤其是在清朝中后期，"高粱桥至圆明园、香山，夹河两岸，近开水田已有二千余亩，并连康熙、雍正年间所垦，为数更多。而丰台穿池筑塘，亦倍于昔，故鱼虾市中不断。菱藕肥嫩，宛似江南"。有了这宽阔的水面，广袤的原野，纵然是远处的西山，也自然历历如在眼前了。

（二）银锭桥与什刹海

走笔至此，不能不先简介一下什刹海。这一方面是因为银锭桥就是架设在这什刹海的碧波之上，所以不说什刹海，也就难见银锭桥之美；另一方面，也是更重要的一方面，早年间的什刹海，还是元朝定都北京时，从南方运粮来大都的终点码头。可以说，正是因为有了这源源不断的南方粮食，才养活了世世代代的北京人。元朝把大都城建在后三海（什刹海）与前二海（北海、中海）周围地区，正是因为这里有着须臾不可离的水。水是生命之源，也是城市生活之源。所以，人们一直把什刹海称为"母亲河"。银锭观山不仅仅在于欣赏美景，而是时时提醒人们不忘母亲养育之恩，荡舟水上，如同投入了母亲温暖的怀抱。

什刹海最初见于记载的名字叫积水潭，或称海子，原是高梁河上比较宽阔的一带河身，史前时期也曾一度是永定河的故道。元世祖定都于此时，请水利专家郭守敬精心设计，自西北引水而东南大大增加了水量，浩浩渺渺，与京杭大运河直接沟通。这项创举对于元代北京城的建设，以至全国的经济发展，都发挥了重要作用。元代都城紧紧依傍积水潭，南北展开，在其中心部位，即现在的中海、北海的东岸，兴建了大内皇宫；而且都城城墙也是紧紧依围积水潭等距离确定的。以后，明、清两朝依然按照这一中轴线建设了自己的都城。正是在这个意义上，可以说是先有什刹海，后有北京城。

元代以来，什刹海地区非常繁华。附近的钟鼓楼前是都城中的商业区，米市、面市、绸缎市、珠宝市、鹅鸭市、果子市，商肆作坊，比比皆是。积水潭内更是舳舻蔽水，飞帆一苇，径抵辇下。川陕豪客，吴楚大贾充斥于沿岸的酒楼歌台。这里不仅有南来北往的各族中国人，而且还招来了西域客商、南北洋人。这方面的内容，在《马可·波罗游记》中有详细记载。

明清以后，水道逐渐湮塞，大运河的终点东移，什刹海的经济意义逐渐让位于它的文化意义。"前三海"和"后三海"是北京内城的唯一水系。而"前三海"又为皇家苑囿，非一般人所能涉足。于是，"后三海"，简称后海，就成为京城百姓和外地来客们游玩、聚会的理想场所。这里，远近之处有树林、稻田，湖上蒲荷掩映，凫鸟纷飞，屏山叠翠，晓青暮紫，一派江南景色。

什刹海最美的季节要属夏季。届时，环湖的莲叶荷花一片，站在银锭桥上，朝西望去，在渐次开阔的湖水尽头，可以看到西山的剪影。历史上，什刹海前海一带有专营各种风味小吃和民俗工艺品的荷花市场和一批当时知名的茶楼酒肆。早期的如庆云楼、天秀楼、望苏楼、庆和堂，晚期的则有会贤堂、集香居、清音茶社、爆肚王、烤肉季等等。集香居曾号称"临河第一楼"，而烤肉季至今尚在银锭桥畔。会贤堂位于银锭桥北侧的石闸附近。这些茶楼酒肆处在美妙的景点周围，加上这里脍炙人口的美味佳肴，吸引了众多的各方人士，在这里把酒临风，品尝美味，欣赏美景，置身佳境之中而陶醉。

正是因为这里有着如此的诗情画意，成为京城文化的一个聚居地，所以才招引来许多人游玩，游玩不足而干脆在此置地盖屋，定居下来，以便随时置身其中。自金代以来，在这里住过的权贵、大贾、闻人不计其数。有记载的就有金代的元好问、元代的关汉卿、朱帘秀、赵孟頫，明代的袁宏道、袁宗道、袁中道、李东阳；清代的纳兰性德、曹寅、郑板桥、曾朴、张之洞；近代的齐白石、鲁迅、林琴南、老舍、溥心畲、张伯驹、陈垣、梁漱溟……最早的可能要算三国时期的诗人曹植了。据说他曾有诗涉及什刹海。据不完全统计，这里曾建筑有十多座王府、二十多处私家园林、三十多座庙宇。这些府邸、园林、寺庙，又丰富了沿湖风景，使自然与人文相结合，山水风光与人文轶事相结合，生发出无限的引人往事，使这里成为最具京味文化的代表地之一。

在明代，什刹海曾被列为"都下第一胜区"（当然这是指除皇家宫苑之外的胜区）。《帝京景物略》中则把什刹海比喻为具有西湖春、秦淮夏、洞庭秋美景的京华胜地。这方胜水还引出了许多民俗活动，如放荷灯、扎法船、洗御马、滑冰床等。京城的各类民间杂耍、说唱，各式各样的风味小吃，以及古玩、字画、工艺品等都在这里集中。什刹海成了集风景、民俗、游乐、购物于一体的重要场所。比起北京城其他民间娱乐场所，如天桥，这里闹中有静，雅俗兼得。一句"逛海子去"，道出老北京对它的无限热爱和向往。

自然，什刹海并不是世外桃源，多年来，它同北京城一起，经历过历史兴盛繁荣，也有过衰落破败。尤其是到了20世纪40年代末，由于连年内战，政府腐败，社会动荡，什刹海已是堤岸塌陷，淤塞严重，荷残柳败。进入50年代，随着新北京的建设，什刹海也得到了一次彻底的整治。但经过十年"文化大革命"，人的生命都受到摧残，什刹海自然也在劫难逃了。1983年底至次年初，又一次进行了大规模的整治。当时，有许多政府官员、军队官兵和附近群众，破冰清淤，修岸砌墙，筑坝蓄水，回收绿地，植树种草，连通了环湖道路。这年10月起，什刹海地区八年总体规划工作开始，十余处景点得到恢复。银锭桥也今非昔比。它的桥面已经拓宽，桥旁的烤肉季饭庄装饰一新。在银锭桥东南前海西北，恢复了从前的北京小吃市场，北京著名的小吃莲子粥、炸灌肠、豆汁、焦圈、茶汤、凉糕，在那里应有尽有。虽然不复当年的淳朴锦簇，倒也聊胜于无。但不管怎么说，什刹海毕竟是北京城里难得的一处富于自然之趣的景观，又岂止是夏日艳丽的面貌，春日的柳笼绿烟，秋日的枫叶曳红，以及晨光中的水雾空濛,夕照中的波漾碎金,兼以附近胡同民居的古朴景象,放飞鸽群发出的哨音,遛鸟的老人那悠然的步态……古老的北京城和世代的北京人,在这里保存着一种恒久不变的京城文化。

(三)"银锭观山水倒流"与冰吼

银锭桥不仅所处的环境优美,而且,它还有两个独特的景观。

其一,就是银锭观山水倒流。北京的地势是西北高,东南低。从西山引来的水源都是从长河自西往东流入京东的通惠河。早年间,积水潭的水并不是直接往东,流入后海。因为后海和西海不通,后海西岸是一大土坡,银锭桥附近也是一大土坡,引水河槽,从西海引过的水东行转西南,通过李广桥后,分为两股,一股是往龙头井,再往东,往南,流入北海太液池;一股是往李广桥东街,沿河岸往东南到前海,再往回,流到后海北岸,经银锭桥,再流回到李广桥北的恭王府洗马坑(即如今的郭沫若故居附近)注入前海。由于前海地势比后海高,再加上后门桥处曾设有水闸,当水闸落下后,前海的水更为明显地从银锭桥下汩汩西流,形成了"银锭观山水倒流"的独特景观。进入20世纪50年代,将西海和后海打通,而李广桥附近的小河也被改为暗沟,上面铺上柏油,成了马路——就是现在的柳荫街。李广桥本身呢,也在这时一块儿被拆掉了。至此,从德胜桥下引向李广桥的水路被截断,前海的水通过银锭桥倒流入海的景观也不复存在。以后,前海的一部分水面填土改为楼房区,以往什刹海畔的九庵一庙景观也被遮隐了起来。

其二是冰吼。往年冬天的夜晚,不过不是北风怒嚎的冬夜,而是宁静到仿佛连空气都不再流动的那种最寂寞、最冷清的冬夜,黑糊糊的树影,灰蒙蒙的冰面,还有那比树影更加漆黑的一些等高线——湖边的铁栏杆在湖畔时隐时现,倘若在这样的冬夜来到银锭桥下,就可能听到冰面上传来的一种沉重的音响,这就是冰吼。这吼声仿佛是一个具有巨大能量的生命在来自外界的特大压抑下所发出的愤怒的呐喊。这是因为,冬天的湖水从上到下逐层冷冻成冰,体积变大。如果在江河湖海里遇到这种情况,先结冰的部分,体积膨胀后可以向尚未结冰的部分延伸、扩充,而什刹海不行。因为这里的湖面相对狭窄,成冰时间几乎相近。在这种情况下,膨胀的冰无法伸展,而气温还在下降,膨胀还在加剧。于是，巨大的压抑使其发出了吼声。又由于什刹海周围都是民居，有的房子就建在水边，所以，声音不会像在大江大河上一样，可以自然散开，而是收拢在一起，加上更深夜静，所以听起来格外清晰，而且惊心动魄，令人难以忘怀。不过，如今这一景观也很难见到了。因为暖冬天气越来越多，有时都数九好多天了，湖边上的水面还没冻上呢。这虽然有利于那些垂钓者，可要听冰吼是肯定不可能了。

（四）银锭桥和它的姊妹桥

　　银锭桥是什刹海水面上一座有名的石桥，但不是唯一的。由于这一片水面宽阔，又有许多岔流，所以免不了要支架一些小桥。久而久之，这些桥逐渐被填土成了路，也就只剩下了一些地名、胡同名。其中最著名的要算东不压桥了。它位于现在的地安门大街路东，建于明永乐年间，原来叫东步量桥，也作

后门桥修复后重新放水，只有桥上经过的新式公共汽车和加长的桥上石栏，表示着它恢复原貌的历程。

步粮桥。"步量"，是形容桥面窄，后来改为"不压桥"，是因为明朝扩建皇城时，皇城北墙压在了桥上，这堵城墙在民国时逐渐被拆除，所以又叫"不压桥"。之所以叫它"东不压桥"，是因为还有一座"西不压桥"，位于西边北海后门与什刹海之间，西不压桥已经很少有人提起，而东不压桥却成了地名。

在银锭桥的南边，还有李广桥和后门桥等等。它们曾经和银锭桥湖水相连，水源来自玉泉山，由德胜门水关进入积水潭（西海）、再到什刹海（后海），最后流进紫禁城。当年的李广桥架在现今的柳荫街北口，往东南到了后门桥，又叫万宁桥或海子桥。后门桥原为木结构，后来才改为单孔石拱桥。20世纪50年代，桥下的水改为暗沟，桥也就失去了作用。直到21世纪初，后门桥的美丽景象才重现于世。据说后门桥是北京南北中轴线的最北端。中轴线又称子午线，北为子为鼠，所以在后门桥南的地安门建筑下面，曾发现一只不大的小石鼠。而午为南，为马，所以前门楼下埋有一个不大的石马。另外，后门桥下还刻有"北京"二字，所以老辈人说，北京城埋在后门桥下。这两个字实际是一个防水线的标志。据经验，如果水量超过这个水位，则北京城就快遭水灾了。可见，当年北京城的设计、施工是很科学的。

（五）银锭桥下响惊雷

银锭桥不仅是观赏四周景致的好地方，而且据说它还与中国近代史上推翻清朝统治的民主革命运动，有着密不可分的联系。这要由追随孙中山闹革命的汪精卫说起。清朝宣统二年（1910年），为了加速推翻清王朝，汪精卫受革命党的委派，秘密来到北京，决定要刺杀摄政王载沣，迫使清朝统治集团陷于群龙无首的境地。

由于以往汪精卫多次来京，出入公开场合，所以认识他的人很多。因此，他白天很少露面，只在晚上外出。他以三百元作为股金，成了琉璃厂一家照相馆的股东，并以此作为安身之地。经过多日观察，他选择了什刹海附近的这座石桥，作为安放炸药的地点。汪精卫不会说普通话，就托照相馆掌柜找来工人帮他配药。2月21至23日三个晚上他都独自一人雇车前往预定地点，掘土安置炸药、电线。23日晚，就在他埋头工作时，忽然发现有巡夜的兵丁走了过来。情急之下，他连东西也来不及拿就逃走了。次日，城里传出消息，炸药已被发现,官方正在调查,照相馆不知何故被警察搜捕。汪精卫知道这是冲自己来的。为了不连累他人,他前去警察署自首。结果,在半道上就被来的警察抓住了。审讯中,他称自己就是放炸药的人,不过他隐瞒了真实目的,只是说为了造成影响,振奋人心,而且炸药是自己配的,实力有多大很难说。他在被审时的供词,于1925年点查清室文物时被发现。不久,辛亥革命暴动成功,汪精卫被释放。据传说,当年汪精卫放置炸药的小桥就是银锭桥。90年代,故宫博物院顾问、长期在什刹海附近居住的单士元老先生揭开了这一谜。他小时住在什刹海北岸的南官坊胡同,父亲常带他们兄弟前往德胜门的果子市、糖市,途径甘水桥。这里位于载沣所住的醇亲王府稍东,是与什刹海相连处的小河,上有一座用青石板搭成的小桥。单老先生儿时,这里小河已经快干了,桥板破旧。他的父亲就曾指着这座石桥告诉他们,昔日革命党在此小桥下曾埋炸药谋杀摄政王。而他在故宫清理档案时所见的审讯记录,大体位置也在这里。看来,汪精卫在银锭桥下放炸药谋杀摄政王载沣这事,地点是误传了。

无独有偶,就在汪精卫上述事件过去一个多月,一位革命党人再次谋杀载沣。所不同的是,这次地点的确是在银锭桥。主持这件事的人叫喻培伦,是四川同盟会会员。1910年3月,他奉命来到北京,在琉璃厂开了一家照相馆(又是一家照相馆,这难道是巧合?)作掩护,紧急筹备。一方面,他亲自在宣武门附近的一家铁匠铺密制炸药。另一方面,在载沣上朝的必经路上选择地点。3月31日夜,喻培伦把炸弹埋在银锭桥下。清晨载沣上朝,虽然依然从银锭桥乘轿经过,却并没有被炸死。原来,是因为喻培伦目测距离不准,电线少了几尺,致使炸弹未能如期爆炸。很快,他的行动被官方发现,革命党人被大肆逮捕。喻培伦的同事黄复兴被捕,而他自己则只身逃到了日本,两年后在广州黄花岗起义中光荣牺牲,年仅26岁。喻培伦这段往事,赋予了银锭桥传奇般的英雄色彩,成为中国人民反帝反封英勇斗争的见证。

(六)生花妙笔写"观山"

不过,像这样生死的拼杀只能算是历史的瞬间。相反,在元以后的数百年间,这里更多的还是显现着和平的光景,否则,什刹海畔的银锭桥,也就不会有人再有闲心来"观山",这一景观也将会自然湮没。对于银锭观山所见的诗

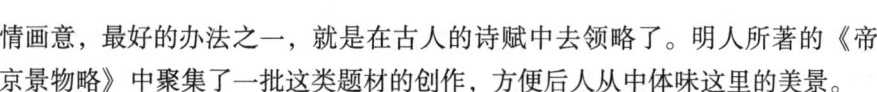

情画意，最好的办法之一，就是在古人的诗赋中去领略了。明人所著的《帝京景物略》中聚集了一批这类题材的创作，方便后人从中体味这里的美景。

诗人来到银锭桥上，心中的感情会随映入眼帘的美景所陶醉，诗句也就自然流出："风日闲过此，心情草木知。远山曾故旧，好友省言词。病理安棋局，年荒窄酒卮。烟波不尽望，长是共岭时。"诗人把在桥上所望见的远山称作故旧，显然不是头回光临。每当闲暇，信步至此，把心中的苦闷与这里的草木同相知，如同与老友聊天。显然，来这里观山，已成为诗人告慰心灵、寻求心内平静的重要形式。"四十里外城西山，青过城中照湖绿。湖水绿也到青山，水荷岸柳相连属"。近水远山相连，构成了一幅绿色的图画。这充满生命的绿色，带给人多少美好的回忆和憧憬。这首诗写作时的心情，自然比前一位好多了。绿色的远山近水使他看到了希望。"辟地藏天水，开扉引镜湖。高人存野致，幽事贵王都。气借西山爽，流分太液隅。嚣情嫌钓艇，旷想在菰蒲"。诗人怀着探幽的心情来到湖边，由于远处西山的辽阔，从而显出清爽的气息，只是由于游人和钓鱼人出现在湖里，显得野趣不够，所以诗人才借助湖边的菰蒲，体会一下自然的风韵。"去年香里客，今复到荷堤。浅水兼天阔，新蒲与岸齐。钟传高阁远，柳覆小桥低。指点村烟起，归心促马蹄"。诗人去年来湖边的庙中上香，顺便来到桥上眺望。今年再次来时，新长出的蒲草都和堤岸一样高了。湖水依旧宽阔，仿佛与天相连，高大的柳树下，银锭桥好像显得矮了。自然界的变化真是太快了。不觉已到了吃晚饭的时间，沉醉在遐想中的诗人这才觉出时间已晚，急忙纵马归去。银锭桥边景色居然给诗人留下这么深刻的印象。

什刹海之美，四时皆宜，"晴绿乍添垂柳色，春流时泛落花香"。"隔溪鸣布谷，新果荐文官"。"鳞鳞鱼岸出，喈喈鸟林翔。寒去自犹褐，春将野可觞"。当柳树刚刚吐出嫩芽，诗人就按捺不住激动的心情，来到了湖边，鱼儿在水边游嬉，布谷声声催着人们播种。文官果也已上市，不由地使诗人暗暗筹划着，邀三五好友来河边饮酒。尽管此时的冬装还没退。

到了夏季，最可人的就是那开满一湖的荷花。"雨至绿先暗，风来红乱披。深溪藏浴鸟，卧榭走歌儿。亦爱无花处，浮空雪浪奇"。硕大的荷叶仿佛把天都染绿了，小鸟正好藏在下面洗浴梳理。风来吹得一湖荷花婆婆起舞。当然并不是只有花才好，那天上舒卷的白云，像雪浪一起滚滚而来，也挺有意思。"莲远飞香冷，钟清送晓新"。莲花的香气随风飘得很远，就像钟楼上那悠扬的报时钟声。"野艇才容膝，新莲渐放须。老僧能好事，随意馔伊蒲"。窄仄的小船，荷开初绽。尽管如此，庙里的老僧早已等不及，邀了好友来湖上小聚了。"芰荷池上远鸿飞，望处西山翠不微。白鹤仙人频换酒，青莲释子为开扉"。这是诗人在桥上所见，所以比在艇上望得远了。西山轮廓依稀可见，庙里的僧人为诗人频频斟酒，甚至邀请他去庙里续谈。可见这桥上景色已成了他们聊不完的话题。

提起银锭桥头所见的秋景，诗人似乎话尤其多。"湖上濠边秋色深，蓼花芦叶共萧森。凉风莫更翻荷露，客袂飕飕恐不禁"。"荷老秋生气，云兴明作天"。"秋容瑟瑟上芰芦，湖上青山镜里姝"。"十顷玻璃秋影碧，照人骑马入宫墙"。"佳辰好友湖亭集，岂忍新秋酒漫过"。"一秋僻寺时休暇，半响余钟夜浅深"。"人经冉冉流波外，秋在亭亭送影中"。"无迥使秋瑟，湖清与镜俱"。……眼到之处，诗人描写秋日的景色几乎比比皆是，其实，诗人这是在借描写秋景，来抒发自己感时时将至的伤感，这种伤感与其说是诗人所共有，不如说是他们代表诸多人士来发出生命短暂、世道蹉跎的感慨。其实，诗人大可不必悲天悯人，你看，纵然是在冰天雪地的冬天，人们仍然可以在银锭桥上寻找到乐趣，这就是观看湖面上的滑冰和坐冰车。"寒凝湖面镜平开，小艇犹拖古树隈。铿锵一叶能多载，滑滑双桡亦屡催"。"我始识冰湖，湖光讵能尔。日月寒枝挂，影若新在纸"。人们不但自己要在这难得的冬日里游嬉冰上，而且还合计着"短筏聊恁尺缆牵，各携尊罍到湖边。忍寒杂坐歌兼笑，人影层层镜里天"。冰床上拉来了三五好友，大家都准备了酒，不畏天寒，在冰上相聚，开怀畅饮，如镜的湖冰像是天幕，晃动的人影就像天上的神仙一样。

附录：《燕京八景赋》

[元] 陈栎

粤自昔之京师，称为众大之区。今大业之覆焘，亶亘古之所无。建皇都于燕山，信广大而超卓。稽载籍之所传，跨亳殷与京洛。仰景致之佳绝，殚泓颖而难穷。味绮名之有八，恍莫措其形容。

仙凡隔于苑墙，邃深而琼其岛；天未纵夫春阳，花命长而鲜好。

池虽似于古称，木渠艳其佳色；与景秋而最宜，凉飓生夫粼碧。潴为琼玉之浆，几万斛之珠滴，岁酿万寿之觞。横晴江之下垂，爱一壶之天成。金知出于谁铸，待夕阳之照出，色黄明而自媚。山屹峙于兑方，席花种峥嵘。市烘黄锦之袄，天现白玉之屏。津赵北与燕南，鸡呼兔而澄澈；银蟛蜘之高卧，玉狻猊其如活。轩辕裔之蓟封，雨飞门而河翻，妙胜庐阜之瀑，高出龙门之滩。史尝纪夫居庸，名列三关之一，山虽皱而万叠，翠欲滴于一色。是为八景之略，愧其详之未知。

彼潇湘与凤翔，亦人题之昭如，兹偏方兮下国，景何一二而数。众大古莫拟之，岂八景而但已？山水自于西北，景清淑之所钟。地广漠而深厚，极域阙之宏崇。合官府兮市里，暨民物之富庶。孰非可观之景，顾观光之犹未。将究极而论之曰：在德不在景，山川以人而重，德与景而悠久。亳殷、京洛之区，今视昔而依然。谓愚言之不信，何一胜而莫肩？如宋玉想像夫高唐，苏子亲见夫处境，虽铺张恐涉于虚无，知初咏未得其要领。

附注：本文作者系元代文学家，安徽休宁人。本文系最早记述燕京八景的一篇文章，首先介绍了燕京的得天独厚，然后一一描述具体八景。以花期长而鲜美来渲染琼岛春花图，突出了一个"春"字。"太液秋波"，碧波粼粼，有如琼浆美酒。雪过天晴的西山"天现白玉之屏"，巍然而立，"席花种而峥嵘"。其余美景也各有特色，优美别致。作者最后总结说，只有秀美的景物而无圣贤名人的事迹作基础，景不能闻名于世且传之久远。反之，虽有名人的颂物题咏，但景物"恐涉于虚无"，不可能流于后人。只有二者的有机结合，才能闻名遐迩，相得益彰。

第三篇　"燕京八景"的延伸

本篇所指的"'燕山八景'的延伸",其意是在说明"燕京八景"之外,另将燕京地区各县(区)所列及各种主题的八景,亦做比较系统、全面的介绍。

这首先是因为,北京各区县八景及各种主题八景本身就在"燕京"的范围之内。毕竟,燕京是北京的别称,二者在意思上是大体一致的。其次,是因为各区县、各主题的"八景"中的一些内容,与"燕京八景"有着紧密的联系。比如前面提到的"银锭观山",它同时还算"宛平八景"的内容之一。而作为"燕京八景"先河的西山八大水院,更与"石景山八庙"、"八大处"等景观重叠。所以,介绍各区县、各主题八景,就成为了解"燕京八景"的必要补充。最后,各区县、各主题八景中的有些内容与"燕京八景"相呼应,对系统了解某一文化主题,或某一历史事件的演变有着不可替代的作用。例如,门头沟八景中的"琉璃生辉"对于"琼岛春阴"中提到的北海琼华岛的建设,就具有背景性的介绍。可见,虽然各区县、各主题八景并未列入"燕京八景"的具体景观当中,但它们依然是了解"燕京八景"的重要补充,二者共同构成了"燕京八景"的有机整体,并进一步丰富了"燕京八景"的内涵。

诚然,各区县、各主题八景不能等同于"燕京八景",至少它们在文化内涵、代表性及景观本身的审美价值方面不在一个档次上。各区县八景的一个最大问题,就是内容上的重复。比如,有一眼泉水,就称"龙泉",这在各区县八景中不止一两处,显

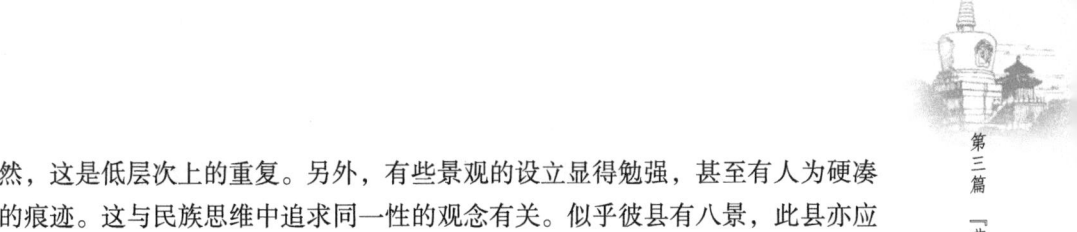

然，这是低层次上的重复。另外，有些景观的设立显得勉强，甚至有人为硬凑的痕迹。这与民族思维中追求同一性的观念有关。似乎彼县有八景，此县亦应有八景，彼此都应差不多。这当中，各地秀才们的虚荣心的作用较明显。作为八景，必然是极富诗意或历史典故的所在。本县若没有，是不是显得本县没文人？

在指出上述不足的同时，也应看到各地、各主题八景较积极的一面。那就是，通过设八景这种百姓喜闻乐见的形式，对宣传本县（区）的自然风光和人文地理，推动自身文化建设，开发旅游资源等方面，还有一定的积极意义。

基于上述考虑，特在本书中列出一篇，介绍北京各区县、各主题的八景。限于掌握的资料不同，对这些八景的介绍有详有略，这绝不说明它们相互间的地位或价值上存在差别。俟以后资料充分，再做较详细介绍。

一、大兴八景

大兴位于北京城的南面，《北平府图经志书》介绍了大兴县的建置沿革："昔周武王封帝尧之后于蓟，后燕国亦都蓟。按《水经注》云，城内西北隅有蓟丘，故以县名。秦属上谷郡，汉属广阳国，东汉为广阳郡，并立幽州，县仍之。魏晋并为燕国，五胡之乱，燕慕容俊自和龙徙都于此，后魏置营州，仍立郡于幽州，领蓟等县。唐建中二年，蓟县为广宁县，寻析西界置幽都县而蓟如故。后晋天福元年，割之遗辽。金贞元二年，改析津府为永安府，定都于此，次年改为大兴府，改县名为大兴县，取'大金兴旺'之意命名。元初改大兴府为中都而县属焉。至元四年，始迁都于中都东北，仍以大兴、宛平为倚部，隶大都府。洪武元年八月内附，改大都郡为北平府，而大兴仍理本府之东界。"

明清时期，北京城以永定门经前门、紫禁城、景山、后门（地安门），直到钟鼓楼这条中轴线为界，分为东、西两县辖，东边的一半属大兴县，西边的一半归宛平县。因此，本文所说的"大兴八景"，实际指的就是燕京东半边（以城界为限，不算郊区）的景观，也可叫"燕京东八景"。

（一）**星台晓望** 星台，即古观象台，位于今建国门立交桥南侧。观象台建于明正统七年（1442年），当时除建台子、造仪器之外，台下还建了紫微殿庭院。其台顶因清代仪器增多而东扩三米，至今无人变化。辛亥革命后改叫中央观象台，1929年改为"国立天文陈列馆"。至此，古观象台结束了近五百年的观测历史。

这里所提景观，几乎与观象台功能无关，无非是因为这里有一高台建筑，四下瞭望便利，从而成为观景的好地方。"晓望"是因为早晨的太阳从东边升起，晨雾逐渐散去，西斜的一弯月亮仍未完全退去。此时的城市还沉浸在睡梦当中，显得沉静，虚实结合，便于观赏。当年登台观望，东边是河渠纵横，帆樯林立，运河向京城输送粮米的船只不断。辽阔的田野上，绿毡如织，一条条小河像玉带一样缠绕其间。往西看，西山连绵如在眼前，有如天然屏障，拱卫着北京城。不远处，就是金碧辉煌的紫禁城，那是城中禁地，普通百姓一辈子也没机会进去看一眼。站在观象台上，虽然看不清紫禁城详情，但望着那连绵的屋顶，就给人雄伟壮观的印象，令人神往。

观象台的南边百米远，就是北京城的东南角楼，俯瞰城头，雉堞若齿，城楼重檐高耸。城楼以西，至今尚余百米城墙。北洋政府于1915年修筑北京环城铁路时，拆除了附近部分墙体和敌台，开凿了行车券洞。顺着城墙的南北延伸，九门重楼仍旧可见，偌大个北京城，如在眼底。

法塔寺，塔高约30多米，内有7层，各层每面设明窗。昔日是重阳节登高望远的好去处。1965年被拆除。

（二）云塔夕登　"云塔"因其高故名，属法藏寺，址在今东城区（原崇文区）幸福东街南端铁道西侧。初称弥陀寺，因寺中有塔而俗称白塔寺或法塔寺。该寺建于金代大定年间（1161—1189年），明景泰二年（1451年），太监裴善静重修，并改名法象寺。清代寺废，独存法塔一座，塔中空，内设旋梯可以登临。塔共有七层，总高约三十米，有十多层楼高，平面呈八角形，各层每面设明窗，每窗上置一佛像共58尊，雕制精细，是北京地区仅有的几座楼阁式砖塔之一。旧时每逢重阳日，南城人多至此登高，正好解决了南城无山之不足。届时，人们顺旋梯而上，每层明窗处都站满了人，如果到达塔顶，据说能远望卢沟桥呢。到了正月十五上元节这夜，寺内还要举行隆重的法事活动，僧人高举灯笼火把，绕塔诵经，并高奏佛教音乐，吸引着四方的游人前来观香。燃烧的火光几乎照亮半个夜空，似有置身上元的感觉。

（三）**满井春游** 在有皇上的年代，皇室禁苑非百姓可入之地，而什刹海又在中轴线之西，那东城的人去哪游玩呢？明朝人写的《帝京景物略》说：出安定门往北，五里许，有一古井，井面高五尺，有泉水从井中涌出，四季不停。因为有了水，不仅周围的庄稼浇灌不成问题，而且井旁的植物也格外茂盛。清代汪启淑在他的《水曹清暇录》中说："井旁丰草修藤，绿茸葱蒨。"粗壮的老藤其壮如伞，遮天蔽日，撑起一片清凉，面积大约有一亩。老藤的根部长满了青苔，周围的花草一片葱绿，生机勃勃。明朝诗人《满井》诗说："雨过也流花片片，春深有数蝶飞飞。菾田麦陇争相绿，绿似江南未若肥。"

安定门外满井。早先，北京城郊有数处地名叫"满井"，皆因地表水浅，容易掘取，甚至自然溢出而得名。如今，打深井都难寻水源了。

每到春季，附近人家在此支起茶棚，摆上各种小吃，卖各种玩具的人也蜂拥而至。远近的游人来到这里，或品茗，或欢聚，妇女们也相互追逐，用水互相泼洒。明代诗人袁宏道说："燕女竞游骖，罗袜带香雪。梅花堆髻鬓，波影动文缬。红尘来频频，可消奔竞热。"于是人们称赞此地为"其初春首游也"。

其实，满井除了是游春的好去处之外，夏、秋更是胜地。这里水源充足，花草茂盛，水汽氤氲，小亭深藏于绿荫当中，"林影鸟巢深，悠然似汉阴。寒泉凝碧愁，一酌冷人心"。于是，人们纷纷慕名前来，"怪我频来去，无樽亦啸歌。店荒酤酒浊，僧近施茶多。竹里分黄阙，波间语翠娥。溪光最胜处，高柳荫长坡"。

到了秋季，"秋郊迢递野云阴，随地泉源出古今。侧岸盘拏藤独冒，回塘空碧水相浸。石床煮茗闲中况，花坞班荆郭外心。暂豁公余尘半日，风杪鸟语俨山林"。则是别有一番乐趣。明代文学家袁宏道写过一篇《满井游记》，满井益加闻名遐迩。

燕地寒，花朝节后，余寒犹厉，冻风时作，作则飞沙起砾，局促一室之内，欲出不得。每冒风驰行，未百步辄反。

廿二日，天稍和，偕数友出东直。至满井，高柳夹堤，土膏微润，一望空阔，若脱笼之鹄。于时冰皮始解，波色乍明，鳞浪层层，清澈见底，晶晶然如镜之新开，而冷光之乍出于匣也。山峦为晴雪所洗，娟然如拭，鲜妍明媚，如倩女之靧面而髻鬟之始掠也。柳条将舒未舒，柔梢披风。麦田浅鬣寸许。游人虽未盛，泉而茗者、罍而歌者、红装而蹇者，亦时时有。风力虽尚劲，然徒步则汗流浃背。凡曝沙之鸟，呷浪之鳞，悠然自得，毛羽鳞鬣之间，皆有喜气。终知郊田之外，未始无春，而城居者未之知也。

夫能不以游堕事，而潇然于山石草木之间者，惟此皮也。而此地适与余近，余之游将自此始，恶能无纪？己亥之二月也。

需要说明的是，袁宏道此处所记述的满井，与本文中的所述满井不是一处。因为，当年北京有数处满井，好在情景近似，故归类一并记述。

（四）漕艘千渡 指当时东便门外大通桥畔舳舻蔽水，千帆争渡运漕粮的情形。

大通桥是京城东南角楼——东便门外城墙的东北部与内城城墙连接处闸楼

门洞外的一座大石桥。因桥上游设有水闸,故亦称大通闸。它是运行五闸中的头闸,虽没有二闸名气大,但由于它是通惠河的起点,地位重要。以前内城护城河水通过大通闸流入通惠河,此桥就成为通惠河的起始点,而通惠河是古代漕运的河道,所以才有了舳舻蔽水的景观。此闸建于明朝正统三年。将近一百年以后,嘉靖七年(1528年),在庆丰、平津、普济、石坝等闸建起了漕运分馆,同时,也在大通闸北岸建起了一座督储馆。此外,大通闸上还建了一座大通桥,桥头两边各有一座四柱三门三顶的牌楼。

明代以后,大通闸成为通惠河漕船的终点,米船到了这里,船回头,米入仓。从大通桥逆水而上,往西不远,便是环绕北京内城的护城河。河里仅有摆渡和冬季冰船,载客往返于东便门与朝阳门之间。

这里还设有大通桥公署,检验漕粮入库。闸夫负责大通闸闸板启闭,脚夫负责运粮入库。当年,南去北来的漕粮船头尾相接,运河上万舟骈集,帆樯林

泡子河。位于今北京火车站东侧,即元人所开之通惠河,当时漕运必经之路。远处即东南角楼。明永乐年间因开拓北京南城,泡子河圈进城里。城内南段水道改由御河桥入护城河东流,而迂回东流的一段旧通惠河在东南角楼下的一段残迹,即为泡子河。因两岸多高槐垂柳,空水澄鲜,故两岸建起了许多私人园林。如:方家园、张家园、房家园、傅家园等。当时沿岸建有亭台、石桥。夏日林木苍郁,景色幽静,常有士大夫和应试才子来此游乐吟咏。如今仅在建国门内留有"泡子河东巷"地名。

立,四方贡使、官员、商旅来往不绝。想象当年站在这三孔联拱大石桥上,望着远处无边的各种船只,宛如置身江南的水乡之中。

1959年以前,这一带曾是包括东便门、大通桥、喜凤桥、城角楼以及侧墙等的一组古建筑群。1956年护城河疏浚后,桥、楼、城及其映入清澈河水中的倒影,呈现出一幅古城新貌的壮丽画图。然而,1959年开始,这些古建筑开始被拆除,如今只剩下东南角楼和百米长的残存城墙。

(五) **鱼塘濯锦** 在天坛北侧的金鱼池,又称鱼藻池。明朝《一统志》载:"鱼藻池,在宣武门外东南,燕京城内。金时所凿,池上旧有瑶池殿。"明朝《燕都游览志》云:"鱼藻池在崇文门外,俗呼曰金鱼池。蓄养朱鱼,以供市易。都人入夏至端午,结篷列肆,狂歌轰饮于秽流之上,以为愉快。"综述上引二书,可得以下印象:第一,金鱼池早在金代就有了,当年可能还是当权者游幸之地;第二,至少从明代开始,人们利用这里的水面蓄养金鱼,作为出售的观赏鱼种;第三,由于这里曾是金代瑶池殿遗址,同时又有众多的水面,所以成为城里人游览的去处,尤以每年夏季前来避暑、娱乐的为多。据说当年池南一带亭园甚多,亦是饮宴游赏之地。清朝诗人翰苑词客,有于此雅集赋诗联句者,称金鱼池风景如"池边绿柳掩映如画,泉水清洁,游鱼可数"。所养之鱼分为三种:一种是吃的鱼,将平东二闸、高碑店等鱼坑所养之鱼放于池中,随时网之,由水边的小酒店随时烹之,以供食客品尝。许多人以能到此吃到活鱼为一美事;另一种是红鲫鱼,即市上所售之小金鱼,北平中、下人家皆思购,取数尾置之书案间。此鱼不择食,不择地,最易存活,且其值甚低,是以人多乐购之;最后是金鱼,即龙睛鱼,品种繁多。北平养鱼者甚多,除私人外,以中山公园、北海公园、金鱼池最佳,而后者是嗜养鱼者常来求购之处。当时金鱼池有鱼坑五十余处,全部面积上百亩。昔日金鱼池为官产,凡在此养金鱼者,按时备红鲤鱼若干,贡于宫中,备御膳房之用。民国后,池归私有,无缴红鲤鱼之例,而红鲤鱼也逐渐断种。在其地营金鱼业号为"鱼庄",凡三家,"知乐"、"永顺"和"金海"。以知乐为最老最大,鱼缸百数十具,鱼池八九处。到了清代,金鱼池一带还有不少达官贵人的园亭楼阁,明代武清侯李伟的新园,就是很有名的一座。他把当时三里河的水引入园中,园内有金鱼池,可以泛舟,还有梅花亭、凫楼、船桥、鱼龙亭、长廊等建筑。再加上金鱼池垂柳依依,池水荡漾,游人玩鱼观景的热闹景象,宛如江浦鱼市,别有情趣。

到了清末民初,金鱼池一带日益衰败,垂柳被伐,园亭颓废,污水流淌,变成了臭水坑。1949年后，政府对金鱼池地区进行了彻底修整，组织填坑修湖，池岸砌有栏杆，沿岸种植垂柳，成了公园。1965年，鉴于水源缺乏，环境恶化，遂填湖盖楼，形成居民区，如今的金鱼池东街、中街、西街即为原金鱼池旧址。

（六）**燕社鸣秋**　在今大兴县采育东南，名聚燕台。采育为今大兴县境内一繁华大镇，原名采魏里。明永乐年间，朝廷的上林苑在此设蕃育署，专门管理皇家园林苑囿，实际上是专为皇家生产副食品的皇庄。聚燕台位于采育东南二十里，有土丘积沙而成，一丈多高，长宽约三四十尺。每年秋天，京郊燕子辞巢南归时，先到此处相聚，成千成万，呢喃二日即去，如同话别。届时，离台十余里即可见空中有数百只燕子盘旋，许多人慕名前往参观。这情景，有点像明代山西洪洞县大槐树下移民的意思，燕子如人，生灵真有相通之处。

当地人把燕子在此相聚的情景赋予了吉祥的象征，写诗赞曰："旧垒新雏绕屋鸣，年丰社鼓报秋晴。从来上苑多蕃植，燕语呢喃话太平。"

遗憾的是，这一景观多年来疏于保护，土台已为村民掘土去半。

（七）**名刹古棠**　指左安门外二里的韦公寺内的三株奇海棠。此寺建于明朝武宗年间，先由太监韦霶建，后来钱用尽，又由诏水某人续作焉。寺本身并无奇处。但在寺的东边有一组堂、亭、假山等建筑。亭前还有一座湖，周围有一里多，其中长满了芦苇。寺里没有土地，日常花销就靠果树的收成。这里种植的树木成千上万，其中最大的一棵苹果树有五六丈高，花开之际姹紫嫣红。到了秋季，果实累累，景色赛过春天。寺内有二棵西府海棠，就是被命名为"名刹古棠"的，每年树上都开满了粉红的花朵，阵阵清风吹来，花瓣纷纷落下，有如花雨一般，惹人惊叹。寺后五里还种有李子树，每到开花季节，来观赏的人很多，附近的人家就搬出几案酒具，招待游人。这种情景要持续十多天。那些天，树林中往往摆上好几十桌。人们坐在花丛中，一直观赏到日落。然后，就去韦公寺中借宿。人称北京城有七种奇树，而韦公寺中就占了三种。虽然大兴八景中只有古棠，但蘋婆、李子同样有名。这三种树开花时二红一白，花淡蕊浓，跗长多态。海棠红于蘋婆，蘋婆红于李子。崇祯年间，李自成攻入北京，据说李子树都当柴木给烧了。只有海棠和蘋婆树幸存下来。明朝诗人描述当年的胜景说："春郊树绕众芳繁，花信风催第几番。溪影株株杯影片，草增寸寸藓增痕。网罗禁处鱼浮泳，歌管喧时鸟静蹲。莫谓水边人共远，同游各趣不堪论。"（张燮《偕闻子将、方孟旋、钟伯敬游韦园》）

(八) 亦园新柳 位于广渠门内东南，今板厂西里一带，是清朝初年大学士冯溥的别墅。早在元代，右丞相廉希宪在右安门外的草桥建了一处别墅叫万柳堂，冯溥慕其名，在广渠门内建的别墅也取名"万柳堂"。

万柳堂始建于清代康熙年间，占地百余亩，冯溥买下这片洼地后，筑了围墙，疏浚了积水，并在园内修建了莲花池，把挖出来的土堆成小山，上建亭台水榭，栽种了多种花木。每到春夏，这里荷花飘香，百花盛开，垂柳成荫，故名万柳堂。冯溥还在园内修建了上下各五间的两层御书楼，楼内悬康熙御笔亲题的匾额"简廉堂"。以后，万柳堂更换了主人，属于仓场侍郎石文桂所有。石氏在园内又增建了大悲阁、大殿、关帝殿、弥勒殿等，改名"拈花寺"，并请康熙写了寺名。

当时万柳堂是京师游览观景的好去处，加上主人的热情好客，所以经常有文人墨客在此聚会，饮酒品菜，谈文论诗，一时间，成为京师重要的文化聚会场所。以后，由于万柳堂主人因病去世，园子也因此而逐渐荒芜。到乾隆年间，已经败落不堪。进入民国，因久不修浚，周围环境日益污浊，从龙须沟流来的水，汇积于附近窑坑，臭气难闻，四处坟冢，触目皆是。

进入20世纪50年代，万柳堂及附近地区得到治理，建起了景色秀丽的龙潭湖公园。万柳堂拈花寺的旧址，已成为板厂南里小区居民宿舍。90年代中期，人民政府根据市民的要求，在龙潭公园东北隅，因地制宜，重建了万柳堂。万柳堂内，还请人书写了毛奇龄撰的《万柳堂赋》，重绘了描述时人集会的《亦园修禊图》（万柳堂又称亦园）。如今，这里莲塘花屿，树柳万株，仿佛又响起了博学鸿词科文士雅集时的欢笑之声。更可贵的是，万柳堂当年虽然是文人雅集之地，却也不限制市井贩夫之人入内游玩，有如今天的公园，真正成为大众娱乐、休闲的场所。

记载当年万柳堂、拈花寺盛景的诗文，已记载于各类史书当中，成为后人领略其风采的可靠依据。

二、宛平八景

宛平县本汉旧蓟县之西界地也。晋属燕国。慕容俊据燕都此。后魏道武置营州，仍于蓟立燕郡，于郡置幽州以领属县。隋开皇三年郡革复属州。唐武德四年，改幽州总管府为大都督府。开元十二年，改幽为范阳郡。后割以赂辽。开泰二年更名燕京，后更蓟县为析津，幽都为宛平。盖取释名云："燕，宛也。宛宛然以平之意。金初因之，后割以归宋。未几复没于金。贞元元年徙都，更析津府为大兴府，后并改析津县为大兴县，惟宛平仍旧名。入元，改大兴府为中都郡。至元四年，始迁都于中都路之东北，改为大都路，而宛平、大兴仍隶倚郭。洪武元年八月光复，改大都路为北平府，而宛平县仍分理府城之西界云。"（《永乐大典·顺天府·宛平县》）

燕京西城八景——宛平八景，它们是：（一）北海冰航；（二）西湖莲径；（三）梵宫塔影；（四）佛殿松荫；（五）山轩御笔；（六）竹墅龙湫；（七）退谷水源；（八）栖隐岩洞。下面分别介绍：

（一）北海冰航　指的是德胜门外水关。元代建都之始，郭守敬引西山诸泉水，从高梁河流入都城，汇于积水潭。明朝洪武元年（1365年），徐达率军攻下北京城，随即在德胜门至安定门一线建北城墙，并在德胜门西置水关，引水入城。建立水关的目的，是为了控制北护城河流入什刹三海、北海、中南海的水量。为了防止有人从水关下通过，当时还加了铁棂闸，并派兵把守。

铁棂闸，就是铁制的有棂格的篦子，为防人潜行而设，而真正控制水流量的，是木制的闸板，它位于石槽中，可上下移动，以便水流或止。

自徐达筑水关之后三十多年，明代僧人、朱棣的谋士姚广孝又在当年建水关时清出的土堆小岛上修建了"镇水观音庵"。庵成以后，从什刹海西望，西山映入眼帘；北面是积水潭碧波。乾隆二十六年，对镇水观音庵进行改建，名汇通祠。20世纪60年代，因修地铁，

民国初期德胜门外护城河上的冰床，既是交通工具，又是玩具。

全岛被夷平。铁棂闸东三丈有一庙，也很有名，北城人称"大仙爷"，昔日香火甚旺，街头巷尾都贴着"大仙爷真灵"的黄纸条。每逢四月初一，大仙爷、铁棂闸前的空地上就摆满了进香的头道茶棚，游人茶肆，热闹异常。少狮攀树，大狮戏水为铁棂闸茶棚一绝。

进入 80 年代，在各界的呼吁下，汇通祠重建，山下是地铁车站，上面种树，置山石。原有地铁通风管道也作了装饰处理，周围辟为公园茶座。回想当年，站在水关旁的小岛上，背倚汇通祠，面对积水潭的波光树影，近处是入城咽喉部发出的淙淙水声，真有些"灯船歌馆漫教同"的美丽景色之感。

（二）西湖莲径　如今的颐和园包括三部分水面：南湖、西湖和后湖。其中的西湖更靠近玉泉山，且以玉泉为水源。《水经注》说："西湖东西二里，南北三里，盖燕之旧池也。绿水澄澹，川高望远，为游瞻之胜所。"据说当时曾有莲花千亩，香风绕袖。荷花开时，花香其红，叶香其绿。荷，风姿而雨韵：姿在风，羽红摇摇，扇自翻；韵在雨，粉历历，碧玲玲，珠溅合，合而倾。荷，朵时笔直，而花好偃仰，花头每重，柄每弱，盖每傍挤之。菱砌芡铺，簪之慈菇，鹭步鸡投，浮鹥没凫，则感荷而愁鱼矣。

西湖以玉泉山和西山为背景，显得山外有山，景外有景。金代，曾在这里建立行宫，金章宗时，是西山八大水院之一（金水院）。元时改称瓮山。1292年，郭守敬督开河道，汇泉水为瓮山泊。1488 年至 1505 年，明孝宗在瓮山建园静寺，后明武宗又在此建别墅，称为好园，复改瓮山为金山。1750 年，乾隆为庆祝母亲寿辰，在园静寺原址改建成大报恩延寿寺，瓮山改为万寿山，金海改为昆明湖，并环以围墙，称清漪园。从此，本属自然的湖光山色，彻底归了皇上所用，莲花千亩的景观也成了百姓的梦中情怀。

（三）梵宫塔影　此景位于广安门外滨河路的天宁寺内。此寺建于北魏孝文帝时，辽代在寺后添建了一座舍利塔。元末寺院毁于兵火，只余高塔茕子无依。明代重修此寺，以后又多次重修。天宁寺规模曾很大，今只剩下中路院落，且已荒废不堪。

天宁寺塔为八角十三层实心砖塔，高 57.8 米，塔身平面为八角形，门窗上部及两侧雕有神像。据说塔的四周缀满了饰物，阵阵微风吹来，饰物响声不断。寺里的僧人说，只要这些饰物的声音高了，塔身就会出现光色。这种情景有时一年一见，有时数年一见。明朝嘉靖年间某个三月二十八日的晚上，诗人王世贞恰好借住寺中。入夜，微雨簌簌，塔上饰物的响声高了，他急忙走出房

清朝末年的天宁寺塔,仍然庙宇完整,塔形雄伟。寺建于北魏,塔为辽代所建,距今已九百多年,在京城内最古老的佛塔。

来,只见塔身发出青白色的光焰,上下闪烁,到了早晨天亮时才消失。

天宁寺塔还有一个奇怪的现象,就是它的倒影。据说每天日头当空之际,大士殿的中门院即便关着,太阳光也能从门缝中照进去,而这时,正好全部的塔影正在其中。有人说:"为舍利珠影也,珠光上聚,摄入塔影,影入隙光,光则倒受。倒者,光中塔影,非此塔影也。佛光,日也,舍利珠光,月也,光色青白,每见,以夜及晦及雨也。佛光恒在,人目体阴,避光日中,见影门隙。"(《帝京景物略·天宁寺》)看来,天宁寺塔发光,有倒影之事,古人说来言之确之,只是其解释深奥难懂,有赖高人做些白话的宣传了。今之为何不见了"梵宫塔影"?可能与古塔附近环境的变化有关。

(四)佛殿松荫 这里的佛殿,指的是广安门内报国寺天王殿松荫,就是天王殿前的两棵古松所形成的蔽阴。

报国寺创建于辽,明初塌毁。成化二年(1466年),因周太后之弟在此出家,重修旧寺。寺内双松,为金时旧物,东边的一棵高三四丈,西边的一棵高二丈,枝柯盘曲,荫可数亩。据说当年送客出广安门,都要来到报国寺,在古树下置酒饯行。明人写诗记道:"风满禅林坐日长,院深市远似山房。草含梅雨传新绿,人醉松阴话晚凉。碧篆古今僧历杳,红尘迎送官宦忙。客心无数闲能觉,不为骊歌唤断肠。"(田登《报国寺和张子醇同年韵》)

由于来此的文人墨客很多,所以留下了众多的诗篇。著名的如明代诗人刘道贞的《观报国寺松歌》:"入京先闻报国松,想当高入云雾中。欲图欲赞自仿佛,仿佛不得其孤踪。醉曳苍烟入古寺,闻泉瀑声挟雨意。幽情古韵失高深,恰如刘敵好兄弟。又如老僧相对坐,出定入室随风作。忽然风冷月落时,说法声稀松子堕。俗人比日反蚓龙,蚓龙那得些空濛,蟠直俯仰各不测,其意不受古人封。何以伴之宜老皓,欹坐掀髯读黄老。童子煎茶秋雨宵,孤鹤啼烟碧空晓。故山亦有松一围,根据丈石枝蔽之。其格可以三只松,临风我思故所知。"此双松早在清代已枯衰。

(五)山轩御笔　在香山寺内海棠院东的"来青轩",为明神宗朱翊钧题额,故称"山轩御笔"。来青轩依崖叠石之上,登轩四望,只见前山青翠万状,故名来青轩。明朝万历十四年(1586年),神宗祭陵返回,路过来青轩,觉得匾额太小,于是亲笔书写径尺"来青轩"三字。明朝的《帝京景物略》中,对香山寺赞叹道:其为京师首游之地。它的华丽不像官人的宅邸,它的纤巧不像纯粹的私人花园;说它偏僻,又不像深山中的古庙,香山寺正得广博敦穆。周围布满山冈,院子有五进,游人无不为其深幽而惊叹。入寺门,就是宽敞的庭院,阵阵轻风,吹动着松树,发出阵阵涛声。泉水从源头流出,寺的原名甘露寺,正是由于这一泉水而得。泉上有石桥,桥下为一方形水池,池中养着上千尾红鲤鱼。听到脚步响,鱼儿就聚拢来,希望得到饵食。沿石阶而上,一层一层的殿宇渐次展开,周围是沿山而上的长廊。在长廊的左面,有一座建筑,这是观赏山景的好地方,向外望去,绿树苍苍,宝塔隐现,春天可以看到如绿毯般的麦苗,夏天是万顷水稻,一片金黄。在晴朗的夏天,京城九门都能隐现于目前。明朝世宗皇帝来此时赞曰:西山一带,香山独有翠色。以后明神宗正是依此,才把这座建筑命名为"来青轩"并御笔题书。

皇帝的赞扬,引来无数的文人附庸风雅。他们不仅来此游览、住宿,而且留下了大量的诗篇。明朝诗人傅书训写道:"一带寺为翠色,四山香共青来。清雅都亭在望,郁秀轩窗自开。"(来青轩中的"清雅"、"郁秀"、"望都亭"等均为神宗御题)。姚孙榘也吟道:"圣主曾留墨,高轩不断青。云疑峰色乱,雨畏鸟声灵。众访争奇胜,孤吟入窗冥。故人来恰好,筇杖莫须停。"留宿来青轩的诗人有着独特的感受:"云抉月华上,森沉翠微冷。霏霏高低林,月中无静影。"(王衡:《来青轩月》)而早晨的来青轩,则又是一番景色:"星澹诸峰晓,青依昨日来。松罗亲上界,钟磬散层台。香阁佛深坐,竹房僧未开。岚光留不住,林鸟几声催。"(释修懿:《来青轩晓望》)

来青轩的美景是一种客观存在。而人们偏要把它的出名归功于皇上,这种对权力的崇拜真是根深蒂固。在这方面，就连受人尊敬的袁宏道，也曾写过肉麻的奉承之作："真人天眼自超伦，翠色香山此语真。八十老僧牢记取，一时三遍语游人。"也许这诗是当着皇上的面，而不得不说的赞扬话，可说到这份上也真够可以的。遗憾的是，来青轩已同香山寺一起，被八国联军侵略者焚毁。所以，诗人的赞誉究竟如何，已无以对证。

（六）**竹墅龙湫** 碧云寺位于香山东麓，这座建于明代的建筑，因内有五百罗汉的塑像和民主革命的先行者孙中山先生的衣冠冢而著名。碧云寺的北院又称"水泉院"，这里曾是清代的行宫，以"听水佳处"著称。这是因为院内有泉水，自石缝中缓缓流出，汇聚成池。池内蓄有红鲤，红酣绿沉，饵之则争。泉水声传出寺外。明清两朝，这里还有几座小亭，"前临荷沼，沼南修竹成林，疏之潇碧。"岩下琢石为屋，正对竹林，名曰"三仙洞"，洞内供有三世佛石雕像。此院进门处还有一棵老柏松，由古柏上又长出第二代柏树，再由第二株柏树上长出一棵白果树，所以称为三代树。院内松柏参天，再加几垛玲珑别致的叠石点缀，越发显得宁静清幽。古人称其"阴洞凿空岚翠裂，水亭幽敞失炎热。竹紫松苍南土产，此移几岁森蟠结"。（马汝骥：《碧云寺行》）倘若有人来到这里，自然会感到"松涛静逾冷，竹翠秋如滴。而我望空高，冷冷似幽客"。（吴甡：《碧云寺》）

（七）**退谷水源** 在香山卧佛寺西的樱桃沟内，明末清初著名学者孙承泽曾隐居于此，自号"退谷"。这里有泉水流泻于石缝之间，叮咚悦耳，顿挫有韵。

孙承泽虽然祖籍山东，但世代定居北京，实际上已成了北京人。明崇祯四年（1631年）他考中进士，任职刑部。在清朝，他继续为官，最后当到都察院左督御史。以后"老病告休二十余年"。从此不问政事，专心从事研究。清顺治十一年（1654年）他六十三岁，在樱桃沟内营建别墅，造一名

樱桃沟内的水源头

亭，名"退翁亭"，赋闲中致力于著书立说。他博闻强记，学识渊深，精通经史、理学、艺术，其著述除北京志书《春明梦余录》、《天府广记》外，还有《五经翼》、《四库提要著录》、《庚子消夏记》、《尚书集解》等书二十余种。

孙承泽为自己起名"退谷居士"，是因其在西山退谷而起。原因是樱桃沟原叫"退谷"。仔细观察西山山脉走向，可见南起翠微山杏子口，北起红石山，这两条山脉恰似半轮明月，向内环逐渐退缩，再南退至香山，北至金山，再退南至龙首峪，北至寿安山，这南北两条山脉伸向北再折而西，形成一条峡谷，这就是"退谷"。当然，孙承泽自号"退谷居士"还有另外一层意思，就是退居山谷，不问政事，安心著述。

樱桃沟秋景

在樱桃沟的水源头左侧，有一形似元宝的巨石巍然屹立，其下有一石洞，据说是当年养鹿之处。旁边又一立形巨石，一松从中挣扎而出，石松连为一体，被称为"石上松"。孙承泽的退谷别墅就修建于此。

这里山势回旋高耸，秀石峭立，树木参天，大山麓下即为水源头。清清山泉水从石缝中流出，沿着深涧涓涓向东流去。山谷幽深、僻静，历代封建帝王在这里修过庙宇。相传，金章宗八大水院之一的清水院就是指的此处。此处还曾是金章宗时期的看花台旧址。清代同治、光绪年间，在今樱桃沟南口，有庙宇一座，名曰广慧观，又名黑门。1900年八国联军侵占北京后，有一洋人女牧师，因避义和团攻打西什库天主教堂之乱，隐居于此，被观中道士杀死。道士为免遭杀身之祸而弃观出逃。当年这里有樱桃树数百株，其果实为上供清廷的贡品。清末，御膳房太监郝长泰花钱买下这块地方，准备作为自己日后养老之所。清朝灭亡后，郝将广慧观和樱桃树一起卖给了官僚资本家周肇祥，以后称周家花园。周肇祥也是位文人，曾在此长期居住，写诗作画，并将其夫人的墓地安置在樱桃沟东山上的广泉古寺内，称"广泉古井"。

数百年来，这里一直是闻名遐迩的避暑胜地。康熙年间曾把其评为"宛平新八景"，名曰"退谷水源"，可与"燕京八景"媲美。

（八）**栖隐岩洞** 即"金章宗西山八大水院"之一的灵水院。附近有瀑练、涧水、滴水岩等。章宗有诗曰："金色界中兜率景，碧莲花里梵王宫。鹤惊清露三更月，虎啸疏林万壑风。"详见本书"西山八大水院"部分。

三、燕京古迹八景

燕京古迹八景，系由好事文人自明清私人笔记或吟咏中得来，虽不属正式八景之列，却也不乏历史价值。所以整理归纳，流传于世。这八景是：（一）太医铜人；（二）妙严拜砖；（三）报国观音；（四）法源砖塔；（五）觉生大钟；（六）崇国少师；（七）慈寿九莲；（八）忠愍植榆。

（一）**太医铜人** 太医指的是清代专为宫廷服务的太医院。实际上，金、元时北京就有此机关。清代时其具体位置，就在今东交民巷与正义路交叉点以西，即东交民巷西路中段路北一带。当时的太医院坐东向西，三间大门，对面是影壁。大门内左右群房为门役住所，二门也有三个：正门和左右旁门。门北为萧曹祠，南为科房；大堂五间，左为南厅，御医办公处，右为吏目办公处，北厅为藏书处，大堂之后是院堂官办公处，还有庙，正殿供碧霞元君及各圣母像，太医铜人就立在圣母像前。其建筑规模不亚于六部诸府。铜人是太医院内针灸用作参考的铜像。八国联军入侵北京后，太医院被俄国人占有，建立使馆，迫使太医院几经迁移，最后定址在地安门东黄城根兵杖局东侧。

清代太医院是隶属于礼部的独立机构，设一正二副三人为院长，以及御医、吏目、医生、制药等近百人。人员定制随太医院工作量的大小和宫廷中的需要而增建。

为了保证医疗水平，太医院制定了相当严格的录取、选拔和考核制度。即使已任太医者，也同样随时审核，以定去留。太医院设有教习厅（医学校），不仅培养御医，而且供落选的医生重新学习。太医院里的铜人产生于宋代，上面标有明确的穴位，供从医者随时参考。由于这尊铜人是在元代自汴梁运来的，因年久漫灭，昏暗难辨。于是明朝英宗年间又依此仿制了一尊，工艺更精，标志也更明晰了。据说该铜人内部是空的，如果注进水去，则各个穴位、关窍都能到达，古色苍碧，莹润射目。八国联军攻占北京时，药天庙神像前的古铜人被俄国人掠走。御医陈守忠为了索回铜人，曾与俄方委屈周折，但还是没能要回来。

（二）**妙严拜砖** 建在京西门头沟的潭柘寺，相传是元朝忽必烈的女儿——妙严公主祝发梵修的地方。寺内毗卢阁西北侧的观音殿，就是公主终日持观音文、礼大士像，苦心修行之处。因其日久天长，观音大士像前的一块砖上，都磨出了凹陷的两个足迹。明朝万历年间，神宗的生母孝定太后，还派人把这块砖恭入匣内，请到皇宫内去躬身礼拜，然后又送了回来。明代僧人紫柏还在砖上题写了像赞诗。

（三）**报国观音** 在广安门内大街路北的报国寺内，有一座36级高的毗卢阁。据说登上此阁，可以望见卢沟桥。阁下龛内供奉着一尊瓷制的观音大士像。像高一尺多，其神态，明朝诗人刘侗在《窑变观音赞》中记录道："非异非祥，非他鬼神。观音观人，光著观者。人观观音，目光内写。晏坐右袒，侧右如听。肘植石膝，意存微瞑。左手承如，承梵字轮。右手垂如，垂甘露痕。不瓶不枝，以将婴儿。亦不念珠，念在兹其。其左膝偃，仰其掌趺。若现立像，踹当莲华……"

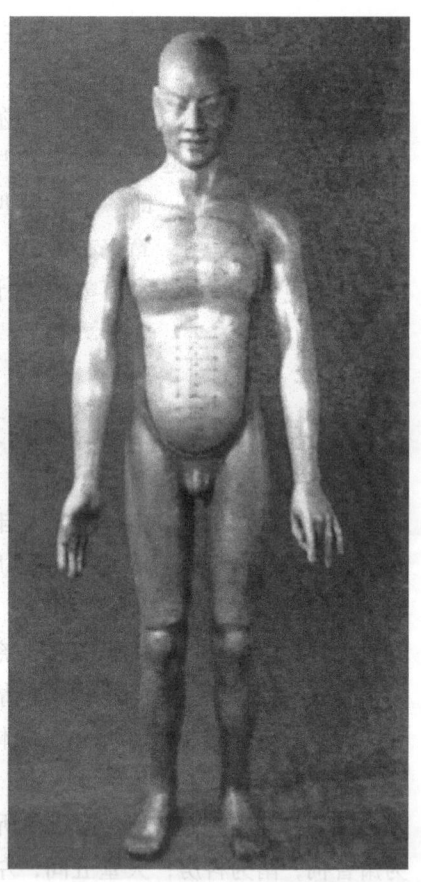

古代用于辨识人体穴位的铜人模型。

该观音系明朝神宗年间，太后命送庙中供奉，为旧京八宝之一。景德镇瓷窑所贡献，表面呈明显的窑变（即烧窑时因坯体上所涂不同油浆互相渗透、变化，形成斑驳灿烂的釉面），这恰好有利于丰富表现观音那不确定的表情和神奇的力量。于是有人写诗赞道："何以悟世，惟音可观。滞彼形器，见身无端。陶人为陶，水火土佐。烟消窑开，有观音望。是观音来，非窑也变。世化若烟，空借色现。有冠冕如，有衣褶如。有目湿如，厥情汲如。像法佳世，世惊以奇。我作平想，香凝风吹。"（《窑变观音赞》，明人谭元礼作）此像据说后来被一个天津商人买走了。

（四）**法源砖塔** 是指位于西城区（原宣武区）教子胡同南口的法源寺，为京城现存最早的寺庙。创建于唐贞观十九年（645年），武则天万岁通天元年建成，初名悯忠寺。当年安禄山、史思明曾建有两座木塔，高达十丈，后被烧毁。辽代大和十年（1094年）才再次修起双塔，但已由木塔改为辽代盛行的砖塔，元末尚存，明初毁于兵燹。

唐代中和二年（882年），中和景福节度使李匡威，在寺内还添建了一座面宽七间、高三层的观音阁，内塑观音立像。辽代天禄四年（950年），观音阁也毁了。直到大和十年重修双塔时，观音阁才被恢复。据说当年每逢重阳，远近群众纷纷来此登高眺远，祈求消灾降福，加上寺里有名的丁香和牡丹，法源寺简直成了一座供游览的公园了。

（五）**觉生大钟** 位于北三环西路，创建于清雍正十一年（1733年），因寺内的一口大钟而俗称大钟寺。这口大钟于明代永乐年间铸造，置于寺中后部的大钟楼内。大钟通高6.75米，直径3.3米，重46.5吨，钟体内铸有23万字，内容主要是朱棣在永乐十五年御制的《诸佛世尊如来菩萨尊者神僧名经》。包括一些咒语，大多为佛、菩萨、尊者、神僧的名号，由明初书法家沈度等人手书铸成。

大钟由明成祖朱棣下令铸造，是成祖迁都北京后的三大工程之一（另两项是建皇宫、修天坛）。大钟铸造于明京师铸钟厂，凡遇万寿圣节等节日，由汉经厂主持敲钟做佛事。清朝雍正年间受重视，两层钟楼始成。

永乐大钟声音可传至百里，有十几种音调，一经撞击，钟壁各部位产生出不同频率，汇出圆润、深沉的音响效果。至今已成为辞旧迎新之际人们祈福迎祥的重要仪式。

（六）**崇国少师** 崇国，全称是崇国寺，为护国寺的前身，位于西四北。少师，指的是曾帮助朱棣发动靖难之役的和尚道衍，朱棣登基后道衍恢复本姓姚，赐名广孝，授太子少师。

护国寺与少师有何联系呢？

明朝洪武三年（1370年），道衍和尚来到燕王朱棣身边，10年后与朱棣一同前往北平镇守。靖难之役后朱棣登基称帝，永乐六年（1408年）道衍随圣驾回到北京，并还原姓。

姚广孝虽然辅佐燕王成就大业，但对赐予的府第、宫人等一概不要，给官也不做，终身不蓄发，只着僧服。永乐皇帝看他很喜欢金元名刹双塔庆寿寺（今长安街北侧，电报大楼一带），意欲将其赐给他，也遭拒。他虽然长期居于寺中，却并不据为己有。晚年他曾移居天宁寺，住处为天宁寺塔西北旧有的别院——宗师府。后又回庆寿寺，并于永乐十六年（1418年）84岁时跌坐而逝。

为纪念姚广孝，他作为辅助皇上的有功之臣，其牌位曾供奉于太庙，后于嘉靖九年移至大兴隆寺（即庆寿寺）。后因该寺着火，遂将幸存的姚广孝画像、牌位一起迁移到了护国寺。姚广孝影堂设在寺内护法殿前西配殿内，殿中前设牌位，牌位上写着"推中报国协谋宣力文臣特进荣禄大夫上柱国荣国公姚广孝"。牌位后是姚广孝的自画像。上有自题诗一首："看破芭蕉柱杖子，等间辙骨露风流。有时摇动龟毛拂，直得虚空笑点头。"此画像在乾隆年间丢失，影堂颓废。后来，护国寺也因此而愈加扬名。

（七）**慈寿九莲** "慈寺"指的是阜成门外的八里庄的慈寿寺，"九莲"是寺内供奉的九莲菩萨塑像。明神宗万历皇帝的生母李太后是一位颇谙事理，对年幼的万历皇帝严加管教，并积极支持张居正改革的有作为的女人。

万历四年（1576年），万历皇帝为其母慈圣太后建立了这座寺庙，并建立了慈寿寺塔。塔为八角十三层实心砖塔，高约50米，仿建天宁寺辽塔，塔基有40个小龛，刻有200多个人物，上面是三层仰莲花瓣拱托塔身，四面为券窗，两侧原有泥塑金刚力士神像。每层塔檐上都挂有风铎，共计3000多个；檐下均有24个佛龛，内供铜佛，全塔挺拔秀丽，砖雕精美。当初所建殿宇壮丽，殿后有九莲阁，内塑菩萨像，"跨一凤而九首"。相传孝定太后曾于梦中得蒙九莲菩萨授经，梦醒后追记经文，一字不遗，遂录入《大悲经》当中，阁因此而建。不仅如此，宫中还把她说成是菩萨的化身，尊称为"九莲菩萨"。她一生深信佛教，在京城内外修建了很多寺院，就连西城区（原宣武区）下斜街的长椿寺也是她出钱修的，庙中曾有她的画像。她一生活了70岁，由宫女而太后，可谓富贵之极。

（八）**忠愍植榆** "忠愍"，是明代著名忠臣杨继盛被奸相严嵩害死后，明穆宗为他平反昭雪后赠他的谥号。"植榆",是指杨继盛生前所植的榆树。杨继盛是明朝嘉靖年间人士,因揭露严嵩恶行而被用尽酷刑,惨遭杀害。清朝乾隆年间,将他的故居松云庵改为祠堂,并塑像纪念。道光年间,心泉和尚在祠之西南隅建一亭,叫"谏草亭",亭内有椒山(杨继盛的号)先生手植榆树一棵及石碑一块。今天,故居的基本格局依然保留。

后人景仰杨继盛不畏强暴、舍生取义的高风亮节,把这里既作为纪念地,又列为一重要人文景观。

四、民间"燕京八景"

民国以前,燕京八景中的好几景,像太液秋波、琼岛春阴、玉泉趵突、西山晴雪等等,都是御苑禁地,只有少数人能够观赏,平常百姓根本见不到。因此,京城的百姓选取他们周围能看到且有特色的地方为一组"八景",传为民间"燕京八景",也挺有意思。它们是:(一)东郊时雨,(二)南囿秋风,(三)燕社鸣秋,(四)银锭观山,(五)西便观羊,(六)长安双塔,(七)回光返照,(八)石幢燕墩。

(一)东郊时雨 东郊,一般指的是朝阳门外。当年一出朝阳门,人家骤然减少,代替的是广陌的田野和万顷平畴。每到三月,春雨蒙蒙,布谷声声,耕牛往还,一片田园的劳作景象。这里地表水浅,到处是河湖积水,为庄稼生长提供了充足的水源。位于朝阳门外护城河畔的菱角坑,就是个三面环水,西依护城河的好地方。每年夏季,水里长满了菱角和绿荷,杂以各色水生花朵,犹如彩锦,其环境之优美,与什刹海不相上下。坑之四周也是垂杨和洋槐,枝叶之茂,可避烈日,人们来此下棋聊天,喝茶听戏,还有各种小吃,既可消夏,又便于购物。以"东郊时雨"命名此处,既说明春雨对庄稼生长的重要,又代表了此地雨水充沛的特点。

(二)南囿秋风 南囿,即南苑,位于京南大兴区北部。此地原为礼宝河故道,泉沼密布,水草丰茂,栖息着无数的獐鹿狐兔。远在辽、金时期即为帝王狩猎之处。元代开始成为皇家禁苑。"囿"含义在此。明成祖时在元代已有的海中殿、晾鹰台等建筑的基础上进行扩建,并筑起1丈高,19280丈长的土墙,陆续修建了行宫和新、旧衙门提督官署。为了与北海子(积水潭)对应,故称此地为南海子。这里草木丰美，溪水潺潺，黄羊出没，珍禽纷飞，有如人间仙境。尤其是在秋天，芦花吐穗，随风摇曳，小禽的身影时隐时现；小鱼在清亮的水中游动。由于这里的景色迷人，所以被列为民间"燕京八景"之一。清代曾在此大兴土木，新建了旧衙门行宫、团河行宫及德寿寺、元灵宫、永慕寺、宁佑庙等行宫庙宇。八国联军入京，这里遭到焚烧，珍禽异兽也被猎取。后经军阀混战，日军侵华等破坏，苑内建筑所剩无几。20世纪80年代开始在此植树，并重修了团河行宫，消失的麋鹿也被从英国找回，这里逐渐成为新的旅游区。

（三）**燕社鸣秋** 此景在"南囿秋风"往南，大兴黄村镇东南。说的是每年秋天，燕子南飞之前，先要在此相聚时的热闹景象。详见"大兴八景"一文。

（四）**银锭观山** 地址在地安门外银锭桥，在天高云淡之秋，伴随着荷香来此桥上西望，只见西山峰峦层层叠叠，尽收眼底，为看西山的"第一绝胜处"。详见"燕京八景"。

（五）**西便观羊** 此景观比较简单，完全由观者想象生成。说的是西便门外，当年有大片的怪石，嶙峋杂错于荒草花木之中，宛如群群白羊，久望眼花，甚至有羊群欲动之感。

（六）**长安双塔** 20世纪50年代以前，在西长安街北侧，双栅栏南口外，现电报大楼一带路中心，曾有一座庆寿寺，内有双塔，即"长安双塔"一景。寺建于金章宗初年，元初重建，明代正统年间重修，嘉靖十四年（1535年）毁于火。清乾隆二十九年（1764年）重修，双塔在寺西侧。

双塔中，一个有九层，叫"特赠光天普照佛日圆明海云佑圣国师之塔"；一个七层，为"佛日圆照大禅师可菴之灵塔"。其作用，据说是因为地狱中经常有冤苦之鬼夜中啼嚎，建塔以镇之。建此塔的是元代的两个和尚：海云和可菴。明代时寺内还有二人像。朱棣建都北京，曾打算把这里赐给他的谋士姚广孝，后者婉谢。后来被锦衣卫用于办公处。有人提出，此处靠近紫禁城干扰圣上，于是改锦衣卫办公处至安定门外。据传，如立于府右街南口外西望，可见双塔分为街南街北各一，如临近观看，则仍为东西各一。应是因方位不同，视觉误差所致。

到了1954年，此双塔成为扩建西长安街的主要障碍。拆还是不拆？几经讨论，还是决定拆。海云墓前有"大蒙古国燕京大庆寿寺西堂海云大禅师碑记"石碑一座，此碑移至北海天王殿内保存，后移法源寺。

（七）回光返照 早年间在灯市东口有一座二郎庙，其庙面西，当早晨的太阳从东方升起时，其室内有金光射入。据纪晓岚著《阅微草堂笔记》卷十九记载：这是因为该庙基址与紫禁城中的中和殿东西相对，在同一条直线上。所以，当中和殿屋顶上的火珠被朝阳照射时，其光芒恰好反照到庙堂内，所以称"回光返照"，为京城之奇景。

（八）石幢燕墩 民间"燕京八景"的最后一景何指？这一直有争议，有人说在草桥，有人说是燕墩。今从众，选为石幢燕墩。

燕墩又称"烟墩"，位于永定门外大街西铁路南侧，为一座砖台，自元至清一直是镇城之物。燕墩地处城南，"五行"之说南为火，所以燕墩建成了烽火台的形式。墩台高约9米，台底各边长14米，台顶四周原有女儿墙，墩台西门角辟石门二扇，拾级而上。台上立四方石碑一座，高8米，底座有石雕花纹，碑体内容为御制《皇都篇》和《帝都篇》，乾隆手书，是记述北京幽燕之地的徽记。

五、西涯八景

"西涯"指什刹海。为什么什刹海又叫西涯？这与明朝名臣、文学家李东阳有关。他自小在什刹海边一个叫"西涯"的地方长大。以后虽然在弘治年间任礼部尚书，文渊阁大学士，后来又受明孝宗之命辅佐明武宗，但他依旧对自己在什刹海的故居一往情深。他不仅经常回去看望，而且多情地写下了《西涯杂咏十二首》，吟咏故居四周的景色。近代陈宗蕃所著《燕都丛考》记载：李东阳故居在北安门北，慈恩寺后为西涯。又说：响闸之西，月桥之北，海潮寺之东，地名煤厂，文正故第当在是。这两种说法虽然具体地点有异，但有一点是共同的，即指出李东阳故居就在什刹海旁边。李文正很喜欢什刹海，并将其别称"西涯"作为自己的号。清代著名学者、文学家法式善经过多方考证，得出"至于西涯，则今之积水潭无疑"的结论。出于对李东阳的尊敬，法式善甚至自号为"小西涯居士"。他还考证了积水潭在明代和明代以前亦名"西涯"，并专为此写了《西涯考》一文。

"西涯八景"包括：（一）银锭观山，（二）谯楼更鼓，（三）西涯晚晴，

（四）景山松雪，（五）白塔晴云，（六）响闸烟云，（七）柳堤春晓，（八）湖心赏月。

（一）**银锭观山** 据说早年间的银锭桥不是石头的，而是木制拱形桥，犹如一个倒置的元宝。站在桥上西望，后海水面越来越宽，水平如镜，西山清晰可见。李东阳多次登桥望山，"城中第一佳山水"的名句，便是他对银锭观山景色的赞美。这里的山指西山，水即什刹海。详见本书第二部分"城中第一佳山水——银锭观山"一文。

（二）**谯楼更鼓** 指鼓楼更鼓。鼓楼与钟楼都建于元朝至元年间，是元大都城市的中心标志建筑。现存的鼓楼是一座外观两层（第三层暗层）重檐歇山顶的高大木结构楼阁式建筑。楼底层四面高大砖墙封砌，南北各辟券门三座，东西各一座。内有登楼石梯60级，达于二层。

鼓楼内曾有大小不同的鼓和计时器。在清代，计时的方法是点燃"时辰香"，一炷香点完即一个时辰。更鼓安放在二层楼上，共有一大廿四小，共二十五面。每天早晚先打鼓后撞钟，晚戌时，在相当于现在的晚7点整打"定更鼓"，早5点整打"亮更"鼓，每次都要击两遍各108下。在京城的夜晚，激昂的鼓声或长或短，有如水中的涟漪，传出很远，在京城的上空回荡，不失为旧京西涯一景。

（三）**西涯晚晴** 早在元代，钟鼓楼就处于城市的中心位置。景山、什刹海及钟鼓楼周围，树木郁郁，上面有许多乌鸦筑的巢。每当夕阳西下，金色的余晖笼罩在高高的钟鼓楼之上时，成群的乌鸦倾巢出动，围绕着高楼上下盘旋、飞舞，甚为壮观。由此形成元代大都城中的一个著名景点。加上此处辟为市场，天上地下均十分热闹。

（四）**景山松雪** 景山是紫禁城的屏障，又是城内的制高点，由挖护城河时的泥土堆积而成。在山顶，自东向西排列着"万春"等一大四小五座亭子，蔚为壮观。景山最有名的，是那株明朝末代皇帝崇祯吊死的古槐树。清代以后，甚至有人给树身上缠绕着一条粗壮的铁锁链，认为这棵古槐树治死君王有罪。如今古槐无存，代替的是一棵20世纪80年代移来的新树。其实，景山上种的最多的还要数松树和柏树。松树中不仅有油松、马尾松，而且有白皮松。柏树的品种则更多。这些松柏全年常青，纵在滴水成冰的严寒季节，也依然葱翠不改，郁郁苍苍。每当下雪的时候，松柏上都落下厚厚的、毛茸茸的白雪，像是披上了绒毯，以往的苍绿变成白茫茫的一片，与山顶的黄瓦红柱建筑形成

鲜明的对照，也成为一幅难得的景观。

（五）白塔晴云　北海的白塔建于清朝顺治八年（1651年），它的原址是建于元代的广寒殿。众所周知，白塔是佛教建筑，而广寒殿属于皇家园林风格。因此，出于宗教信仰和政治需要，而将造园艺术弃之不顾而建造的白塔，不能不说是北海园林扩建中的失败之举。尽管如此，数百年来，人们已经对北海的白塔习以为常，甚至把它看成了北海的标志。琼华岛上与山形配合的永安寺，其建筑自山下至山顶，层层升高，与白塔融为一体，以庞大的建筑群，体现出气势宏伟的特点。当人们在白塔山顶漫步，观赏着充满神秘而肃穆的塔体，其严整、规则，创造了一种城市山林与宗教结合的特殊效果。

白塔全部为砖木结构，由塔基、塔身和宝顶三部分组成。塔基为砖石须弥座，上为三层云台，中部为圆肚形，脖子部分也叫"十三天"，顶部为铜铸镏金华盖。塔身正面为一红底黄字组成藏文图案，意为"吉祥如意"。塔内有一通天柱，高九丈，柱顶放一金盒，内装舍利两颗。塔下有一个藏井，内有旱船、佛龛、供桌及喇嘛经文、衣钵和法物等。白塔周围有汉白玉石栏，塔前建一仿木琉璃建筑，叫"善因殿"，上圆下方，周围有四百五十五尊佛像。

在清代，曾在这里举行过声势浩大的佛教活动。其时，自山下燃灯至塔顶，诸喇嘛吹大法号、念佛经，以为祈福。无疑，这有助于增强白塔的魅力。

每天早晨，朝阳的金辉首先映照在白塔之上；黄昏，白塔沐浴在夕阳的彩云当中。60年代以后，白塔上安装了彩灯，每当重大节日之夜，彩灯齐放异彩，巍峨的白塔倒映水中，上下呼应，真像是仙山楼阁一样。秋高气爽的季节，蓝天如洗，映在晴空中的白塔，更加壮观，及至走上山顶，注视着雄伟的塔身，白云在高高的苍穹飘浮，不知不觉中，你会感到白塔也在慢慢地浮动，仿佛有了神力一般。

（六）响闸烟云　响闸位于什刹海前海西岸，恭王府稍南，今天的三座桥胡同。水边有一座石砌的水闸，名叫响闸。月牙河水由桥、闸下流入前海，发出哗哗响声。响闸四周，树木葱郁，酒楼林立，风光秀丽。明代著名大臣、文学家李东阳童年的故居"西涯"，便位于三座桥附近。1949年以后，因河水改道，响闸及石桥不复存在，景致亦大变。

（七）柳堤春晓　这里的"柳堤"，指的是前海的堤岸。清朝同治、光绪年以后，前海北岸盖起了不少做小生意的简陋房屋，而荷花市场移到了前海中间的大堤上。这条大堤由东南向西北，斜贯前海。大堤宽约3丈，长约50丈，把前海一分为二，两旁都是老柳树，一间房也没有。在夏天，柳树外是绿油油的荷塘，荷塘边，老柳下为"市"，就是荷花市场。而在早春，荷花市场还没开市，大地也刚刚从沉睡了的一冬中苏醒。此时，大堤上的柳树都已被似剪刀的春风裁出了万千柳条，而变得一片嫩绿了。无疑，这成了灰头垢脸的冬景中扎眼的一景。

（八）**湖心赏月** "湖"即"西湖"，也就是积水潭，又称净业湖，古名海子，在德胜门内。早年间湖面广阔，船只来往频繁。以后水面逐渐缩小，大船也进不来了。由于这里景色优美，许多封建高官、佛道诸教纷纷在此建宅造庙，红墙梵宇，与清波碧水相映成趣。立于积水潭北岸小山上的净业寺，又叫汇通祠，是观景的好去处。每到月圆之夜，明亮的月亮映在水中，荷花菡萏，水波不兴，蛙声阵阵，风送荷香。此时约上三两知己，坐在汇通祠前的小山上，边饮酒边赏月，优美的诗篇不禁从口中涌出。

六、石景山八景

石景山区属于北京城近郊之一，位于北京西郊西山南麓。境内有翠微山、卢师山、平坡山等名山，是北京市区最近的群山，历来是北京市区的屏障。像许多名山一样，石景山境内各山上，凡风景好处皆有寺庙。景以寺闻，寺为景魂。因此，介绍石景山的风景名胜，就必然与寺庙密不可分。素有"石景山区八大庙"之称的景观包括：（一）法海寺，（二）承恩寺，（三）双泉寺，（四）慈善寺，（五）广禧寺，（六）净德寺，（七）隆恩寺，（八）善佛寺。

（一）**法海寺** 最著名的是这里的壁画。据说当年法海寺内多数殿堂都有壁画，但今天剩下的，只有大雄宝殿内的几幅了。它们分布在扇面墙、后檐墙和东西山墙上。西山墙上画的是十方佛众和飞天仙女，以牡丹、月季、菩提、芭蕉为衬托，画面祥云缭绕，凸现了神佛的庄严肃穆。后檐墙两侧是由帝后、天龙八部和鬼众等组成的"礼佛护法图"。画面中人物众多，风貌各异，但都表现得惟妙惟肖。线条流畅，工整有力，画面烟云缥缈宁静神秘。扇面墙背后是观音、文殊、普贤三大士像，中间的水月观音肩披轻纱、胸佩璎珞、裸露半身、肌肉柔美、表情温和、形态端庄，给人以出世超凡、清新明净、和蔼可亲的感觉。这些壁画已失去了明代初绘时的艳丽，且部分损坏，但它的极高水平仍然给人们以很深的艺术震撼。

提起法海寺，有的人因此想到白蛇传中的那个秃头和尚，是他把白娘子压在塔下，使其与许仙难以团聚。于是他们会问，法海寺与法海有关系吗？其实，一点关系都没有。一来白蛇传的诞生在南宋时的杭州，而法海寺在北京；二来"法海"的作用并不专指人名，而是专门术语，意为"佛法广大难测，譬之于海"。《维摩经佛国品》上说："当礼法海德无边。"《无量寿经》也说："深谛善念诸佛法海。"另外，西晋时的僧人法炬曾翻译过一部西域传来的经卷，就叫《法海经》，为海八德经之别译。这就更加证明此寺与那个法海和尚无一点关系。

明代修建这座寺时用了五年的时间，规模也比现在大得多。除大雄宝殿外，还有四大天王殿、护法金刚殿、伽蓝殿、祖师堂、钟鼓楼、云堂、厨库、寮房等。寺内除有壁画外，还有一口高2米的铜钟，上面铸有上千个助缘建庙人的姓名和经咒。此外还有木雕三世佛像、十八罗汉以及明代法器、供器等，均毁于十年浩劫时期。寺周围群山环抱，风景秀丽，环境极为优美。

（二）**承恩寺**　位于模式口大街路北，离法海寺不远。也是建于明代，以建筑奇特著称于世。这体现在，一般佛教庙宇的钟鼓楼为单体建筑，而承恩寺则是把二者设在天王殿延伸的转角处，在此处起阁，东设钟、西设鼓；另外，寺院四角各有一座雕楼，四座雕楼间有暗道相互连接，有明显的军事功能；现存的雕楼还与庙宇相连，这是别的寺庙绝无的安排。至于为什么作如此设计，可能与预防宁王宸濠反叛有关。宸濠是明太祖朱元璋之子宁王的五世孙，封地在南昌。因远离首都，奸人鼓动，他养兵蓄财，终于谋反，一路北上，名城迭陷。其实宫廷中都知道宁王要反，但得其贿赂，于是都为他说话。

承恩寺适于这种形势下而修建。武宗皇帝不仅亲为此寺赐名，而且命寺住持宗永为朝廷专管佛教事务的官员，这说明该寺地位的不同一般。正是由于宁王反叛的大形势所迫，加上本寺的重要地位，加强保护，以防不测，自然成为建寺之始在设计上的重要任务。在明代，官员、太监修庙成风。其实他们未必真正信佛，而是打着修寺的名义给自己修别墅或墓地。所以，大敌当前，他们当然要设法保护自己视为命根之地了。也许这正是增加该地军事防御功能的一个重要原因。加上当年鞑靼等少数民族的不断来犯，防御实在重要。

（三）**双泉寺**　即西山八大水院之一的双泉院。明朝宣德、成化年间都曾重修。有趣的是清朝光绪九年（1883年）的那次重修。起因是慈禧太后的近侍太监刘印诚，因玩弄诡计而得到一笔赃款，数额过大，不免后怕。于是便向慈禧作了坦白交代。慈禧看他还算老实，就没有处罚他，还让他"看着花吧"。结果，刘印诚就用这笔钱重修了双泉寺，并且扩建了门前的万善桥。就这样钱还没花完。详见"西山八大水院"一文。

（四）慈善寺 位于石景山区的天台山。天台山又叫天太山、天泰山，其主峰偏西有平台，曰天台，慈善寺就坐落在这天台之上，故又称天台寺。此寺建于明末清初，是一座佛道合一的庙宇，供奉着观音、吕祖等塑像。

慈善寺分中、东、西三路，以西路的大悲殿为主，殿宽三楹，正中供金漆木雕观音像，两旁为碧霞元君等八尊塑像。殿北为吕祖阁，内供魔王和尚。此和尚为一疯僧，于康熙年间在此隐居，俗称魔王老爷。此僧后于寺中坐化，供其肉身为佛，其貌酷似顺治皇帝，由此才有了"顺治出家天台山"的传说。寺外南山坡上有座藏式塔，高约10米，传为魔王和尚衣钵塔。魔王和尚圆寂前对弟子说：我圆寂后三日，如闻肉身有异香，即成正果，可将尸体供于龛中。如不放香，即葬入塔中。三日后，其体果有香味放出，遂供其肉体于龛。只见其隆准凤目，壮貌英武，宛若天人。每年三月十五日为魔王和尚成道之期，慈善寺开庙三日，供善男信女前来礼拜，为京西香火极盛处。

限于地势，本属寺内应建筑的房子盖到了山门外的山坡上，像卧佛殿、水帝洞、王奶奶殿、地藏殿、九仙娘娘殿、真武殿等。现存的还有玉皇阁和天齐殿，寺内外合计共有一百多间房屋。只是佛、神塑像被毁。

1912年至1924年的十多年间，爱国将领冯玉祥三上天台山。1924年，直奉战争期间，正当吴佩孚向山海关的张作霖发动总攻之时，冯玉祥突然回师北京，推翻了直系军阀政府，驱逐了仍在紫禁城内关门做皇帝的溥仪。完成上述壮举后的第二天，冯玉祥就来到了慈善寺居住，并且留下了众多的摩崖石刻。如今，寺外东山坡、寺后北山坡上，还保留着冯玉祥亲笔书写的"耕读"、"淡泊"、"勤俭为宝"手迹，每字都有二三尺见方。

（五）广禧寺 此寺被列入"石景（山）八景"十分勉强，因为它在规模上太小，就是个村头小庙。前几年专程去参观，当时，满井村村边有一座破败的门楼，内为一进小院，正殿三间，中间供奉观音菩萨，模样难认，东西配殿各三间。当地政府对此寺还算重视，派专人在此看守，住于西配殿。但限于财力，翻修的钱似乎拿不出，于是此寺仍显破败景象。据说寺成于明朝弘治十三年（1500年），种有银杏两棵，今存其一。另有方碑两座，已无存。此寺在稍微上点规模的辞典中都没记载,可见其小。为何算石景山八大庙之一?待考。

(六)净德寺 又称敬德寺,位于西山五里坨。此寺据称建于唐代,明嘉靖七年(1528年)重修,清乾隆年间寺已废,改为睿亲王的坟地。首先建立的是睿亲王谆颖的坟地。此人生前为御前大臣,嘉庆五年(1800年)去世时年仅40岁。其墓地占地六十八亩,外边金刚墙,里边红墙,两道宫门,一座碑楼,还建有东西朝房和享殿。过了十年,第二位睿亲王仁寿也葬到了这里。

墓地于1929年被盗。为了给"东北王"张作霖修建陵园,张学良将这里的石料运回老家,坟地被破坏,今仅存一段金刚墙。据说这里曾有过"槐抱椿"之特殊树木景观,堪称京西一奇。

(七)隆恩寺 位于西郊劳子山(又名老祖山)脚下,系由金朝秦越公主于大定四年(1164年)所建,明正统四年(1439年)太监王振修之,改用今名。这里被称为风水宝地,为清太祖第七子饶余郡王家族占有,建了数座王爷坟。饶余郡王阿巴泰于顺治三年(1646年)去世,时年58岁。墓地在隆恩寺,坐北朝南,内有由华表、石人、石马、石羊、石驼等组成的神路,后边是五道牌楼,接着有石桥三座和碑楼。碑楼后东西各有一座两层小楼,俗称金银二库,是为烧纸用的。后为享殿、月台、宝城。阿巴泰的四位福晋的墓在宝城后边。

阿巴泰的许多后人死后也都葬在这里。

隆恩寺过去树木茂密,柏树、马尾松、白皮松等有两千多棵,还有核桃、梨、海棠等果木。饶余郡王的后代多次卖树以增加收入。

从1927年起,张学良为其父建陵园,将隆恩寺饶余郡王墓的石料买下,运回东北,石料运了三年才完成。如今的辽宁省抚顺市"元帅林"(即张作霖墓园)内,有从隆恩寺等地移去的明、清石刻六十多件。而隆恩寺已片瓦无存。

(八)善佛寺 此寺位于天台山天台寺(即前所介绍的慈善寺)迤北。创建于明朝弘治年间。此寺也不大,但有两个特点:一个是佛道合一,主殿供三世佛,配殿供碧霞元君娘娘;另一个是前寺后墓,墓是明朝太监李荣的。如今寺已不存,唯李荣墓前的华表、石相生和墓碑还在。

七、西山八大处"外八景"

北京西山的八大处，是位于卢师山、翠微山、平坡山和峡谷山峰之间的八座庙宇。它们是：一处长安寺，二处灵光寺，三处三山庵，四处大悲寺，五处龙王堂，六处香界寺，七处宝珠洞，八处证果寺。西山八大处是京西著名的游览胜地，相关的介绍已很多，这里不再赘述。但是，提起西山八大处周围的八处自然景观而非寺庙建筑，却一向少有记载。

八大处所处的三山之间，沟壑纵横、山林密布，泉水潺潺。夏天浓荫遮日，凉风习习；秋日层林尽染，婀娜多姿；春天山花烂漫，香飘四溢；冬日银装素裹，宇庙耸峙。这里四时皆景，三季有花，自然风光与寺庙建筑融为一体，山以寺名，寺因山秀。既有别于颐和园等人工建筑，又与山野自然相区别。

"八大处"就是分布在京西卢师山、翠微山和平坡山之中的八座古刹的总称。

（一）绝顶远眺　此景位于七处宝珠洞处。宝珠洞建在翠微山顶，又叫绝顶，是八大处的最高峰。登山至此，极目远眺，玉泉山、昆明湖山水相连，西有万千重山，南有永定河蜿蜒如带，东面的北京城沉浸在云雾当中。使人们领略到北京城西倚太行，北据长城，东临大海，南阻长河的襟山带河之势，虎踞龙盘之像。提起宝珠洞，还有一个传说。相传六处香界寺的一个巡山和尚，名海岫，为了遮雨避风，常年用手指将砾石一粒粒抠出，最终成了这么个大洞。洞石为小石子黏合云集，黑白闪烁，粒粒如珠，故名宝珠洞。当年康熙皇帝还曾召见过他，并赐诗给他。宝珠洞共有两座殿堂，正殿为观音大士殿，两厢有配殿，殿后为一岩洞，高深均约4米。因洞内砾石奇特，如同黑白相间的珠子凝结而成，

八大处宝珠洞为西山八大处第七处，位置最高。

似蚌珠晶莹，故得名宝珠。相传海岫和尚曾在此诵经 40 年。洞上另有一殿，称"阿弥陀佛殿"。图中左侧敞轩位于正殿门脸处。

（二）**春山杏林** 八大处所处的三山之间，树木葱茏，品种众多。每当春天来临，漫山遍野的杏花怒放，到处是一片花的海洋、香的世界。其中，尤以虎头峰下的杏林最为优美。这里，不仅杏树集中，而且品种也多，单、重瓣的，红杏、白杏等等都有。春天来这里踏青，沿着山间的石级小道前行，杏花的馥郁芳香阵阵吹来，沁人心脾。怒放的杏花，恰恰与沉静、肃穆的寺庙形成强烈对比，有如陪伴在精神矍铄的智慧老人身边的天真烂漫的少女。其实，西山八大处附近的杏树很多，不过，这里更集中。

（三）**翠峰云断** 在炎炎夏日，如果有幸来八大处避暑，逢到下雨天，可以看到，雨后天晴或是晨光气润之时，半山间常有云雾缭绕，有如神山仙境。这些云，有的长时间环绕山间，仿佛是山的缠绵情侣；有时又奔跑如飞，像是在追赶逝去的流光。它们或从山崖绕其岭前，或自山窟倾吐上升。置身其中，忽如坠身烟海，雾气迷蒙，不见东西，忽又云散无影，如绿之景转眼来到眼前。云雾还湿润了空气，不仅使人有清新之感，而且石阶旁的松针上，还会不时地滴下水珠来。在翠微山、虎头峰和卢师山三者之间，前两者常为凝固的云雾笼罩，而后者周围，则多是流动的云朵。这就是山中"翠峰云断"的景观。

197

说明这里的确有山水之灵气。

（四）卢师夕照　卢师山地处四平台的东北隅，低于西面山峰。每当夕阳西下，西山日落较早，卢师日落独迟。当西山东坡山影遍布时，东山卢师更显光明。

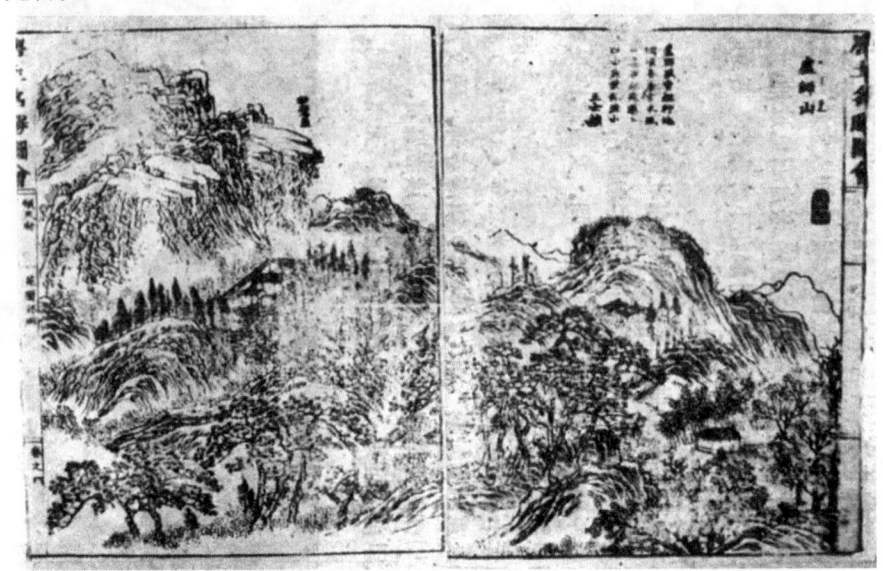

清代嘉庆朝所绘卢师山全景图，因唐代天宝年间，江南卢姓僧人在此修炼得名，周围多佛寺，著名的有八处，故名"八大处"。

卢师山因卢师寺得名。相传隋朝仁寿年间，有一位江南僧人姓卢，乘小船北来。船抵尸陀林（卢师山在隋朝以前叫尸陀林），卢僧人抬头一望，见山坡上有座摩崖石洞，极感兴奋，弃船登岸，在此定居。几年后，来了两个小男孩，大的叫大青，小的叫小青，愿来侍奉卢僧。正好这年大旱，二童子向卢师表示，愿按照师父的意思，向大地布施雨露。得到师父的同意后，他们乘云而去，一会儿就大雨如注。这表明二童为青龙所变。下完雨，两条青龙归来，投在崖洞旁的水池里。天宝皇帝欢心，赐卢师号为"感应禅师"，并敕建感应寺。明朝在这里还建了龙亭，在山崖下塑二童子侍卢师像。崖上有一棵卢师亲手种下的柏树，长年不荣不衰。明代在此建临崖轩三间，俯深涧，松涛阵阵，似船中听河里的水浪之声。有人说，卢师山上的峰影参差，岚光浓淡，正是卢师在显示着无穷的神力。

（五）烟雨鹃声　每到夏季，八大处周围的山中会聚集来众多的鸟鸣，其中最好听的，当然要属杜鹃。它们无论昼夜，不管晴雨，声声杜鹃，啼声不已，正像古诗中所云："杜鹃枝上月三更"，"子规声里雨如烟"。

这里多杜鹃，树多是一个重要原因。由于寺庙周围长期种树，从而形成幽深、苍翠的自然环境。浓密的树叶吸附了大量的水，调节着空气，使这里保持湿润、清凉的气氛，从而为鸟的生存创造了条件。至于景观中用"鹃声"，不过是因为它的叫声更清亮，有特点而已，并不是说这里只有杜鹃而少别的鸟类。

（六）**水谷流泉** 西山八大处周围林茂沟多，每逢雨季，处处有泉，响声遍野。最为喜人的有三山庵北谷，大悲寺以北的四照谷，灵光寺北谷，秘魔岩谷。三山庵位于卢师、翠微、

位于西山八大处证果寺附近的摩崖石洞，如天然石室在半空，传说隋唐时的卢师和尚在此坐禅。

平坡三山之间的脊梁上，三山庵由此得名。四周林木参天，葱郁层层。从山顶流下的雨水顺着山梁间的沟谷汇成万道溪水。三山庵正殿东侧有一间敞轩，正是雨天观溪的好地方，站在轩内远眺，"远山近水澄雾色"。大悲寺北侧为山谷，自然是雨水汇集的地方。沿着崖边的石阶小路而上，眼前景色逐渐壮观，自然也为观雨提供了独特的条件。在这些名谷中，有石如床、如枕、如几、如凳，游人入其间，或坐、或卧、或倚，静听呜咽泉流之声，无异于心灵的荡涤。

（七）**高林晓日** "清晨入古寺，初日照高林。曲径通幽处，禅房花木深。"这本是唐人诗句，可用来描写证果寺的景色，依然使人感到贴切、真实之感。证果寺俗称秘魔崖，就是卢师所居之处。寺内西门有一院，院门作宝瓶状，两旁的对联就是上述唐诗的后两句。入院经曲径，再西行就是秘魔崖。这里林木参天，每当红日初升，光照树梢，如同进入"清晨入古寺，初日照高林"的境界。日出之时漫步于崖前小径，曦晖从林间射入，正是"高林晓日"

之景。

（八）**五桥夜月** 五桥是指从长安寺到三山庵沿途的长安桥、绿板桥、翠微桥、同济桥和万善桥。这些桥大多跨于山涧幽谷之间，桥下是流水、山石。每当夜深人静之际，在有月亮的夜晚来此，听流水潺潺，感松风阵阵，望冬日皑皑白雪，或散步徘徊，或倚杖而立，山谷苍茫，皓月长空，仿佛置身月上仙宫之中，一派清新超俗气象。

八、门头沟八景

门头沟地处北京西郊，境内群山争秀，河畅溪流。这里不仅有潭柘寺、戒台寺等名庙古刹，而且有"燕京小三峡"、"天下奇泉"、"千亩玫瑰"等自然景观。门头沟是难得的旅游胜地，一年四季皆有佳景可观，吸引着前来游览的人们流连忘返。"门头沟八景"包括：（一）潭柘古刹，（二）戒台古松，（三）高原草甸，（四）涧水峡谷，（五）金顶玫瑰，（六）京西内险，（七）百花烂漫，（八）琉璃生辉。

（一）**潭柘古刹** "潭柘"是指潭柘寺，"古刹"是因为它建在晋代，以至有"先有潭柘寺，后有幽州（北京）城"之说。位于门头沟区的潭柘山。

传说1500年前，有一位华严禅师骑万年老龙云游四方。一日，他自太行山风尘仆仆来到幽州地界，一见九峰拱翠，层峦架月，柘树千嶂，雄峰捧日，于是决定不再周游，要借这块宝地建造一座庞大的禅林，云集四海之僧，传经五湖之侣，愿天下生灵都得真法。这就是潭柘寺的由来。

说起这座禅林，可也真够大的，它占地6.8公顷，是北京郊区最大的庙宇之一。潭柘寺历代都有修建和扩建，逐渐发展起来。全寺建筑分为三部分，中轴线上是寺庙的基本建筑，如天王殿、大雄宝殿等，层层升高，左右相辅。最高处为毗卢阁，二层，15米高。前有两棵罕见的大银杏树，高达六七丈，树干从中部开始枝繁叶茂，两棵树投射在地的浓荫，遮盖了大半个庭院。

东路是庭园式建筑，碧瓦朱栏，雅致小巧。这座房子原先是专为康熙修建的，建好后康熙来住过几次，以后乾隆驾临潭柘寺时也住在这里。乾隆之后的三代帝王就再没来过。同治五年，西藏的达赖喇嘛参谒潭柘寺，在这里住过两天。自那以后，这座精舍变成了贵宾休息之地。先是王爷、贝勒、贝子及其眷属可以进住，后来京师中的一、二品大员也在这里住。再后来，外地来的巨商富贾，只要为寺院捐上一两千两银子，也可以在这里住两天。院中极为幽静雅致，这里的竹林最为奇特，每隔一节就有一道黄或绿色线条，被称为"玉镶金"和"金镶玉"。院内有一流杯亭，因袭汉魏旧俗而建。竹林大约有一亩地，林内修竹丛生，枝叶葱绿，青翠如滴。西路是寺院式殿堂组合，有楞严殿、戒台和观音殿等。

龙潭位于寺后山上，已干涸。早年前，龙潭里的清水从山顶流下来，形成一条小溪，溪水叮咚，穿过竹林，给幽静的竹林添了几分生气。柘树是寺院的一宝，今已不复存在，只有数棵小柘树，作为应景之作。十年动乱中寺庙遭严重破坏，1979年夏，这里尚未正式开放，里面到处是碎砖烂瓦，佛像歪倒在地，大殿衰败厉害。后很快开始重修，现游客所见，已是重新油饰的大殿和重塑的佛像了。

（二）**戒台古松** 戒台寺，因寺内有全国第三大的戒台而闻名。此坛建于大殿内，四周佛龛中有113尊戒神彩塑，台高丈余，是受菩萨戒之处。此寺建于唐代，距今已有1300多年。寺历代扩建，现有建筑为清代所建。

戒台寺以古松奇柏为人称道，尤以活动松、卧龙松、自在松、抱塔松、九龙松最著名。活动松树冠如巨伞，只需动其一枝，则整棵大树都会抖动。卧龙松躯干横卧，酷似酣睡的巨龙。自在松犹如一位潇洒的佛祖，面对台阶上的人们挥手致意。九龙松一树九干，直冲天际，酷似九条银色蛟龙呼啸凌空，窜入云霄。抱塔松舒展枝臂，将金刚伽蓝佛师塔抱于怀中。数百年来，这些奇松除活动松于光绪年遭焚后补植以外，其余的都在经过沧桑巨变后，仍旧枝繁叶茂。

（三）**高原草甸** 在京西的崇山峻岭当中，有一巨峰突兀而起，这就是北京第一高峰——灵山。灵山海拔2303米，高度超过泰山、庐山和黄山等全国著名的山峰。山上大约生长着五百多种乔木、灌木和草本植物。海拔更高的地方还有白桦林和山杨林；海拔1900米以上，直到山顶，则是繁茂的高山草甸。

草甸和树林的界限异常分明。林子是墨绿色的，草地是黄绿色的。站在山头放眼望去，一块墨绿，一块黄绿，错错落落地散布着。草甸在山之岭，沟沟梁梁间都有，碧草如茵，野花如织，仿佛是铺上了大地毯，又厚又软，招来众多的蜂蝶和鸟虫。

广阔的草甸又是天然的牧场。草坡上，马群、牛群、羊群历历可见。它们

从远处眺望戒台寺全景。图中方形建筑即为戒台殿戒台,是一个高约丈余的石台,周围是戒神,坛上有传戒大师乘坐的沉香木椅。右侧下方为清代恭亲王在此修建的别墅牡丹院,今已改为招待所。

燕京八景

当中有新疆细毛羊、伊犁马和西藏牦牛,都是名种。每年5月,北京城里已是绿树成荫,繁花似锦的初夏,而灵山顶上却是雪花飘舞,寒气袭人的严冬。站在山顶,视野何等开阔!西灵山、小五台、百花山以及官厅水库等历历在目。低处则被林木覆盖,是一片绿色的海洋。

对于陷在纷繁事务当中的城里人来说,灵山真是一个回归自然、放松精神的好去处。这里有的是野花、野林、野兽、野景、野趣,灵山的特色正在这一"野"字上。没经人工雕琢的野景,正是自然的本来面目。

(四) 涧水峡谷　龙门涧是门头沟深山老峪当中的一个凉爽清幽、山水迷人的好去处。这里山秀峰奇,泉甜水美,自然天成,汇集了我国几类著名风景区的一些神韵和景致,如三峡气势,桂林秀美,匡庐飞瀑,黄山叠泉。

龙门涧位于门头沟区清水乡燕家台村,分东西两涧,由南向北,各绵延十余里。在东涧,入口处两座峭壁对峙,拔地而起,极像是一对刀削斧劈的山门,所以叫"龙门"。夏日进入峡谷,凉气袭来,暑意全消。沿着清澈透明、奔腾飞泻的溪水上行,绕过几座山峰,便可见"将军石"迎面而立,活像一位

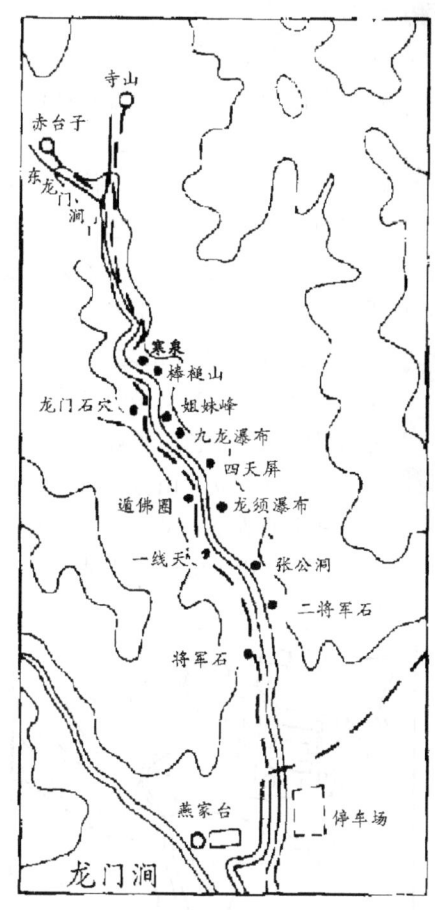

门头沟区龙门涧（东部）景点分布示意图

拦路把关、威风凛凛的大将军。抗日战争时期，这里是当地百姓坚壁清野的绝妙所在。

峡谷深处越走越窄，头顶只剩一线青天。此为东涧又一胜境"一线天"。此处山石起伏，横卧泉边。"龙泉水"是涧中的主要水源头，泉水流过布满青苔的涧石，形成一道素练般的瀑布，注入"黑龙潭"当中。

与东涧的秀美相比，西涧则显得险峻突兀。这里的山峰多向涧里倾倒，绝壁压顶，仿佛巨石随时坠落。苍鹰盘旋，野鸽群飞，山鸟争鸣。特别是两涧最深处的一片山峰，洒脱飘逸，简直可以和漓江山峰比美。西涧也有"一线天"、"龙潭"，此外还有"塔园峰"、"北西天"等景观。

龙门涧最惹人喜爱的，自然得数那一条条弯弯的清流了。游人踩着溪水中的石头，一会儿从左岸跳到右岸，一会儿从右岸跳到左岸。溪流时窄时宽，时急时缓，有时从乱石中掠过，激起一片雪白的浪花；有时从陡坡上泻下，形成一道飞溅的瀑布；有时又跌落深坑，化出一汪碧绿的水潭或一个飞转的漩涡。那溪水声随着山涧的宽窄而变化，或大或小，与迷人的山色相映成趣。

（五）金顶玫瑰 妙峰山从明代起，直到民国初年，一直是北京一带的香火胜地。每年四月初一到十五，远到吉林、浙江、湖广、川贵的善男信女，成群结队来朝山进香。庙会最盛时期，初六、初七、初八，每天有几万到十几万人拥上山去。

明朝中期，妙峰山始建碧霞元君祠，清代达到最盛。由于庙里修了莲花托

龙门涧风光

的金顶，从远处望去，如同华盖，在朝晖夕阳里格外辉煌，所以自此就叫金顶妙峰山了。碧霞元君是东岳大帝的女儿，也是道教尊奉的神，受玉帝之命，正位天仙，统摄岳府神兵，照察人间善恶。在四月十八，元君诞辰期间举办香会，表达了人们祈幸福、保平安、除恶魔的美好愿望。妙峰山之"妙"不仅在于有了这位神女坐镇，更是因为这里的秀丽景色。妙峰山在万山丛中，孤峰耸立，山势挺拔，既有北方高山的雄姿，又有几分江南清山的秀色。山上空气异常清新，连山花野草散发出的香气也是清凉水润的。石级小道两旁，不时会出现三五棵苍劲的古松。这里尤其值得一提的，是山野上到处盛开的一株株齐胸高的玫瑰。花枝上，红色的玫瑰一点点、一团团、一片片，有的盛开，有的半开，有的微启，有的含苞。无数朵妖娆醇香的鲜花汇成了花海！

妙峰山的玫瑰有上千亩，传说玉帝的女儿，因为看中了妙峰山的美丽景色，才把银河边的玫瑰撒向了山顶。妙峰山的玫瑰，花头大，花瓣厚，颜色深，香味浓，出油率高，花色也多。不仅有红的、紫的，而且有白的、黄的、粉的。妙峰山玫瑰由于得天独厚的水土气候条件，所以才如此的与众不同。

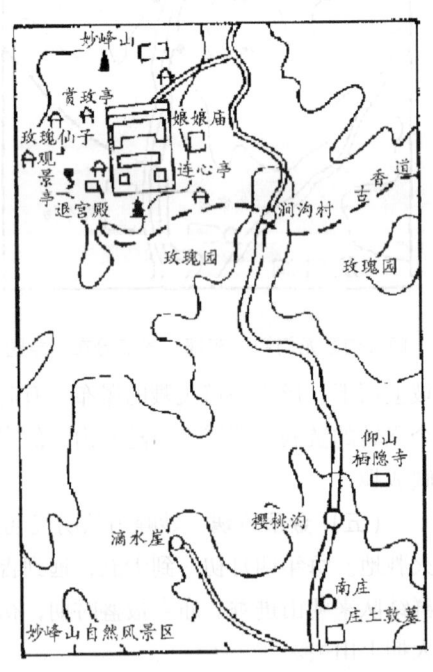

妙峰山风景区平面示意图

这里的农民把采花的季节叫"花秋",每年花秋都要持续一个月左右,是涧沟最忙的,也是最热闹的时候。遇到丰收的年景,无论男女老少,都要动员上山采花。"花秋"时外地来的人也很多,有酒厂的、化工厂的、果品公司和药材公司的,另外还有记者、摄影家、画家等。

妙峰山栽种玫瑰已有上百年的历史了,甚至有人说建庙之初,山上就有玫瑰。妙峰山已成了北京的玫瑰生产基地。

(六) 京西内险 有人说:"到过八达岭,未见沿河城,未见长城也。"这话表明了沿河城在万里长城这项军事防御工程中的重要地位。这座沿河城就在门头沟西北部的山地间。它是明代京西内险长城的重要部分,沿河城为其守备中枢。这座建于巨大峡谷中的沿河城,东西长二里,宽半里,因城北紧靠永定河而得名。

四百多年前,北方蒙古族不断侵扰内地,嘉靖二十九年(1550 年)甚至攻到北京城下。为此,朝廷特将战功赫赫的戚继光急调而来,保卫京师。戚继光上任以来,一方面加紧军事训练;另一方面加强设施建设。沿河城是在原三岔村的基础上改建的。这里东望都邑,西走塞上,浑河襟带其左,实乃京师咽喉。城墙就地取材,采用永定河中的鹅卵石砌就,所以又叫石头城。由于年代久远,这里除了留下一些城墙的痕迹外,大部已倒塌,仅在如今沿河城乡东边不远之处,还有一座完好的城门,上镌"永胜"二字。站在沿河城旧址,还能望见远处的两座敌台,它们建在石岩前的高山绝壁之上,外形与八达岭敌台相似,体积略小,为砖石结构,历经四百年风雨,仍体肤无损。从沿河城至门头沟最西边的洪水口的 40 公里长的山峰上,共有 15 座这样的敌台。它们和沿河城一起,属于紫荆关沿河城口管辖。

敌台是屯兵作战用的,建在车骑可行走的交通要道险要处,扼守要冲,易守难攻。敌台对面一侧的小坡都做了削坡处理,一些较平缓处垒了拦马墙。敌台之间由石城墙相连,断处则为峭壁山险。当年修建沿河城,据说只用了几个月的时间。沿河城设有守备,为当地最高军事官员。

(七) 百花烂漫 百花山坐落在门头沟区黄塔乡黄安坨村南约 4 公里的山梁上,海拔近 2000 米。山顶平缓,植物茂盛,树木成荫。山上一年四季都有花,故名"百花山"。"百花烂漫"景观就指的是这里。

百花山的特色就是花多、色艳。如山桃花、山杏花、杜鹃花、山樱桃、紫囊兰、江西腊、野芍药等,花型多异,色彩新奇,有黄、红、蓝、白、黑、

百花山自然保护区

绿、紫、粉八种颜色。树有丁香、云杉、华山松、马尾松等。此外，党参、黄芩等药材也很多。这里还有人工培植的人参、黄檗、白芍药等。

由于海拔高度对气候的影响，百花山花的开放时间总是从山麓开始，然后向山顶一层层上升。当山腰里开得正闹之际，山脚下已经开败，而山尖上刚刚打起骨朵。因此，从春至夏，从夏到秋，百花山不断地变换着自己的装束。

百花山的山脚下，有莲花庵、佛塔、山神庙等佛教建筑，每年三月，方圆百里的乡民都来此求香，热闹一时。

（八）**琉璃生辉** 门头沟的琉璃渠村是琉璃原料的产地。在元代建大都时，将山西琉璃窑迁到北京城南海王村建琉璃厂。明朝永乐年间兴建北京城时，琉璃厂因营建宫殿而大量生产琉璃制品，这是琉璃厂的全盛时期。清朝乾隆年间，窑厂迁到门头沟。

浇制琉璃制品要经过数道工序：先将墨黑发亮的干土破碎成粉，放入水池浸泡，然后再加工成坯块。工匠们要在坯块上进行加工，采用铲、捏、抠、画等工序，就使产品初具造型了。然后将雕塑好的坯型送进第一道窑烧成火坯，成为素烧，接着挂色，也就是用彩笔在彩坯上着色。再将挂好色的坯型送进色窑烧炼，成为釉烧。出窑后的就是晶莹剔透、色彩斑斓的成品了。

门头沟的琉璃产品昔日把紫禁城等皇家宫苑装点得富丽堂皇，同时也为宫观庙宇等建筑的屋顶增色不少。封建统治结束后，琉璃产品更被广泛运用，成为民族建筑装饰风格的重要组成部分。琉璃产品也为门头沟增了辉。

九、房山八景

《天府广记》载:"房山县在州城西北四十里,本良乡、宛平等三县地,石晋以其地逼辽,未有县,金析置万宁县,以奉山陵,后改奉先县,元改房山县,属涿州。明固之。"

房山区位于北京西南部,太行山与华北平原交界处,三分之二以上为山区和丘陵。区内有历代文物古迹559处,其古塔总量为北京第一。这些文物古迹与青山秀水,成为旅游观光的理想之地。"房山八景"包括:

(一) **大房耸翠** 大房山是境内的主要山脉,区因此而得名。约在原县城西30公里处。山上布满松林,远眺苍绿,故名"大房耸翠"。

(二) **上方山寺** 上方山在房山区境内的岳各庄,是大房山的支脉,山上有九洞十二峰和以兜率寺为中心的七十二茅庵等古迹。兜率寺位于上方,又名上方寺。

兜率寺为七十二茅庵的汇总点,也是全山最大的一处寺院。寺倚山而建,殿宇巍峨,周围树木成荫。此寺建于唐初,明朝嘉靖、万历年重修。如今庙宇已废。

(三) **云水奇观** 云水洞位于上方山兜率寺西南约4公里处,洞前有大悲庵一座,殿宇三间,内有壁画,约创作于明代晚期。云水洞洞口向南,洞深620米,由7个洞穴构成,间有天然小门。第一洞内洞顶倒悬上万蝙蝠,名曰"蝙蝠洞"。第二洞以后各洞内均布满钟乳石,形态各异,呈现奇景。

(四) **西天胜概** "西天"指小西天,即石经山,位于房山旧城西南20公里处,这里又有"北京的敦煌"之称。因为山中的9处洞穴及山下云居寺旁的压经塔下,藏有从隋至明上千年间存留下来的大量佛经石刻。

云居寺建于隋唐之际,寺院原规模很大,依山建有五层院落,六进殿宇,正殿旁有配殿,旁院为客舍行宫,寺内南北有二塔。抗日战争时期,寺院毁于炮火,仅北塔留存。此塔高约30米,下部平面呈八角形,塔内有砖阶上下。此塔四周各有3米高的石塔各一座。据说当年寺前有泉溪,四周树木郁郁葱葱。

(五) **红螺三险** 此"红螺"非怀柔县红螺寺之"红螺",而是指上方山东30里的红螺洞。其三险为沿九龙峪至云会门为下险;再从此出发,路则更险,需挽着铁缆攀缘而上,至红螺洞为中险;再上半里,经松棚庵至观音洞为上险。路上山势险峻，山峰如戟，山路苦陡，因有此称。

（六）**孔水仙舟** 此景位于房山旧城西北，云蒙山南麓的一座天然石洞内。"孔水"是因为洞口由人工砌筑，幽深难进，而洞内有水，乘舟而入，犹入仙境，故名。洞内石壁上刻有经文和佛像，依岩开凿共有6尊，与云岗、龙门石窟相似，据说刻于唐代，石面多已漫漶。洞内曾出土唐代金龙及动物化石、铁器等。此处为房山石经早期的刻经地点。洞外建有万佛堂，内有"万菩萨法会图"汉白玉浮雕。

（七）**金山香水** 指房山旧城西南10公里的金山寺，内有香水池，清气芬馥，时时袭人。寺建于金代皇统年间。

（八）**白水异浆** "白水"为白水寺，位于房山旧城北10公里的歇山冈半山腰。建寺年代不详，明末已坍塌，仅存无梁殿一座。白水寺所处的地理位置极好，北倚高山，南面白水河，安卧于花木掩映当中。站在这里，可望尽燕山石化城。

寺内供奉有3尊花岗岩石雕站像，中为5.8米高的释迦牟尼佛，体形丰满，面容安详。左右为二胁侍阿难和伽叶。明代成化三年（1465年）重修时，曾在塑像上覆以泥皮彩绘，今已剥落，且因香火之故，体有熏乌。据说此像与地面为一整体巨石，是目前北京保存的最大石佛像。伽叶头部曾被破坏，近年

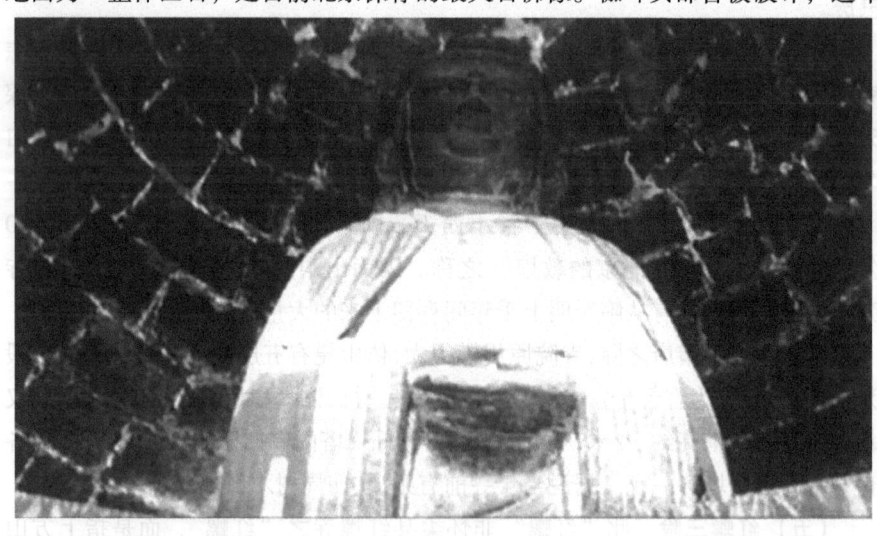

白水寺内的大石佛，由整块石头雕成，头上为圆形的屋顶，由整块的石头逐渐内缩砌成，外形为半圆形。

经重造后复原。

此3尊佛最初位于一座无梁殿内,坐北朝南,重檐庑殿顶,砖石结构,平面是正方形,穹隆顶,中央雕有龙头藻井。今日所见佛殿,其顶仅为半圆形,而无龙头藻井。

近年来,房山区有关部门在寺周围实行绿化,修了通往寺中的水泥路面,寺前白水河上的石桥也为近年所造。

早年前,寺后山上有一山泉,相传因近此寺而法力大增,可祛病治疾,故称"白水异浆",意为"白水是一种含有特别作用的液体。"直到五六十年代,此泉水才逐渐枯干。

十、顺义八景

《顺义县图经志书》记顺义县沿革说:"顺义县本春秋战国之燕境,秦属上谷郡。两汉及魏晋皆领于范阳。北齐始置归德郡,于燕东北建行台。隋开皇中,厥稽部长突地稽率八部内附,置顺州以处之。大业八年,置辽西郡。唐武德初改燕州。天宝元年复名归德郡。乾元元年又改为顺州。会昌中又名归顺州。唐末仍为顺州。辽因之。金取辽,割以归宋,宋赐名顺头军,未几,复没于金,仍曰顺州,增置温阳县。元革县存州,隶大都路。洪武元年八月内附。二年三月降为顺义县。"据《新唐书》:"贞观四年平突厥,以其部署顺州,取归顺之意命名,隶北平府。"

顺义区位于北京城的东北部,绝大部分为平原,小部分为低山、丘陵。由于处于潮白河冲积、洪积扇中下部,地下水含量丰富,是北京市重要的产粮区、生猪生产基地和池塘养鱼生产基地。1998年4月,顺义改县为区。

据康熙年间编制的《顺义县志》记载,被列为顺义八景的有:(一)柳屏叠翠,(二)龙泉烟寺,(三)松雨书声,(四)圣水三潮,(五)玉幢金马,(六)宝塔凌风,(七)曲水晴波,(八)金牛古洞。

(一)柳屏叠翠 在顺义县老城东门外,早年间的道路两边,种着两行绿柳。每年早春,当大地刚刚从一冬的酣睡中醒来,百花刚刚泛出绿芽之际,路边的两行绿树早已嫩叶挂枝了。远远望去,鹅黄色的串串柳枝,在春风中婆娑起舞,给在此经过的人们传达春的信息。由于柳树绿得早,所以成为春的使者。那千条万缕，如层峦耸翠，春色无边。这充满春天生机的绿柳与古城那沉稳的雄姿，恰形成鲜明的对比，使人尚未进入顺义县城，就能感到它的富饶、美丽和强大的实力。当时的诗人韩淑文写诗赞叹道："三月韶华次地催，绿条袅袅拥城隈。莺啼陌上思独旷，好付风流醉眼开。"

（二）**龙泉烟寺** 此景位于顺义城内东门附近的开元寺，因靠近东门，俗称大东寺。"开元"正是唐玄宗李隆基的年号，可见此寺早在唐朝时期就已创建。

明清之际，开元寺曾经是官府举行重要礼仪之所。20世纪50年代末，庙宇建置尚完整，有山门、月台、两进大殿等。"龙泉"是指寺前的井泉。人们把这座井泉称为龙泉，并为其专建一亭，供奉的烟火长年不绝。正所谓："梵宫开处龙从云，泉上香生濯锦文。烟里钟声清彻界，法王今古护乾坤。"与此有关的，还有一段王晦守城被俘不屈，死于此寺的感人故事。

说的是金朝贞祐年间，蒙古军南下，北京被围，情势危急，户部郎中王晦受命招募兵士护卫由通州向北京输送粮食。当年9月，蒙古军急攻顺义，王晦带兵坚守，坚持月余。到后来，城内粮尽，城被攻破，王晦被害。后来，人们在开元寺中立下王晦死节碑纪念。称其功绩是"今古护乾坤"。

（三）**松雨书声** 此景说的是在旧城内有一座孔庙，过去曾办过书院，后来又改成了学校。据说创办这座书院的人叫王尔琨，创办时间是1868年，书院名字叫"蒙泉书院"。

孔庙本来就是供奉文圣人之地，如今更有朗朗书声，尤其显得文气有佳。而且孔庙棂星门内还有两行元代所植的参天古柏，荫深幽静。每当微雨敲窗，松针滴水，阵阵读书声相和，正应了"涛声带雨咏长篇"的典故。在民国年间编写的《顺义县志》上有这座书院的照片。

（四）**圣水三潮** 狐奴山位于顺义木林镇的魏家店村西，因山西侧有汉代狐奴县古城遗址而得名。"狐奴"本意为沼泽。山前曾有水泉，一日三溢。当地人为它开了一条渠，以利于饮用和灌溉。

东汉时期的张堪在任渔阳太守期间，看到这里水源充足，而大片的土地均为低洼沼泽地，当地人只会种麦，不会种稻，对大片的低洼地束手无策，只能眼看着荒芜下去，浪费了水源，于是他从南方带来稻种，教当地百姓种水稻，使他们过上了富裕的日子。正如歌谣赞颂的："桑无附枝，麦穗两歧。张君为政，乐不可支。"张堪成为引水稻到北方的第一人。为了纪念他，顺义百姓为他在狐奴山下的前鲁村修建了张堪庙。

正是因为有了这"三冬不涸的碧潭水"和为百姓办实事的张太守，顺义百姓才能取得粮食的丰产。所以，这一泉水被称为"圣水"，张堪更受到人民的崇敬。

（五）玉幢金马 位于顺义城中心，为一石幢。下为两层八面浮雕，有狮、象、莲花、佛座等。往上一层为浮雕栏，上顶双层莲花宝座。宝座上有六根蟠龙石柱，中心为一圆柱体栏，刻有佛像上百个。再往上仍为双层莲花座。最高一层为六根石柱，无明显装饰。上顶出檐荷叶宝盖，旁缀金铃，风动铃响，阵阵有声。这座石幢建于明代，在《顺义县志》及《昌平山水记》中都有记载，但都不详。比如，为什么要建这座石幢，由谁建的，为什么要建在十字街头。如果说，"玉幢"是指这座汉白玉石幢，那么"金马"又何指？等等，均不见说明，为此，多使后人迷茫。

据考证，建幢的风气以宋代为盛。它实际上是以镌刻佛经为主的小型石塔。一般均较高，近乎柱状。现存宋代诸幢中，以河北赵县幢为最大。下有扁且大的底座，往上是八角形座，其上雕廊屋，每面三间；再立幢柱身，上为宝盖，更上为狮子仰莲座，承第二层柱身及宝盖。第三层同第二层，更上为八角城墙，雕"太子出四门"故事。最上为宝顶。唐宋经幢遍布南北，以后发展为一种标志性、纪念性建筑。显然，"玉幢金马"的含义也与此有关。

如果真的以此作为顺义区的区标，倒显得别致而又有深意，同时也标志着该区的悠久历史和丰富的文化。另外，还可根据需要，赋予它一些新意。

（六）宝塔凌风 宝塔坐落在顺义老县城南门外的护城河边，名为舍利宝塔，又叫南关塔。此塔建于辽统和二十五年（1007年），原来有寺，名大云寺。塔基下曾出土一批珍贵的辽代白瓷，为白瓷中的上品。当年的宝塔"千层百级，亭亭高耸，北对县府，凛然直笔，独立凌风"。清末时塔的上部倾倒，只剩有一人多高的塔基，所以当时叫"半截塔"。到了20世纪50年代末，连这半截塔也不见了。

（七）曲水晴波 从20世纪五六十年代过来的人，都听说过一出话剧，叫《箭杆河边》，说的是队干部受不良分子的拉拢，以后又觉悟的故事。这箭杆河作为潮白河的支流，从东北方向流到北小营镇仇家店村西，澄澄漾洄，天光水影相映，蓝天碧水，风光旖旎。这就是著名的"曲水晴波"景观。应该说，这是典型的农村自然风光，充满了野趣和清新。难怪《箭杆河边》要选择这样的场景拍摄成电影呢。古人也写诗称赞："岚气散生晴更好，水从曲处澜偏安。""水势凭经折，潆洄叠细波。更宜睹后看，霞彩散银河。"可见，这种纯自然的美景，要比人工雕琢的曲池园池，更加引起人们的喜爱。

（八）**金牛古洞** 牛栏山，想来一定与养牛有关，因为这不高的丘陵上，水草肥美，树木成荫，是放牧的好地方。所以，这一带关于牛的传说不少。牛栏山的中峰有一洞，洞口向东，洞前有一石槽，其中的水据说长年不干。人们养牛自然希望因此而富裕，于是便幻想能出现金牛，浑身是宝，给他们带来财富。作为这种幻想的体现，于是出现了洞中有金牛的传说。不仅如此，还有人进一步说，在这里曾种瓜种出了金钥匙，解开山门之锁，便可以取出金银财宝来。那么如今怎么不见金牛了呢？后来的诗人为它编了个理由："潜洞牧童无处觅，恐随老子赴蟠桃。"也就是说，牛被老子骑着出道成仙去了。

事实上，顺义八景的上述内容，早在清朝康熙年间时就发生了变化，其中的前四景已然无存。为此，负责修县志的韩淑文、黄成章感到"兹竟听其缺半于邑，志形胜殊觉无色，因采境中形胜佳丽之尤者，复增补之"。增加的四景为：高台仙阁，海岛回澜，三山隐秀，圣井涌泉。

高台仙阁 此阁称大士阁，位于大孙各庄乡故庄子村东10公里的长山脚下。为一座方形的楼阁式建筑。顶挑大脊，砖仿木檐，内部顶及一二层间均为砖石拱券，结构独特。下层外方内圆，顶部为半圆形象征天，上绘彩色云朵，下面围以众多人物为祈祷状。正面绘一仙者坐于大鸟之上。上层内部为方形，绘有黄帝的传说。

大士阁于康熙年间为知县黄成章所建，阁高巍然，形方势耸，四周俱甃以礓。登临俯视，全城在望。1949年以前，此阁已毁，1990年重建，胜过旧景。

海岛回澜 "海岛"指旧城东5里处，潮白河边的海岛寺，又叫倒座观音。下面为潮白河拐弯处，河水回流湍急，波澜汹涌。清代诗人张大酉说："阁外回澜掀浪倒，汀头夹石带涛收。他年欲更延仙侣，何事远来海上求。"后来因为潮白河改道，此处变成河滩白沙。

三山隐秀 顺义城南偏西2.5公里处，北有桃山，中有龙山，南有岗山，三山迤逦，南北并峙，盘亘相连，幽秀可观。俗称"三山不见山"。

圣井涌泉 此圣水非"龙泉烟寺"中的圣井，位于狐奴山下的北小营镇北府村，这是一座常满不干的水井，甚至春天来时还会泛涌。这正是因为这里地下水含水层离地面仅1.5至2.5米，水层平均厚度25米至50米。而北水营附近更属富水区，北京市水源八厂就设在这里。近年，这里还发现了优质矿泉水，开始开发利用。

以上所引"顺义八景"基本上是根据《顺义县志》的记载。除了书上记载的这些景点之外，在顺义及周围地区，人们还口头流传着"顺义八景"的多种版本。其中，除前面所引述的诸种外，列入其间的还有很多，下面引其有代表性者，略述其要。

洋桥破浪 洋桥位于李遂镇的潮白河上，1922年由美籍人设计，1926年建成。由拦河闸和引水闸组成，引潮河水补大运河，以利航运。因此，出现水从闸下冲过时的波涛澎湃、飞花溅浪的情景，故名"洋桥破浪"。据说其声可传数十里。

引堤叠翠 引堤是建洋桥时所挖引河的河岸，位于李桥镇苏庄村至安里村西。河岸边栽植的树木因靠水而生长茂盛，层层翠色，成为一景。

碧霞春晓 "碧霞"是指碧霞宫，明万历十六年（1588年）建于牛栏山东侧山顶上。春天的朝霞映射在佛殿上，山下潮白河的波光与山顶佛殿的殿影上下辉映，"梵宫峦顶犹带湿，佛阁钟声惊晓梦。"

温榆远树 温榆河发源于昌平山区，由东沙河、北沙河、南沙河在昌平区沙河镇汇合后，自高丽营镇于庄村流入顺义，境内长16公里，主要运粮饷给居庸关守军。在南榆河北岸的今后沙峪地区古城村，杂林幽邃，广袤无垠。春天到来，这里枝扬叶茂，绿荫森森，"十里烟波沙半铺，往事蓬茅争秀色"，群鸟潜飞，悦耳怡心，所以称为"温榆远树"。

狐奴远眺 狐奴山位于北小营镇北府村南，山侧有汉代狐奴县古城遗址，其所辖地域相当于今顺义地区。三国时，整个京北平原都属狐奴之地，是北京地区农业最发达的地方。山四周稻畦满野，绿水曲流，苍波萦绕。在山顶，可望潮白河东岸的万顷稻田，"四面平畴青入画，一湾绿水绕成弓"。

石梁蟹火 潮白河是北京仅次于永定河的第二大河。作为其支流的怀河水量也很丰富。怀河在顺义城正北，史家口村北一段，每到初秋常有一特殊景象：当高粱将熟之际，河里的螃蟹也纷纷向岸上爬来。晚上，人们打着火把灯笼，争先恐后地前来捕蟹，上下三光，星辰掩映，情形格外有趣。

清浊流芳 在牛栏山地区，北怀河流入潮白河，怀河水清，潮白河水浊，二者同流数里，清浊分明，"泾渭合流原不混，薰莸同器各分明。"

最后再要说几句的是，历史上顺义区的行政区划经常变迁，因此，有关景物取舍较大，限于篇幅，这类只好割爱了。

十一、燕平八景

"燕平"即昌平。据《清一统志》："昌平城南有南沙河，北河又名昌平水，故县以水得名。"昌平区于五代时称为"燕平"。《昌平县图经志书》中关于该县建置沿革云："昌平县本汉军都县，属上谷郡。太行山有八陉，第八为军都陉，在幽州。是县名军都，取山名也。后汉属广阳郡，晋属燕国，后魏徙治于县东北，置东燕郡及平昌郡，昌平县，其后革郡存县，以来幽州。后周为里皆革。未几，复置平昌郡。隋开皇初革郡，以其地属涿郡，唐大历十四年置县，受旧名。后唐同光二年，改曰燕平。延昌元年徙曹林。二年又徙白浮图城，未几，又改置今治所。后晋复名昌平，割以赂辽。金取辽，复归宋。宣和七年没于金。元因之，属大都路。延祐二年，徙治于县西南五里新店。洪武元年八月内附，复徙旧治，隶北平府。"它位于北京市西北部，地处温榆河冲积平原地带，为北京平原一部分。境内有明十三陵、居庸关、十三陵水库等名胜古迹70余处。"燕平八景"为：

（一）**铁壁银山** 位于县城东北30多公里处的下庄乡海字村西南。这里峰峦高耸，山脉由墨赭色花岗岩构成，石壁千仞，犹如巨大的铁影壁。冬日里，白雪层叠，其色如银，故称"铁壁银山"。

这里的出名不仅源于其独特的自然景观，而且与这里的寺多塔众有关。建于唐代的佛严寺，为古幽州最大的寺院之一。到了辽金时期，这里的寺院多达百余座，犹以大延寿寺著名。该寺依山而建，殿宇巍峨，引来四方高僧前来说法。这里的山坡沟谷和丛林当中，分布着无数座造型各异的宝塔，高者数丈，低者仅几尺，素有"银山佛塔数不尽"之说。最大的佛塔是建于金元时期的延寿寺五府砖塔。为仿木结构或六角或八角形。佛觉禅师塔最高，为18米；懿行大师塔最精美。银山塔林作为人文景观与其自然景观"铁壁银山"相互媲美，成为这里的两个名胜。

（二）**居庸霁雪** 在居庸古关两侧的悬崖峭壁上，众多的树木层叠苍翠。到了冬天，一场大雪过后，层叠的树木盖满了积雪，似一幅绒绣屏面，悬于半空。这里曾有乾隆御题的"居庸霁雪"石碑一座。

（三）**石洞仙踪** 石洞位于县城北部，十三陵钟粮口（即中山口）北1里许的燕山南麓。洞内悬有钟乳石，洞底平坦，可容百人，洞口有石门，上题额"仙人洞"。有石梯达洞底。"仙踪"是指曾有道人在此修行的传说。

（四）**松益长青**　位于县城东 1 里处，明代为皇陵补种松柏的苗圃，年久日深，树木成林，多达万余棵，十分壮观。

（五）**虎峪辉金**　位于 40 里关沟南口的小金山上，其土壤为红色，正午的阳光照在行人衣服上，衣服都映成了赭色，因此得名。

（六）**天峰拔翠**　在县城西南，靠近海淀区的阳坊镇，其西 1 公里处为太行山余脉，这里挺立着诸多山峰，谓之千峰。山上草木葱绿，三面是田野平畴，山上山下布满绿意。

（七）**龙潭喷玉**　潭在居庸关西边的红罗山下，由众多沟壑中流来的溪水汇成。

（八）**安济春流**　安济桥位于昌平南沙河上，为明代皇帝谒陵的必经之地，同时也是拱卫京师的五大桥之一。明人蒋一葵的《长安客话》中说："沙河东注，与潞河合。每雨集水泛，商船往往从潞河直抵安济桥下贸易。"可见当时沙河南大桥商船贸易之盛。这里水面宽阔，渔舟画舫出没于岸柳之间，沿河两岸遍植水稻荷花，宛如江南水乡。昌平名士崔学履写诗赞道："沙河南去锦帆稠，春水编宜估客舟。共指灵源通潞水，喜爱幽派即沧州。"

十二、怀柔八景

怀柔区位于北京东北部，距市区 50 公里。唐置怀柔县，因安置契丹部落于此而得名。怀，意为来；柔，意为安。取笼络契丹，使之归附之意。故置在今顺义区，明洪武年间析昌平、密云二县置怀柔县。于《日下旧闻考》说："虽取古名，实非旧地。"万里长城横跨境内，所开发的慕田峪长城曾接待过美国总统克林顿。雁栖湖、红螺寺等都是著名旅游地。全县山区面积占 80% 以上，河流 17 条，水库 17 座。1995 年第四次世界妇女大会在怀柔县城举行，使其一跃成为世界瞩目的地方。怀柔八景包括：

（一）**红螺呈秀**　在元代，怀柔县城北面的群山里有一座大明寺。传说寺院中的碧潭中有两只斗大的螺蛳，色殷红，入夜放射火焰，照红山峦。人们认为这是神仙显灵，便改名"红螺寺"。老辈人说："南有金山普陀，北有古寺红螺"，可见红螺寺的历史地位。它被誉为"北京第一名刹"。

红螺寺创建于唐代。在金朝，世宗皇帝请来洪济寺的佛觉禅师镇守红螺寺。元代朝廷曾拨款修葺，寺庙改观。清朝康熙皇帝曾亲到此，御旨建亭种树，广植竹木花草，寺庙规模更大。

山门前有10多米长的青石踏跺通向寺内，左为池塘，种荷花、养金鱼；右为郁郁葱葱的竹林，终年不衰。寺内中轴线上的建筑依次为天王殿、大雄宝殿、禅堂等。两侧各有一跨院。

红螺寺除以茂密翠竹而成北方一绝之外，更以繁多的青松著称于世。在庙外的南山和北山上，各有松、柏成林，但南面的松树松冠一律平顶，而北面的柏松顶则全为宝塔形。道理何在，至今为谜。在庙内中路后部，还有一"紫藤寄松"的奇景。只见粗壮的紫藤绕在一棵古树的主干之上，犹如盘龙玉柱。此外，这里还有两棵千年以上的银杏树，为寺庙遮风挡雨。红螺寺虽然坐落在长城脚下，却有着比江南更秀美的景色。

更值得一提的是，红螺寺还是古代气功的发源地之一。传说寺内的两只螺蛳，就是因为长期在水池中修炼，所以才能在一个风雨雷鸣的夜晚，放出耀眼的红光之后，身披彩霞，升腾天宫。当时的主持僧受红螺修炼气功成仙的启迪，将其与佛门原有的面壁养生之诀相糅合，经过多年实践，从而形成了红螺寺特有的气功修炼之法，据说练它可以身轻体健，防病消灾。从此，京城人闻风接踵前来，名气遍及全国。

燕京八景

（二）**寒泉喷珠** 关于红螺寺命名的另一种传说认为，在红螺寺庙外山下有一潭，名曰珍珠泉。潭中有两只大螺蛳，其色殷红，每到夕阳西下，螺蛳吐出光焰，红火熠熠，此山由此得名。螺蛳死后葬在寺内，建有两座宝塔。

这个传说中的珍珠泉位于红螺寺西1里许的山脚下，常年涌水，清凉甘洌，并有串串水泡升起，似粒粒珍珠，所以叫"寒泉喷珠"。1994年笔者在此采访，只见泉水成溪，于农舍边流过，清亮甘甜，既便利生活，又增添山野情趣。

（三）**钓台秋月** 钓鱼本来为修身养性之事，而钓鱼之余又能赏月观景，实乃倍加悦心。故此，位于怀柔县城西不远处的钓鱼台，就变得愈加有名。这里是怀河南北两条支流的汇合处，水中游鱼不少。古人在此建钓鱼台，每逢中秋之夜，在银色的月光下钓鱼、赏景，望着天上水中都有的银盘，其光遍洒四周，于是更觉清幽静谧。20世纪50年代末，这里修起了怀柔水库，京密引水渠贯穿库区，钓鱼台村搬迁它处。

（四）**龙潭春水**　"龙潭"，全称为"龙泉潭"，位于县城东南的南采各庄。

（五）**宝慧双塔**　在县城北部9公里处，明代建有宝慧寺，内有双塔，今寺、塔均不存。

（六）**乐谷和阳**　参见"密云八景"第八景"回阳返照"。

（七）**松棚挽翠**　位于县城东40公里。特点是古树蔽日，如棚遮阳，尤以炎夏为胜。因已划归密云县而略述。

（八）**金鸡鸣祥**　"金鸡"指金鸡山，在县城东25公里，山形如鸡而得名，被视为吉祥而传颂。亦因已属密云县境而略述。

十三、平谷八景

平谷区素有"神京之辅要地"之誉，被称为"天汉之津梁，幽燕之关隘"。《天府广记》载："平谷县在州西北八十里。本汉旧县，属渔阳郡，后废，唐为渔阳之大王镇，金升为平谷县，仍汉名，元初并入渔阳县，后复置，隶蓟州，明因之。"《明史·地理志》载："洪武十年二月省入三河县。十三年十一月复置。"平谷三面环山，中间为坦平谷地，故名为"平谷"。洵、洳二河纵贯全境。这里山峰叠翠，物产丰富，水源充沛，粮食高产，深谷幽潭，松高石怪，飞瀑流泉，风光无限。著名的"平谷八景"包括：（一）盘阴积雪，（二）洵水晚渡，（三）石室清风，（四）峨眉耸翠，（五）独乐晴波，（六）鼓岭朝云，（七）峰台夕照，（八）灵泉漱玉。

（一）**盘阴积雪**　盘山为燕山余脉，被誉为"京东第一山"。又称徐无山，东五台。以山势陡险，上下盘旋而得名。古人称"上盘之松，中盘之石，下盘之水"为三盘之胜，其景色变化多姿，四季常新，盘山的北坡背阴，难以见到阳光，所以温度低，每年春季，山下桃花已开，而山北坡的积雪仍未消，特成一景。虽然盘山位于平谷和天津蓟县的交界处，但其北坡位于盘山的东南部，所以"盘阴积雪"列为"平谷八景"之一。

（二）**洵水晚渡**　洵河是平谷区境内的最大河流，发源于兴隆县青灰岭南麓，南流蓟县北部向西，进入平谷，沿途汇入季节性河流，最终流入三河市。

洳河在县城关镇以上无固定的河床，行洪滩地，宽达二三公里，城南寺渠为渡口，每当日落月升，但见归帆片片，飞鸟归巢，构成美丽画卷。

（三）**石室清风** 石室指县城东 25 公里处城山山中的一石洞，仅容一人，相传有一姓孙的真人在此修炼。此景入选"平谷八景"，使人对八景的选择标准有了新的理解。从旅游的角度看，这仅容一人的石洞有何观赏价值，且周围亦无相关的景观。试问，难道游客大老远地前来，就为看这一石窟窿吗？显然这当中还有更深层的意义。

（四）**峨眉耸翠** 县东北，南独乐河有一山，因其秀拔的样子有如四川的峨眉山，故也叫峨眉山。是山多翠色，此岭独超群，碧草留春雨，青松冠夏云。在此山上还有一座著名的峨眉山营，实为一城堡。始建于明天顺七年（1463 年），东西南三面有门，营塞墙体为石结构。

（五）**独乐晴波** "独乐"是指县境内的独乐河，又叫笃乐河、漏河。在南独乐河村南。在这称为独乐的河上行船，置身于"清绝野航"当中，一边吟诗，一边观景，连落日来临都未晓，人、船、景都融入于落日的余晖当中。此情此景真可算是诗情画意了。

（六）**鼓岭朝云** 鼓岭位于县南 12.5 公里，山形如鼓而得名。由于这里山林密布，清气氤氲，云雾在半山缭绕，在早晨来看山，常被此景吸引。

（七）**峰台夕照** "峰"是指县城北 10 公里之瑞屏山；"台"则为此山顶的平台。此处原有一藏经殿，垂檐丽拱，恍如珠宫贝阙，自香严海中浮出。殿内曾藏有余杭大藏经文 5000 余件。此处即为大兴隆寺遗址。

这座寺庙还与一位巾帼英雄——萧太后联在一起。因为山中的小村子萧家院就是她出生的地方。她成为辽国的母后时，正赶上主尚幼，遂亲自出马主持朝政，此庙就是为纪念她而建的。而且建寺的碑文也是用辽国的巴思巴文写的。西垂的太阳余晖正好照在藏经殿的建筑上，因此而反射出光芒，此即为"峰台夕照"。

（八）**灵泉漱玉** 县东北一山洞内出泉，水面高于井面，喷花吐玉，清溢四泄当然要归功于这里丰富的地下水资源了。

十四、延庆八景

延庆县位于北京西北部,处于燕山沉降带西端,西临官厅水库,北、东、南是军都山脉,中间是缓斜冲积平原,为延庆盆地。元代在此设龙庆州。《明一统志》卷五:"以仁宗生于此,升为隆庆州。"明永乐三年(1405年)改置隆庆卫。十一年改隆庆州,明隆庆年因避隆庆年号,改延庆州。1913年改延庆县,因州得名。风景名胜有八达岭长城、龙庆峡、康西草原、松山、玉都山、黑龙潭等。这里所列风景名胜,大多为近年所开发之地,而原来所说的"延庆八景"自然不在此列,因年代久远,许多已成为陈迹。相信很快会有新的"延庆八景"诞生出来。

原有的"延庆八景"为:

(一)**海坨飞雨** 海坨山是延庆县的名山,海拔2000多米,是北京的第二高峰。它位于延庆县西北约10公里处。此山峰峦叠起,巍峨险峻,高耸于群山当中。异常引人注目。每当细雨霏霏,山中雾气氤氲,空濛灵动,山影时隐时现,更显出神奇的气势。

(二)**神峰列翠** 延庆县境内有海坨、八达岭、佛爷顶、莲花山等名山,山林绿化程度较高。特别是像松山自然保护区等地,更是犹如莽莽林海,诸松茂密。在县城东北12.5公里处,因山环水复,翠屏开野,碧峭摩天,而被称为"神峰列翠"。

(三)**荷池夕照** 此景位于县城西门外,古代的一位姓李的州牧在此挖池培堤,池内种荷,池旁建亭,成为一处休息娱乐的好地方。荷花盛开之际,凉风徐来,清芬入酒,可谓"酒不醉人人自醉"了。

(四)**妫川积雪** 妫河是流经延庆的重要河流之一,它由东北向西南经平原注入官厅水库,所以延庆又称"妫川"。由于延庆境内多山,所以妫河常常于山谷中穿行,映带四山。站在高山之巅下望,妫水恰似一条素练,温柔地飘落在群山之间,也有人因其白,视为洁白的雪,微霰轻飘,冰沼琼溪,犹如生花的银海。

(五)**古城烟树** 在县城东北10多公里外,有一座古城,城方形,有二门,辽代曾修缮加固,现大多夷为平地,仅余残城墙约百米。这里在西汉时为

延庆县松山自然保护区

夷舆县治所，属上谷郡。20世纪80年代初，曾在此出土战国铜器、汉代陶器等。"古城烟树"景观在城的西面，这里古木繁茂，清流潺潺，春雾秋烟，层层缭绕。村西的古城水库已开辟为远近闻名的龙庆峡游览区。

（六）独山夜月　县城往东北15公里，为缙山城。此城建于元代，明成祖巡视塞上，曾驻跸于此。这里是沟壑纵横、群山起伏的深山区。山中有许多大树，遮天蔽日，苍绿成荫，还有各种野鸟在树林中纷飞。在皓月当空的午夜，唯有孤峰高耸，蓬壶阆苑，真像仙境一般清丽。

（七）缙阳远眺　永宁城位于延庆县城东20公里处，建于明代永乐年间，由关内山地农民迁徙而来后建设，以补此处虽土壤肥沃而人烟稀少之憾。到了嘉靖时期，不仅城池整齐而且街巷宽直，庙宇有序。1949年以后此城被拆。在其附近还有一座缙山城，唐末为缙山县治所。在山城的南面，可以看到远处的盆地平原和高高的天、白白的云，而南面是峰连着峰的群山，无疑，这里是极有利于远眺遐想的地方。

（八）珠泉喷玉　此景几乎许多地方都有。它的可爱不在于泉涌如潮，水花四溅的景色，而在于它带给人们的生机，"有水就有生命"。人们对水的热爱,正是对生命的热爱。"延庆八景"的这一景,在四海冶口外,正因有了它,所以才能"于以见山川之杰撰"。

十五、密云八景

密云县位于北京东北部,县城距市区65公里,是北京面积最大的县。《天府广记》载:"密云县在州东北一百二十里,秦汉时为渔阳郡地,后魏置密云郡,领白檀、要阳、密云三县,兼置安州。因县南有密云山而得名。"据《名胜志》:"山藏云雾,县取名。"即山藏云雾中,得名密云山,县以山为名。"北齐郡废,二县并入密云县,后周改安州曰玄州,隋置檀州,后改安乐郡,唐为檀州,辽为威武,宋叫横山郡,金复为檀州,元仍旧,明洪武初改为密云"。境内山地和丘陵占80%以上。旅游区有白龙潭、黑龙潭、京都第一瀑、云峰山自然风景区、司马台长城等11个景区,其中白龙潭被评为北京新十六景之一。

位于密云县石城乡鹿皮关西云蒙山山谷内的黑龙潭,为一条长4公里,以水景为主的风景谷共有18个名潭散落其间。黑水潭口小肚大,潭水黑绿,深达26米。

密云八景形成时间较早,未能涵盖近些年新开发的景区,但因其已为世人所认可,故此依俗而言。密云八景是:(一)冶塔仙灯,(二)圣水鸣琴,(三)白檀晴光,(四)清洞晓色,(五)霞峰散彩,(六)水沼呈祥,(七)五峰凌云,(八)回阳返照。

(一)冶塔仙灯 位于密云县城东北4公里的冶山上。冶山之内铁矿甚佳,山上有石洞,为过去取矿所挖,传有冶仙居内,洞内有水,四时不竭。所谓"冶仙",实为采矿者自造之宗教崇拜的表现。

此山上原有一座普济寺，初建于辽代重熙八年（1039年），寺内有塔，辽代风格，平面呈八角形，塔身分上下两层，每层各有一拱形券门，门洞朝南，塔为砖雕仿木结构，清光绪十五年（1889年）塔顶被雷击去。相传塔内曾有一高僧季小唐在此修炼，届时，夜晚常有亮光自塔内映出，远近皆见，所以称冶仙塔为"冶塔仙灯"。

　　"冶塔仙灯"的另一个说法，是说一台山上的石洞里住着一个善于兴风作浪、泛滥洪水的鲇鱼精，后被仙人纪晓堂锁在了洞里，并在冶山上建一宝塔，作为镇妖之物。仙人还将其随身携带的仙灯也留下来，作为镇妖的另一宝物。

　　（二）圣水鸣琴　此景位于密云县城南部5公里处。此处为圣水山北山脚，有密云南部群山中唯一的泉水，山麓有二泉，相距仅数尺，最后汇为一流，故称圣水泉。

　　明朝万历初年，蓟镇总兵官戚继光驻军密云时，曾带领一些人慕名到县南圣水泉去观赏，并捐款修建圣水泉，在旁修建了一座龙女庙和一座过凉亭（又称初月亭）。在凉亭的前边，还用鹅卵石砌筑了一座长方形的滴水池，水入池中，叮咚作响，恰似清脆的古琴声，故称此景为"圣水鸣琴"。

　　（三）白檀晴光　密云县城南约12公里处有一座白檀山，山的南面种满了白檀树，每当晴空之日，满山的白檀树在阳光的照耀下熠熠生光，形成特殊的景观。

　　不过，与"白檀晴光"相比，白果寺的白果树似乎令人感到更具特色。白果寺位于县城东15公里的久远村，这里的一棵白果树已有上千年的树龄了。此树周长9.7米，高25米，覆盖面积约100平方米，白果寺因树得名。此树及寺已于1983年公布为密云县文物保护单位。

　　（四）清洞晓色　清洞山位于密云县城东15公里的龙门山，围绕此山的除清洞山外，还有香炉、清都等。清洞山曾是道士居住地，因为青洞山山腰处有一座三教寺，分前后殿和卧佛殿。殿后有岩石洞，青洞山因此岩石洞得名。此地的溪水是白龙潭的本源。这里群山环抱，沟谷纵横，怪石林立，幽雅美丽。五百年前青洞山古迹闻名。山上杂木丛生，古柏参天，野花飘香，蜂蝶起舞。元至清的数百年间，这里曾经寺庙充斥，遥相呼应。民国初年，青洞山寺院香火繁盛，寺院周围森林遮荫，鸟语花香。山下山泉涌流犹如仙境。许多文臣武将、名人雅士到此游山观景，赋诗抒怀。

　　（五）霞峰散彩　此景少见记载，从有限的资料中可见，此景位于县城西北20公里处的水谷山。顾名思义，这里的山谷里一定有丰富的水源，自然会花木繁茂，景色清幽了。据说此山上还有一座霞峰观，想来道士一定不少，因为传说此观具有相当规模，而且金碧辉煌，使人联想到道教圣地武当山了。不知二者有多少相似之处？

（六）水沼呈祥　此景指的就是著名的白龙潭。它位于密云县城东北30公里的龙潭山下，处于两山之间的峡谷地带。峪谷内的地下潜流长期溢出，汇成溪流，由南向北，在龙潭山脚下形成20多米高的峭壁瀑布，又经过三落三跌后流入数里外的潮河。经过长年冲跌，三个台面上形成了3个盆形的大深坑，这就是龙潭沟内的三潭。白龙潭是指东部的头潭，直径3米，深不见底。晴天，可以看见潭内南侧有一石门，这就是清乾隆四十三年（1778年）五龙洞前石坊座上所雕刻的"石林水府"石额。传说为白龙的住处。每年夏季阴雨来临，龙潭上空的白云、沟谷内的雾气和飞瀑声回响，呈现祥和气氛，故称为"水沼呈祥"。

白龙潭曾有"春开潭，秋封潭"之说。据传，开潭时水深不见底，封潭后白沙顶潭口。每年三月三日为祭白龙的日子，周围几百里的乡民来到白龙潭烧香祈愿，游山逛庙。届时，多种叫卖声热闹非凡。

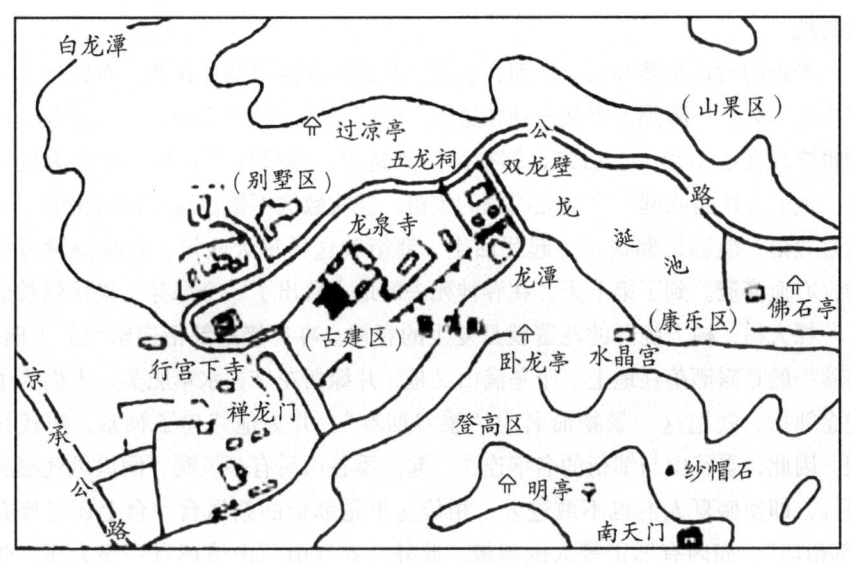

白龙潭风景区平面示意图

白龙潭南坡被称为"南屏积翠",从元代起在丛林中就开始修建庙宇。在龙潭的西侧还有一处清代皇帝的行宫。康有为来此观潭期间还专门在潭侧巨石上镌刻了"飞圣境则灵潭"六个大字。

如今,白龙潭流入的溪水穿过山谷密林与密云水库融于一体。

(七) 五峰凌云 此景位于密云县东部,距县城约35公里。这里海拔638米,山势和缓,唯在顶部突起五峰,似人五指,所以又叫五指山。这里不仅山峰独特,而且流水亦奇:它的右边是清水河,沿南麓山脚穿过,向西流入密云水库;乾塔河在其右,西去与潮河相会,中间为黄岩口一带。由于这里的山水奇特,所以形成密云的一景。另外,这里还有丰富的铁矿资源,为其集中产地。

(八) 回阳返照 此景位于京东风景区之一的黍谷山,在密云县城南8公里的荆元村东。

春秋战国时期,黍谷山属燕地,燕有黍谷,地美且寒,燕昭王的师傅邹衍在此吹律暖寒谷,更为温热以种黍,黍生丰熟,名曰黍谷。关于这个问题,很早以前就有个生动的传说,说的是玉皇大帝为了改变密云一带没年没节、寒暑不定的状况,特意派遣了春、夏、秋、冬四位神仙下凡,分管四季,并各领一块封地。

燕京八景

春神的封地是黍谷山。然而,就在春神开始在这里播种花草,百姓过上丰足生活不久,一阵黑云突然出现在这里,电闪雷鸣、沙石飞扬,一片尘土。春神也惨死在了山顶上。后来,邹衍游历到这里,他很同情百姓,决心为民除害。他的办法是吹起一支金光闪耀的宝笛,连吹数次不辍。这宝笛吹出的曲子就是咒语,能够镇邪扶正,起死回生。邹衍就这样每天吹笛,直吹得脸青嘴肿,心血滴流。到了第七天,在春神死去的地方冒出了一个绿芽,很快就长成了一棵大树,树上绽开的花蕾就是复生的春神。春神接过邹衍递给她的玉碗,将碗中的甘露洒落在地上。于是满山又是一片绿树花红,水草肥美。人们为了纪念邹衍,就把这一景物命名为"黍谷回春",并为他修建了祠堂,历代祭祀。因此,黍谷山与邹衍的名字连在一起。黍谷山后有一风洞,洞口风气凛冽逼人,即使盛夏人们也不敢进入,相传这里是邹衍的祭风台。台上还专修有"邹衍庙",庙内有邹衍等人的塑像。此外,黍谷山西山坡还有一座大庙,叫西严寺,为四合院建筑,内有大雄宝殿、天王殿等。从西严寺后坡上行,就是黍谷山的顶峰"风台顶"。在风台顶的南面有一座直立的高峰,人称"气不忿"。当地曾流传过"风台顶与气不忿争高低"的传说。风台顶有一古庙及"三松四柏一棵桑",每年三、四月庙会期间,这里拜佛献艺,烧香逛庙,热闹非常。不过,现已寺庙全无,唯有山上山下的柏树连片,杂木成林,峡谷沟旁山花遍野,鸟语花香。山上还有一棵很老的白果树,要三个人合抱,而且还能年年结果。

后人感邹衍律吕调阳、寒尽阳生的贡献,称此地为"回阳返照"。随着岁月的流逝,黍谷山的文物古建现已多成遗迹。为了恢复昔日的胜景,密云县有关部门从2002年开始了修复工程。工程第一期,是在当年底前基本恢复古建筑群,第二期,修建明清风格商贸旅游购物一条街,然后向广大游客开放。

十六、通州八景

通州区位于北京正东,自秦汉以来即为水上交通要道,金朝天德三年（1151年）于此设州治,"以漕运通济",故称通州。《天府广记》载:"通州在府东四十五里,秦属渔阳郡,汉谓潞县,后数置潞郡,隋废入涿郡,唐置玄州,宋复为潞县,五代及辽皆因之。金升为通州,元仍旧,明以潞县省入。"俗称北通州,以别于江苏南通,1914年改为通县。通州地处永定河,潮白河冲积平原,为北京小平原的一部分,境内有13条河流,占全市水系的五分之二。共有30个有保护价值的名胜古迹。其中市级4个,县级26个。"通州八景"为:

（一）**古塔凌云** 在通州北城的通惠河畔,有一座高耸的砖木结构古塔,它就是燃灯佛舍利塔。古塔始建年代不详,多数主张建于唐代。古塔高近48米,共十三层,周长约44米,如奇峰突兀,直耸青天。后人感其壮观之势,特誉为"古塔凌云",此塔已成为通州标志性建筑。自京城东行,一见此塔,即知已界通州城。此塔曾遭英法联军、八国联军、日本侵略者破坏。1976年唐山地震时更被震歪,塔身微裂,后经修复而基本还原。

更为一景的是古塔顶上西北坡面的一株榆树,主干已有十多厘米粗,三米多高,树冠阔四米多。这么大的一棵树长在塔顶,极为瞩目。1987年修理古塔时发现,此树无主根,全是须根,密布于整面瓦下砖上,这是因为瓦下全为白灰大砖,十分坚硬,树只能靠瓦下的微薄渣土生存。每年生叶甚晚,几经春雨后，塔上砖瓦含水增多，才又活了过来。秋风才到又只余枝干，此树已移至塔侧葫芦湖畔，新枝簇簇，十分茂盛。此树被称为"塔榆"。

（二）长桥映月 "长桥"指永通桥，以石块砌成，因其长度为全区早年诸桥之最，故名长桥。又因距通州州署八里，故称八里桥。此桥位于通州西，横跨通惠河上，为三券拱桥，长50米，宽16米，高8.5米。此桥建于明代正统十一年（1446年），当年桥上车水马龙，桥下驳船争驶，向京城运送建材和粮食。

此桥乃京东入城之门户，1860年，中国人民反抗英法联军入侵北京的"八里桥之役"就发生在这里。长桥因此而名扬中外。

远望长桥，如虹卧川、月轮堕水，能赏桨碎玉盘之景，所以古人云："入夜霜清一轮堕，凌空征铎去萧萧。"故称"长桥映月"。而此景与"凌云古塔"纵

京东通州燃灯塔

横相映，更具特色。

（三）柳荫龙舟 在通州城东门外土垻南有一座黄船坞，其为清代康熙帝临幸潞河时所乘龙舟的停放处，船坞沿岸，长柳依依，轻拂水面。每临夏季，这里垂阴如伞，凉风习习，水波如鳞，十分惬意。光绪年间八国联军经过时船坞被焚毁。

（四）波分凤沼 流经通州区的通惠河源于玉泉山，经大内出都城入通州。大内都城中的禁苑，其湖池又称凤池或凤沼。打那里过来的水称为"波分凤沼"，实为借皇宫抬高身份的举措，无美景可言。此景也算是封建皇权崇拜的观念体现。

（五）高台丛树 "高台"是指慕容氏之拜将台，位于通州城西10多公

里的地方。慕容氏为鲜卑族，属于先秦燕国之后的北燕，为第一个在北京正式建立政权的国家。慕容氏曾把他的官员、士兵和百姓派往蓟城居住。拜将台，多见于小说演义。明清时期，高台附近遍植树木，碧丛如烟，故名。

（六）平野孤峰 在通州城东20多公里处，有一座小山矗立于平原上，登临此山，可眺望四围的田野风光。

（七）二水合流 在通州城东北，源于鲍丘水的白河和源于沽水的榆河在此合流于潞河，直至直沽。

（八）万舟骈集 通州为南北运河之北端的终点，自金代开始漕运，后不断疏浚通漕，到清末京汉、津浦铁路通车才停运。其历史作用之大，战略地位之高，"百司遮府之繁，卫士编氓之众"，无不仰之。辽圣宗渔于潞河，金海陵王在通州督造战船，直捣临安；元右丞相燕帖木儿统兵与叛王夹潞河列阵；清朝康、乾二帝南巡、东南贡使北上，大多乘舟过此。"柳荫龙舟"、"二水会流"、"天际沙照"、"柳岸渔舟"、"漕艇飞帆"、"风行芦荡"、"长堤回燕"、"远浦飞鸣"等景观都与此有关。

十七、新"北京十六景"

1949年以后，社会发生了巨大的变化。随着城市发展和对古迹文物的保护，又有许多风景名胜开发出来。1986年，北京市在全市范围内开展了北京风景名胜评选活动，要求从新列的40处候选名单中，评出16处最具备代表性的北京风景名胜。同年10月，新北京十六景评选揭晓：

（一）天安丽日——天安门广场

（二）紫禁夕辉——故宫

（三）燕塞雄关——八达岭长城

（四）白塔堆云——北海

（五）颐和慧海——颐和园

（六）圜丘清音——天坛

（七）香山红叶——香山

（八）十渡浮峦——十渡

（九）盘古遗火——周口店北京猿人遗址

（十）幽峡碧流——龙庆峡
（十一）大钟声远——大钟寺
（十二）龙潭漱玉——白龙潭
（十三）明陵落照——十三陵
（十四）卢沟狮醒——卢沟桥
（十五）慕田古堞——慕田峪长城
（十六）红楼大观——大观园

后　记

"燕京八景"作为一种文化的象征符号，代表着多方面的深刻含义。本书只能算是对其进行探索的一种尝试。而对它的认识和表述，则应该是多方面、多形式的，它没有终极的"解"。正像文学批评家赵园所指出的，北京拒绝抽象，它只活在个体的生动的感受当中。"燕京八景"也是一样，在每一个关心它、感受它的人心中，都对它有着自己独特的认识。正是在这一点上，我们真诚地希望本书仅仅是一块引玉的砖，以后有更多的人关注和热爱"燕京八景"。毕竟，本书所取得的成果仅是初步的，内容尚待进一步完善、充实。

本书在写作过程中曾得到多位学者、专家、领导和友人的帮助和指导。北京市园林局刘秀晨副局长亲自安排该局史志办的同志给予帮助。李临淮先生进行了具体指导。张振声、李景生、王来水、刁熙亭、洪文雄先生等，从不同方面提供了帮助。我们的老师常人春先生审读全稿提出建议，并为之作序。

特别值得感谢的是学苑出版社孟白社长，他的支持是本书得以出版的决定因素。

我们希望广大读者通过此书能够更多地了解和感受"燕京八景"，并从中了解更多的历史知识，学习民族的传统文化。同时也希望得到学界以及所有关心热爱"燕京八景"的广大读者的指教。

作　者

2000 年 6 月 22 日

于京东鉴镜斋

参考书目

金受申著. 北京通. 大众文艺出版社, 1997
任常泰、孟亚男著. 中国园林史. 北京燕山出版社, 1990
李惠兰等编. 七七事变前后. 天津人民出版社, 1996
《北京地区文学历史及现状》课题组. 北京文学研究史料. 北京燕山出版社, 1986
蔡东藩著. 明史演义. 上海文化出版社, 1980
赵　园著. 北京：城与人. 上海人民出版社, 1988
北京什刹海研究会编. 京华胜地什刹海. 北京出版社, 1994
（清）汪启淑著. 水漕清暇录. 北京古籍出版社, 1998
顾平旦等主编. 北京名胜楹联. 中国民间文艺出版社, 1985
邓云乡著. 增补燕京乡土记. 中华书局, 1998
姜德明主编. 北京乎. 三联书店, 1988
王文宝主编. 中国象征词典. 天津教育出版社, 1992
邓云乡著. 文化古城旧事. 中华书局, 1999
吴慧颖著. 中国数文化. 岳麓书社, 1997
叶舒宪、田大宪著. 中国古代神秘数学. 社会科学文献出版社, 2000
林汉达编写. 东周列国故事新编（上）. 中国青年出版社, 1981
北京园林学会编. 京华园林丛话. 北京科学技术出版社, 1998
陈宗蕃著. 燕都丛考. 北京古籍出版社, 1993
燕山主编. 旧京人物与风情. 北京燕山出版社, 1997
（明）刘桐、于奕正著. 帝京景物略. 北京古籍出版社, 1986
于荔棠著. 北京通俗史话. 北京燕山出版社, 1994
门头沟广播电视局编. 京西风光. 北京旅游出版社, 1995
刘殿钰主编. 顺义. 北京图书馆出版社, 1999

吴　容著. 中南海史迹. 紫禁城出版社，1999
谷玉彪著. 平谷. 北京图书馆出版社，1999
北京市文物局编. 北京名胜古迹辞典. 北京燕山出版社，1988
陈文良等编. 北京名园谈. 中国建筑工业出版社，1982
胡玉远主编. 燕都说故. 北京燕山出版社，1997
刘叶秋，金云臻著. 回忆北京. 北京燕山出版社，1997
燕山主编. 古都艺海撷英. 北京燕山出版社，1997
胡玉远主编. 京都胜迹. 北京燕山出版社，1997
本社编. 京华古迹寻踪. 北京燕山出版社，1997
胡玉远主编. 春明叙旧. 北京燕山出版社，1997
王文宝编. 北京风物传说故事选. 福建人民出版社，1984
本书编委会编. 北京百科全书第一版. 奥林匹克出版社，1991